EIN JAHR

BASTELN, GÄRTNERN, KOCHEN ...

DIY
Special

VOLLER IDEEN

Vivo buch

An erster Stelle wird stets der Autor, an zweiter der Fotograf genannt. Wird nur ein Name angeführt, stammen Text und Foto vom selben Urheber.

r: rechts ; l: links ; u: unten ; o: oben ; m: Mitte.

Lassen Sie Ihrer Kreativität freien Lauf,
GANZ IM RHYTHMUS DER JAHRESZEITEN!

Wenn man auf das neue Jahr blickt, hat man oft große Ideen im Kopf. Aber was ist mit den kleinen Alltagsprojekten?

Ob Sie etwas Neues beginnen oder ausprobieren möchten oder ganz einfach nur Ihren Kopf frei bekommen möchten, nehmen Sie sich die Zeit, um etwas anzufertigen und Neues zu entdecken. In der Küche, im Garten, für das eigene Wohlbefinden, für die Deko, bei verschiedenen Freizeitbeschäftigungen – in jeder Jahreszeit kann man besondere Anregungen finden!

Mit diesem Buch voller DIY-Vorschläge und Tipps, wie man seine Wohnung (und auch seinen Garten und Balkon) verschönern kann, können Sie Ihre Lieben verwöhnen und sich selbst einen Gefallen tun, indem Sie neue Wege beschreiten. Jede Jahreszeit bietet Ihnen mit ihrer eigenen Atmosphäre viele unterhaltsame Möglichkeiten und Gelegenheiten zum Feiern.
Machen Sie von nun an das Beste daraus!

Inhalt

August

HERBST

September

Oktober

November

WINTER

Dezember

GRUNDBEGRIFFE

Schönheitspflege
IM WINTER

Im Winter leeren sich die Tiegel mit Creme, Lippenbalsam und anderen Pflegeprodukten schneller. Daher sollte man sich jetzt selber welche herstellen. So haben Sie immer einen Vorrat und wissen zudem um die Qualität der Produkte.

Lippen- balsam

Suchen Sie eine günstige und umweltfreundliche Alternative zu verbreiteten Lippenbalsams? Kaufen Sie lieber natürliche Produkte für die dauerhafte Pflege Ihrer Lippen. Sie werden es Ihnen danken!

• Jojobaöl
• 1 TL Karitébutter
• Bienenwachs (in Form von Pastillen)
• 10 Tropfen Weizenkeimöl
• 1 Dose
• Schüssel

1. Die Dose bis zum Rand mit Bienenwachs füllen und dieses in die Schüssel umfüllen. Die Wachspastillen mit Jojobaöl bedecken.
2. Die Karitébutter hinzufügen und alles im Wasserbad schmelzen, bis die Masse flüssig ist. Dann das Weizenkeimöl hinzufügen. Durch das darin enthaltene Vitamin E wird der Balsam haltbar.
3. Die Masse in die Dose füllen und abkühlen lassen.

VORSICHT BEI HÄUFIGER ANWENDUNG

Manche Inhaltsstoffe können Allergien hervorrufen. Daher sollte man die hergestellten Produkte mindestens 48 Stunden lang testen, bevor man sie anwendet, um festzustellen, ob man allergisch reagiert.

Vor der Anwendung müssen alle **Utensilien und Behälter desinfiziert** werden. Sterilisieren Sie sie 10 Min. in kochendem Wasser und trocknen Sie sie sorgfältig mit einem sauberen, trockenen Tuch ab oder reinigen Sie sie mit Alkohol aus der Apotheke und lassen Sie sie dann an der Luft trocknen. Waschen Sie sich regelmäßig und gründlich die Hände. Notieren Sie das Herstellungs- oder Verfallsdatum auf der Dose. Wenn Sie auch nur die geringste Veränderung in der Konsistenz, im Aussehen oder einen unangenehmen Geruch bemerken, muss **die Zubereitung unbedingt vernichtet werden.**

Schwangeren und stillenden Müttern, Epileptikern, empfindlichen Personen, Personen mit hormonellen Krebserkrankungen und generell mit gesundheitlichen Problemen wird von der Anwendung von **ätherischen Ölen** abgeraten. Verwenden Sie ätherische Öle für Babys und Kinder unter 3 Jahren nur auf ärztlichen Rat. Sie können in unverdünntem Zustand die Haut reizen und zu Lichtreaktionen führen. Verwenden Sie sie bei äußerlicher Anwendung immer stark verdünnt. Vorsicht gilt vor allem bei sensibler oder zu allergischer Reaktion neigender Haut.

ANTI-KÄLTE-CREME

Im Winter muss die Haut etwas mehr gepflegt werden als im Sommer, um sie gegen Kälte zu schützen. Diese reichhaltige Creme kann sehr gut täglich verwendet werden. Wenn sie Ihnen zu fett erscheint, tragen Sie sie auf die feuchte Haut auf.

---

1. In einem Topf **1 EL Kalk**, **1 EL Olivenöl, 1 Prise Speisenatron und 1 Prise rosa Heilerde** vermischen.

2. In einem Wasserbad **1 EL Karitébutter** (oder Kakaobutter) schmelzen und anschließend zügig unter die Mischung rühren. Vorsicht, die Masse härtet schnell aus. **2 Tropfen ätherisches Öl** hinzufügen (dazu siehe unten).

3. Die Creme in eine luftdicht verschließbare Dose füllen.

ROSA HEILERDE

Farbige Heilerde ist – bis auf grüne und rote – häufig nicht absorbierend. Hinweise dazu findet man auf der Packung. Sie ist für trockene und empfindliche Haut geeignet. Rosa Heilerde ist bekannt für ihre klärende, glättende, nährende und beruhigende Wirkung.

Welches ätherische Öl FÜR MEINE HAUT?

Breitblättriger Lavendel beruhigt trockene und gereizte Haut.
Rosmarin wirkt klärend, gibt der Haut ihre natürliche Ausstrahlung zurück.
Zitrone wirkt adstringierend, reinigt fettige Haut.
Eukalyptus wirkt antiseptisch und reinigt die Haut.

Wohlige WÄRME FÜR BABYS

Zelebrieren Sie voller Herzenswärme die Ankunft eines Neugeborenen mit diesen süßen Geschenken, die sie den ganzen Winter begleiten können.

MÜTZCHEN MIT KATZENÖHRCHEN

Wie könnte man diesem niedlichen Mützchen widerstehen? Damit übersteht Ihr Baby den ersten Frost und der süße Anblick lässt Ihr Herz schmelzen.

GRÖSSE: GEBURT / 3 MONATE / 6 MONATE
• Alpakagarn (100 % Alpaka,
LL 173 m/50 g), 25 / 25 / 30 g in Ecru,
5 g in Orange
• Stricknadeln 3,5 mm

MÜTZCHEN

Beachten Sie die Zeichnungen auf S. 194 und die Erklärungen zur Stricktechnik auf S. 164.

1. Mit der Nd 3,5 mm in Orange 72 / 79 / 88 M anschl. In der folgenden R in Ecru weiterstr.

2. In Glatt re 30 / 36 /42 R str, dann auf der re Seite in jeder 4. R die Abnahmen wie folgt arbeiten (Blöcke jeweils für Größe Geburt / 3 Monate / 6 Monate):
9 M, *2 M zusstr, 8 M* 6x, 2 M zusstr, 1 M = 65 M. 3 R str.
8 M, *2 M zusstr, 7 M* 6x, 2 M zusstr, 1 M = 58 M. 3 R str.
7 M, *2 M zusstr, 6 M* 6x, 2 M zusstr, 1 M = 51 M. 3 R str.
6 M, *2 M zusstr, 5 M* 6x, 2 M zusstr, 1 M = 44 M /

10 M, *2 M zusstr, 9 M* 6x, 2 M zusstr, 1 M = 72 M. 3 R str.
9 M, *2 M zusstr, 8 M* 6x, 2 M zusstr, 1 M = 65 M. 3 R str.
8 M, *2 M zusstr, 7 M* 6x, 2 M zusstr, 1 M = 58 M. 3 R str.
7 M, *2 M zusstr, 6 M* 6x, 2 M zusstr, 1 M = 51 M /
.

11 M, *2 M zusstr, 10 M* 6x, 2 M zusstr, 1 M = 79 M. 3 R str.
10 M, *2 M zusstr, 9 M* 6x, 2 M zusstr, 1 M = 72 M. 3 R str.
9 M, *2 M zusstr, 8 M* 6x, 2 M zusstr, 1 M = 65 M. 3 R str.
8 M, *2 M zusstr, 7 M* 6x, 2 M zusstr, 1 M = 58 M.

3. Anschließend in jeder 2. R wie folgt abnehmen (Blöcke jeweils
für Größe Geburt / 3 Monate / 6 Monate):

5 M, *2 M zusstr, 4 M* 6x, 2 M zusstr, 1 M = 37 M.
4 M, *2 M zusstr, 3 M* 6x, 2 M zusstr, 1 M = 30 M.
3 M, *2 M zusstr, 2 M* 6x, 2 M zusstr, 1 M = 23 M.
2 M, *2 M zusstr, 1 M* 6x, 2 M zusstr, 1 M = 16 M.
1 M, *2 M zusstr* 6x, 1 M /

6 M, *2 M zusstr, 5 M* 6x, 2 M zusstr, 1 M = 44 M.
5 M, *2 M zusstr, 4 M* 6x, 2 M zusstr, 1 M = 37 M.
4 M, *2 M zusstr, 3 M* 6x, 2 M zusstr, 1 M = 30 M.
3 M, *2 M zusstr, 2 M* 6x, 2 M zusstr, 1 M = 23 M.
2 M, *2 M zusstr, 1 M* 6x, 2 M zusstr, 1 M = 16 M.
1 M, *2 M zusstr* 6x, 1 M /

7 M, *2 M zusstr, 6 M* 6x, 2 M zusstr, 1 M = 51 M.
6 M, *2 M zusstr, 5 M* 6x, 2 M zusstr, 1 M = 44 M.
5 M, *2 M zusstr, 4 M* 6x, 2 M zusstr, 1 M = 37 M.
4 M, *2 M zusstr, 3 M* 6x, 2 M zusstr, 1 M = 30 M.
3 M, *2 M zusstr, 2 M* 6x, 2 M zusstr, 1 M = 23 M.
2 M, *2 M zusstr, 1 M* 6x, 2 M zusstr, 1 M = 16 M.
1 M, *2 M zusstr* 6x, 1 M.

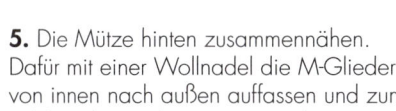

4. Es bleiben 9 M auf der Nd. 1 R li
str, dann in der folgenden R immer 2
M zusstr, bis 5 M übrig sind. 1 R li str
und in der folgenden R alle M abk.

5. Die Mütze hinten zusammennähen.
Dafür mit einer Wollnadel die M-Glieder
von innen nach außen auffassen und zum
Schluss den Faden innen vernähen.

ÖHRCHEN

6. Mit Nd 3,5 mm 18 M in Orange anschl
und 24 R glatt re str. Die M locker abk. Das
Quadrat mittig zu einem Dreieck falten und
mit Matratzenstichen zusammennähen.

7. Die Öhrchen mit Matratzenstichen
vorne an das Mützchen nähen.

KATZEN-NACHTLICHT

*Dieses leicht anzufertigende, süße farbige Nachtlicht
beruhigt das Baby beim Einschlafen.*

SOCKEL

1. Auf die Pappe einen Kreis mit 14 cm
Durchmesser aufzeichnen und ausschneiden.

2. Einen zweiten Kreis mit dem Durchmesser
der LED-Lampe aufzeichnen, die Umrisse mit
der Nadel ausstechen und herauslösen.

3. Aus dem Pergamentpapier ein 13 x 4 cm
großes Rechteck ausschneiden, um die
Lampe legen und mit Klebeband fixieren.

4. Die Lampe in dem Loch in der Mitte
festklemmen.

KATZE

5. Den Katzenkopf auf das Pergamentpapier
aufzeichnen und ausschneiden (Vorlage
S. 196). Augenlider, Nase und Mund
vorsichtig mit dem Cutter ausschneiden.

6. Die Zunge auf der gestrichelten Linie
falten, zu einem Kegel formen und mit
Klebeband schließen. Die Zunge an der
Oberseite auf der Rückseite des Kopfes
befestigen. Die Augenlieder falten.

7. Aus dem Pergamentpapier 6 feine
Streifen von je 4 cm ausschneiden und als
Schnurrhaare neben dem Mund aufkleben.

MATERIAL
• feste Pappe, 0,7 cm dick, 15 x 15 cm
• farbiges Pergamentpapier, 32 x 20 cm
• kleine LED-Lampe
• dicke Stecknadel mit Kopf
• Cutter
• Klebeband

Wichtige DIY-ZUTATEN

Wussten Sie, dass Sie Zutaten für kreative Bastelarbeiten auch selber machen können? Hier zeigen wir ein paar Grundrezepte für natürliche und preisgünstige Mittel!

HOLZ**FARBE**

Diese Farbe, auch als „Schwedenfarbe" bekannt, lässt sich gut verstreichen und duftet viel angenehmer nach Leinöl als Farben mit Lösemittel!

MATERIAL
- 100 g Mehl
- 100 ml Leinöl
- 200 g Farbpigmente nach Wahl
- 2 ml flüssige Schmierseife

Das Mehl in einem Topf in 200 ml Wasser auflösen und unter ständigem Rühren zum Kochen bringen. Nach und nach 800 ml Wasser dazugießen und die Masse 5 Min. dicklich einkochen. Das Öl und die in etwas heißem Wasser aufgelösten Farbpigmente hinzufügen und noch weitere 15 Min. kochen. Zum Schluss die Seife einrühren und die Farbe in Gläser füllen.

Tipp: Für die Außenanwendung mit den Farbpigmenten noch 20 g Eisensulfat dazugeben.

Was für Farbpigmente?

Es gibt eine große Auswahl an Farbpigmenten ohne und mit Oxid, mit denen Sie Ihre Farben mischen können. Ocker- und Rotbrauntöne werden am häufigsten verwendet. Mit diesem Rezept erhalten Sie sanftere Töne als im Handel, aber das macht ihren Charme aus. Bereiten Sie die Mischung zu und testen Sie eine Farbe, damit Sie wissen, ob sie sich nach dem Trocknen noch aufhellt.

PAPIERKLEBER HERSTELLEN

Dies ist ein zu 100 % natürliches Rezept, ideal für Collagen, Pappmaschee oder eine Piñata.

40 g **Maissstärke** in einen Topf geben und mit dem Schneebesen nach und nach **150 ml Wasser** einrühren. Die Mischung bei mittlerer Hitze zum Köcheln bringen, aber nicht kochen lassen. Wenn der Kleber dicklich ist, in ein Glas umfüllen. Bis zum Gebrauch abkühlen lassen. Dieser Kleber hält sich 1 Woche in einem verschlossenen Behälter im Kühlschrank. Nostalgiker können in Erinnerung an ihre Schulzeit noch ein paar Tropfen Bittermandelextrakt hinzufügen.

SCHÖNES T-SHIRT-GARN

Garn aus alten T-Shirts kann man für viele Dinge verwenden, etwa zum Weben, Stricken, Häkeln u. a.

---

1. Mit einer scharfen Schere das T-Shirt waagerecht bis unter die Ärmel abschneiden, dann ebenso den unteren Saum abschneiden.

2. Den so entstandenen Schlauch in 3 cm breite Streifen schneiden, dabei auf einer Seite 3 cm unzerteilt lassen.

3. Auf der unzerschnittenen Seite die Streifen jeweils diagonal verbinden. Jetzt das T-Shirt-Garn aufwickeln!

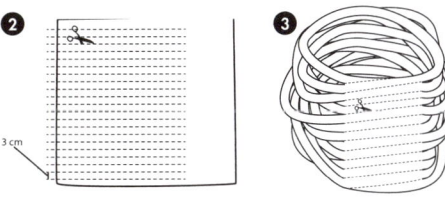

MODELLIERPASTE GESCHMEIDIG UND WOHLRIECHEND

MATERIAL

- 125 g Mehl
- 4 EL Salz
- 1 EL Speisenatron
- 125 ml Wasser
- 1 TL neutrales Öl
- Speisefarben nach Wunsch
- Aromen nach Wunsch

Mehl, Salz und Speisenatron in einen Topf geben. Nach und nach 125 ml Wasser und Öl hinzufügen und zu einer Paste vermischen. Bei mittlerer Hitze erhitzen, dabei kräftig mit dem Holzlöffel rühren, bis die Paste trocken ist. Sie darf nicht anbrennen.

Nach 5 Min. wird sie krümelig und fest. Abkühlen lassen und auf einer bemehlten Arbeitsfläche kneten. In mehrere Kugeln unterteilen, jeweils einritzen und ein paar Tropfen Farbe und Aroma hineingeben. Dann gut durchkneten.

Im Reich der KATZEN

Sie müssen Ihre Haustiere nicht mit einem Berg von Spielzeugen verwöhnen.
Denn Sie werden es schon bemerkt haben: Sie interessieren sich vor allem für Alltagsgegenstände.
Passen Sie Ihre Möbel lieber an ihre Gewohnheiten an, so sparen Sie Platz und Geld!

KATZENREGAL

Ob Sie eine Katze haben oder auch nicht, dieses Würfel-Regal ist zu 100 % selbst gemacht und verleiht Ihrer Wohnung einen besonderen Charme.

1. Mit der Stichsäge ein Loch mit 20 cm Durchmesser in ein 28,2 x 33 cm großes Brett sägen. Für das erste Modul ein 12 x 33 cm großes Brett an einer Seite des ausgesägten Bretts mit 2 Holzschrauben befestigen.

2. Auf dieselbe Weise 6 weitere Module anfertigen, davon 2 mit Loch.
Das 30 x 120 cm große Brett mit jeweils 3 Holzschrauben auf 3 Modulen befestigen.

3. Auf dem 30 x 120 cm großen Brett jeweils mit 2 Holzschrauben 2 weitere Module anbringen.

4. In das 30 x 120 cm große Brett mit einem Holzbohrer mit ø 10 mm Durchmesser Vertiefungen bohren, dafür einen Bohrsenker verwenden, sodass 2 jeweils 10 mm tiefe Vertiefungen entstehen. Zwei 35 cm lange Kupferrohre hineinsetzen.

5. Das 30 x 85 cm große Brett jeweils mit 2 Holzschrauben auf die 2 Module schrauben. Auf der Unterseite müssen 2 Vertiefungen von 10 mm für die Kupferrohre sein.

MATERIAL

- Bohrschrauber
- Stichsäge
- Rohrschneider
- Bohrsenker, ø 10 mm
- Schmirgelpapier
- Holzbohrer, ø 10 mm
- Schutzbrille
- Kiefernholzbretter, 18 mm dick

- 1 Brett, 30 x 120 cm
- 1 Brett, 30 x 85 cm
- 1 Brett, 30 x 50 cm
- 7 Bretter, 28,2 x 33 cm
- 7 Bretter, 12 x 33 cm
- 2 Kupferrohre, ø 8 x 10 mm, 70 cm lang
- 4 Kupferrohre, ø 8 x 10 mm, 35 cm lang
- 39 Holzschrauben, ø 4 mm, 4 cm lang

6. Die 2 letzten Module jeweils mit 2 Holzschrauben auf dem 30 x 85 cm großen Brett anbringen, dann wie in Schritt 4 die übrigen 35 cm langen Kupferrohre befestigen.

7. Das 30 x 120 cm große Brett mit einem Holzbohrer (ø 10 mm) und Bohrsenker anbohren, sodass 2 Vertiefungen von 10 mm entstehen. Mit dem Holzbohrer (ø 10 mm) in das 30 x 85 cm große Brett 2 Löcher bohren und die 2 längeren Kupferrohre hineinstecken.

8. Das 30 x 50 cm große Brett mit jeweils 2 Holzschrauben auf den 2 letzten Modulen befestigen. Auf der Unterseite müssen 4 Vertiefungen von 10 mm für die Kupferrohre sein. Jetzt ist das Regal fertig! Sie müssen es nur noch füllen.

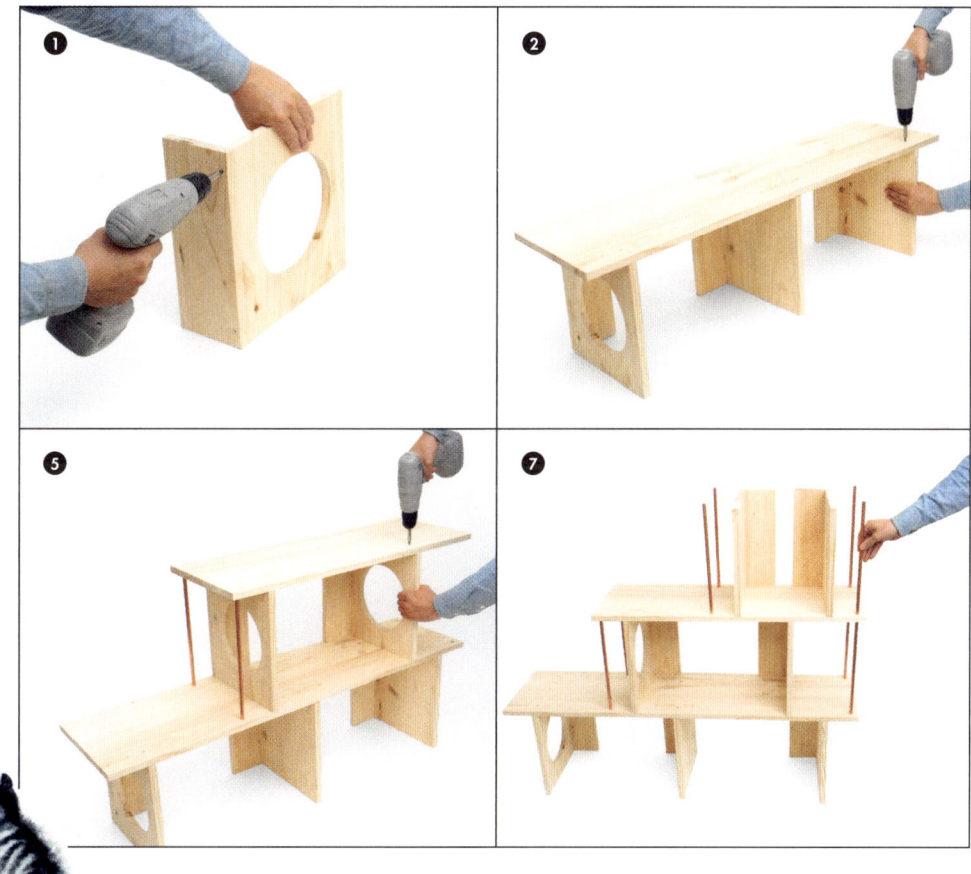

KRATZMATTE AUS KORDEL

Die Krallen sind oft zu lang und sehen nicht schön aus. Mit dieser Anleitung können Sie eine Matte aus Kordel anfertigen, und die Sache erledigt sich von selbst!

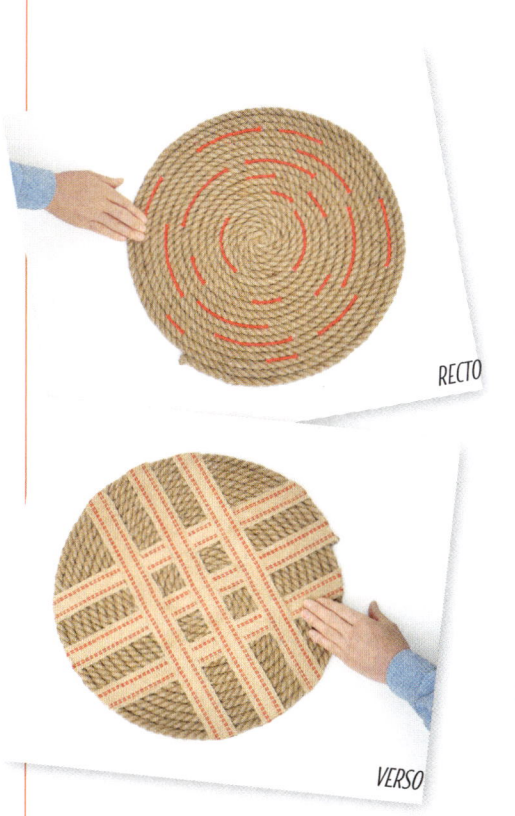

RECTO

VERSO

MATERIAL
• Hanfkordel, ø 14 mm, 10 m lang
• Kordel aus rotem Polypropylen, ø 4 mm, 2 m lang
• Juteband, 3 m lang, 4 cm breit
• Schere
• Heißklebepistole
• Abdeckband

1. Jeweils 1 cm neben den Kordelenden diese abkleben. Auf das Ende Heißkleber anbringen, damit sie sich nicht auflöst.
2. Die Kordel aufrollen und dabei festkleben, bis ein Kreis von 7 cm Durchmesser entsteht. Dann die Kordel weiter aufrollen, ohne sie festzukleben.

3. Aus dem Juteband 6 Streifen in der Länge des Durchmessers der Matte zurechtschneiden. Den ersten Streifen längs über die Matte kleben. Die anderen ebenfalls anbringen, dabei nach Belieben anordnen.
4. Die Matte wenden. Aus der roten Kordel kleine Streifen zurechtschneiden und den ersten an beliebiger in den Zwischenraum zwischen die Hanfkordel kleben. Die anderen nach Wunsch anordnen.

Tea Time
mit FREUNDINNEN

Im Januar ist es kalt und frostig. Das ist die beste Zeit – und ein guter Grund! – für eine Tea Time mit Freundinnen – das macht Spaß und hilft über die Kälte hinweg.

Für heiße Getränke gibt es Tausende von Rezepten. So muss man nicht bei den etwas langweiligen Beutel-Tees bleiben und kann etwas Anderes probieren.

CHAI LATTE

FÜR 1 BECHER
ZUBEREITUNG: 10 MIN.
KOCHZEIT: 5 MIN.

• 15 ml Sojamilch
• 2 TL schwarzer Tee
• 1 TL gemahlener Ingwertee
• 1 Prise Pfeffer
• 1 EL Agavendicksaft

1. Den Tee 5 Min. mit dem Ingwer und Pfeffer in 150 ml kochendem Wasser ziehen lassen.
2. Die Sojamilch erwärmen und 1 Min. mit dem Schneebesen schaumig schlagen.
3. Den Tee filtern und mit der Milch verrühren. Den Agavendicksaft hinzufügen und mit einem Stabmixer mixen.
4. Mit Ingwerpulver und Pfeffer bestreuen und heiß servieren.

HEISSER TEE MIT AHORNSIRUP

FÜR 1 BECHER | ZUBEREITUNG: 7 MIN. | KOCHZEIT: 10 MIN.

• 1 TL schwarzer Tee • 150 ml Milch • 1 EL Ahornsirup + etwas zum Servieren

1. Den Tee 5 Min. in 150 ml kochendem Wasser ziehen lassen.
2. In einem Topf die Milch erwärmen, bis sich Schaum bildet. Dann mit dem gefilterten Tee mischen.
3. Den Ahornsirup hinzufügen und alles mixen. Mit etwas Ahornsirup dekorieren und heiß servieren.

ZITRONENKRANZ

FÜR 8 PERSONEN
ZUBEREITUNG: 20 MIN.
KOCHZEIT: 30 BIS 35 MIN.

- 180 g weiche Butter
- 200 g Zucker
- Schale von 1 Bio-Zitrone
- ½ TL Vanillearoma
- 4 Eier
- 250 g Vanille-Vollmilchjoghurt
- 5 EL zimmerwarme Milch
- 350 g Mehl
- 1½ Päckchen Backpulver
- Puderzucker

1. Den Backofen auf 160 °C vorheizen. Eine Kranzkuchenform von 29 cm ø mit Butter ausstreichen.
2. Die Butter mit Zucker, Zitronenschale und Vanillearoma schaumig schlagen.
3. Nach und nach die Eier hinzufügen, anschließend Joghurt, Milch, Mehl, Backpulver und 1 Prise Salz.
4. Den Teig in die Form füllen und 30 bis 35 Min. backen. Mit der Messerspitze die Backprobe machen, es darf kein Teig mehr daran kleben. Den Kuchen aus der Form lösen und abkühlen lassen.

Für eine hübsche DEKO

Die Blätter rechts kopieren oder abzeichnen, ausschneiden und als Schablone verwenden: Dafür gleichmäßig auf dem Kuchen anordnen und durch ein feines Sieb Puderzucker darüberstreuen. Dann die Schablonen vorsichtig abnehmen. Die Motive nach Belieben variieren!

Hübsche Deko FÜR DAS KINDERZIMMER

Die Dekoration für das Kinderzimmer voller Puppen und Stofftiere zum Schmusen sollte besonders sorgfältig gewählt werden. Am besten setzt man hier weiche und natürliche Materialien ein: lösungsmittelfreie Farben, nach Möglichkeit zertifizierte Stoffe eines Öko-Labels etc. Oder man verwertet Gebrauchtes wieder, was für unseren Planeten am besten ist.

MEIN SCHMUSEKISSEN

Dieses Kissen ist perfekt, um sich damit ins Bett zu kuscheln, darauf zu lesen oder zu träumen – der ideale Begleiter für Kinder.

MATERIAL

- rosa gestreifter Baumwollstoff, 50 x 140 cm
- karierter Baumwollstoff, 50 x 140 cm
- geblümter Baumwollstoff, 50 x 140 cm
- 1 Strang Stickgarn in Violett
- weißes Nähgarn
- Füllmaterial
- Nähmaschine
- Sticknadel
- löslicher Markierstift
- Stickring
- Stricknadel oder Holzstiel

1. Aus dem gestreiften Stoff 4 kleine Rechtecke von je 8 x 10 cm und 2x den Kopf nach der Vorlage auf S. 206 ausschneiden. Aus dem geblümten Stoff 2 Streifen von je 42 x 8 cm ausschneiden. Aus dem karierten Stoff 2 Rechtecke von je 28 x 16 cm und 4 Streifen von je 40 x 8 cm ausschneiden. Auf einer Seite des Kopfes mit dem löslichen Markierstift die Augen und den Mund aufzeichnen und diese mit dem Rückstich sticken (siehe S. 174). Beide Kopfteile

rechts auf rechts zusammenstecken und mit einer Nahtzugabe von 1 cm aneinandernähen, die untere Kante offen lassen. Wenden und bügeln.

2. Die Arme und Beine aus dem Karostoff jeweils mit den Enden aus dem gestreiften Stoff rechts auf rechts feststecken und mit einer Nahtzugabe von 1 cm an den kurzen Seiten zusammennähen. Arme und Beine zusammensetzen, rechts auf rechts längs falten und feststecken. Mit einer Nahtzugabe von 1 cm zusammennähen und wenden. Mithilfe einer Stricknadel oder eines Holzstiels ausstopfen.

3. Die Körperteile rechts auf rechts feststecken, dabei die Arme und Beine mitfassen. Unten und an den Seiten mit einer Nahtzugabe von 1 cm zusammennähen.

4. Für den Hals 2 Streifen aus dem geblümten Stoff rechts auf rechts zusammenstecken und die kurzen Seiten mit einer Nahtzugabe von 1 cm festnähen. Den Saum an der unteren Kante 2x 5 mm einschlagen und festnähen. Die obere Kante mit breiten, lockeren Stichen kräuseln. Den Faden vorsichtig festziehen, bis der Hals dieselbe Breite wie der Kopf hat.

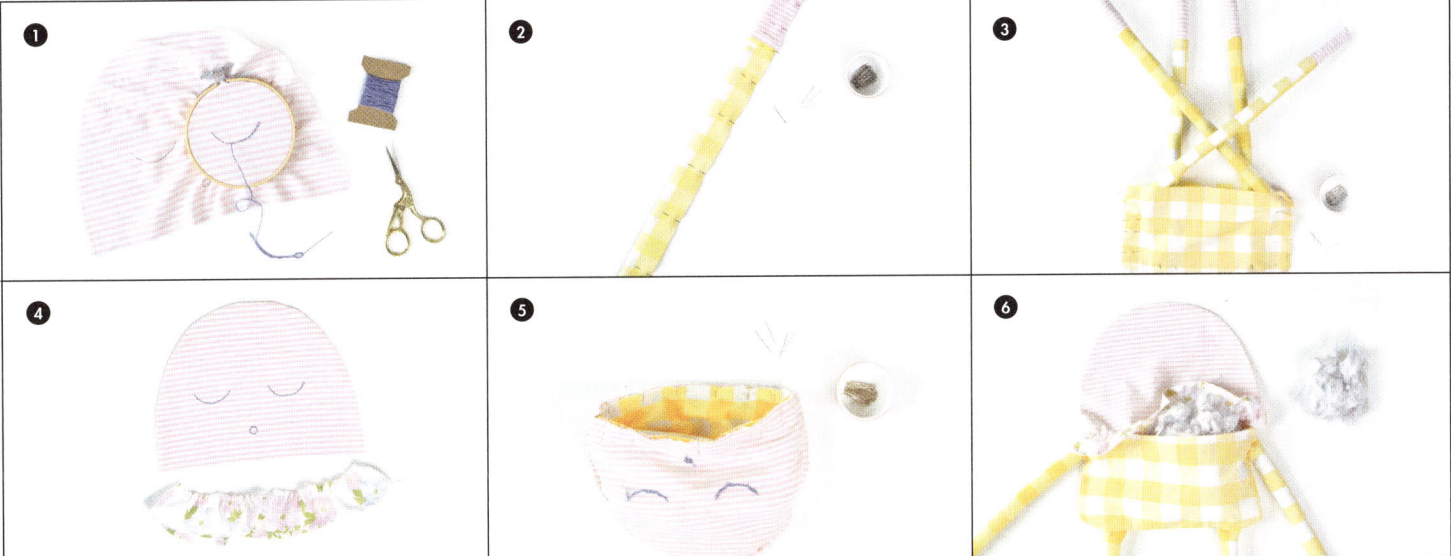

5. Den Körper rechts auf rechts an den Kopf stecken und den Hals zwischenfassen. Mit einer Nahtzugabe von 1 cm zusammennähen, dabei an der Rückseite eine etwa 15 cm breite Wendeöffnung lassen.

6. Kopf und Körper fest ausstopfen und die Öffnung mit Saumstichen schließen, dabei den Hals annähen.

Kissen-SOS

Hilfe, das Kissen ist geschrumpft!

Waschen Sie es in der Maschine und geben Sie ihm eine zweite Chance, indem Sie die Füllung für dieses Schmusekissen verwenden. Lockern Sie die Fasern mit den Fingern auf, damit sie sich voneinander lösen und wieder Volumen erhalten.

HÄNGEREGAL

Dieses süße, charmante kleine Regalbrett ist ideal, um Stofftiere und Lieblingspuppen aufzunehmen.

MATERIAL

- Acrylfarbe
- 20 große Holzperlen (Durchmesser entsprechend der Kordel)
- 1 Holzbrett, mindestens 1 cm dick
- Bohrer
- 2 Schraubhaken
- 2 Wanddübel
- dicke Kordel, 2 m lang

1. Die Perlen mit 2 Farbschichten bestreichen und gut trocknen lassen. Die Ecken des Holzbretts 2 cm neben den Kanten markieren und durchbohren. Die Kordel sollte sich leicht durch die Löcher ziehen lassen.

2. Etwa 45 cm über der gewünschten Regalhöhe 2 Stellen an der Wand im selben Abstand wie auf dem Brett markieren und die Schraubhaken mit den Wanddübeln dort anbringen.

3. Die Kordel halbieren und eine Hälfte durch ein Loch auf dem Brett führen, das Ende verknoten. Dasselbe auf der anderen Seite des Bretts wiederholen.

4. Auf eine Kordel 5 Perlen fädeln, die Kordel durch einen Haken ziehen und nochmals 5 Perlen auffädeln. Die Kordel in das gegenüberliegende Loch ziehen und verknoten. Den Vorgang auf der anderen Seite des Bretts wiederholen, dabei das Brett so ausrichten, dass es gerade hängt.

Das ist mein Zimmer!

*Hier erfahren Sie, wie Sie ein Wort oder schöne Initialen
an die Tür des Kinderzimmers anbringen. Das kann man
auch gut mit dem Kind zusammen machen.*

1

Die ausgewählten Buchstaben jeweils über ein ganzes DIN-A4-Blatt aufzeichnen,
sie sollten etwa 6 cm breit sein. Ausschneiden, auf Pappe
übertragen und mit einem Cutter ausschneiden.

2

Das Ende eines Wollfadens auf einen Buchstaben kleben und das Knäuel
darumwickeln, bis er vollständig bedeckt ist. Gerundete Stellen, Ecken oder größere
Kanten mit etwas Kleber fixieren. Beim Farbwechsel immer die Enden festkleben.

3

Zum Schluss ein kleines Motiv aus Filz ausschneiden und aufkleben,
zum Beispiel ein Sternchen, eine Blume u. a.

KATZEN-TAFEL

Was für eine süße Katze! Dahinter verbirgt sich eine Tafel, auf der Ihr Kind seiner Kreativität wunderbar freien Lauf lassen kann.

————

MATERIAL

- feste Wellpappe, 0,7 cm dick, 100 x 50 cm
- selbstklebende Tafelfolie, 50 x 50 cm
- feine Wellpappe in Rosa, 20 x 20 cm
- Schwamm
- 1 große Streichholzschachtel
- 2 Schnürsenkelösen
- Schnur
- Kreide

1. Tafel

Aus der festen Wellpappe 2 Katzenköpfe ausschneiden (Vorlage 1, S. 197). Zum Aufhängen an einem Kopf die Schnürsenkelösen an den Kreuzen befestigen. Auf den anderen Nase und Zunge aufzeichnen und ausschneiden. Diesen Kopf mit Tafelfolie bekleben, dabei ebenfalls Nase und Zunge ausschneiden. Die Köpfe aufeinanderkleben.

2. Nase

Den Schwamm in Form der Nase ausschneiden und auf das Gesicht stecken.

3. Zunge

Drei Seiten der Streichholzschachtel mit rosa Pappe bekleben. Aus der rosa Pappe ein Rechteck von 5,2 x 3,5 cm ausschneiden und innen als Trennwand in die Schachtel kleben, in die die Kreide gelegt wird.
Die Vorlage für die Zunge (Vorlage 2, S. 197) auf die rosa Pappe übertragen, ausschneiden und zur Hälfte auf die Trennwand kleben.
An der Zunge kann man die Schachtel öffnen. Die Kreide hineinlegen. Augen, Mund und Schnurrhaare mit Kreide aufmalen.

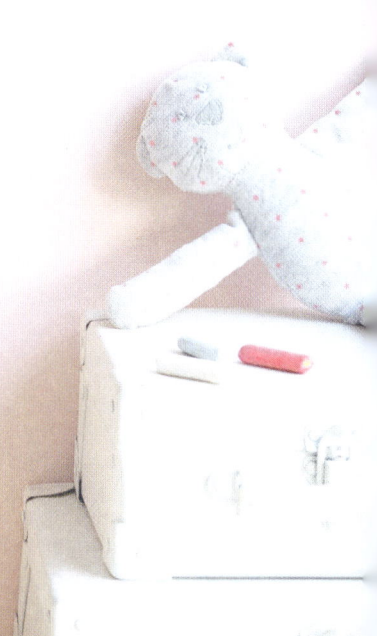

Galette und Brioche
NACH FRANZÖSISCHEN REZEPTEN

Traditionell serviert man in Frankreich am Tag der Epiphanie (in Deutschland der Dreikönigstag) den „Galette des Rois". Wie bei vielen christlichen Festen hat auch dieses einen heidnischen Ursprung. Die Römer feierten zu diesem Zeitpunkt die Saturnalien, die Wintersonnenwende, und amüsierten sich schon damit, einen König oder eine Königin des Tages zu bestimmen. Entdecken Sie hier die Rezepte, die in Frankreich eng mit dieser Tradition verbunden sind!

KLASSISCHER MANDELKUCHEN

FÜR 6 PERSONEN | RUHEZEIT: 30 MIN.
ZUBEREITUNG: 20 MIN. | BACKZEIT: 40 MIN.

• 2 Rollen fertiger Blätterteig • 1 Ei • 1 Bohne
Für die Mandelcreme
• 80 g weiche Butter
• 80 g Puderzucker • 1 Ei
• 80 g gemahlene Mandeln

1. Für die Creme die Butter schaumig schlagen, Puderzucker und Ei hinzufügen, sodass eine cremige Masse entsteht. Dann die Mandeln hinzufügen.

2. Den Blätterteig ausrollen und daraus 2 Kreise von je 25 cm Durchmesser ausschneiden, am besten mit einem gewellten Teigrädchen. Einen Kreis auf das mit Backpapier belegte Backblech legen.

3. Das Ei mit 1 TL Wasser verquirlen und den Teigrand damit bestreichen. Die Mandelcreme darauf verstreichen und die Bohne hineinstecken. Den zweiten Teigkreis darauflegen und die Ränder mit einer Gabel festdrücken.

4. Mit dem verquirlten Ei bestreichen und dekorative Muster aufzeichnen, ohne den Teig zu beschädigen. 30 Min. im Kühlschrank ruhen lassen. Den Backofen auf 250 °C vorheizen. Den Teig nochmals mit dem restlichen Ei bestreichen und den Kuchen in den Ofen schieben. Die Temperatur auf 200 °C herunterschalten und 40 Min. backen. Lauwarm servieren.

Tipp

Damit der Kuchen schön glänzt, diesen kurz vor Ende der Backzeit mit Puderzucker bestreuen und zu Ende backen.

FÜR KINDER: GALETTE AM STIEL

Schneiden Sie mit einem Glas oder Ausstecher aus dem Blätterteig mehrere Kreise aus und fahren Sie dann wie mit dem großen Kuchen fort. Backen Sie die kleinen nur 15 bis 20 Min. Lassen Sie sie ein paar Minuten abkühlen und stecken Sie sie auf Holzspieße.

FÜR SCHOKOLADENSÜCHTIGE

Ersetzen Sie die Mandelcreme durch eine Mandel-Schokoladen-Creme. Dafür **50 g weiche Butter** mit **50 g Zucker** und **50 g gemahlenen Mandeln** verrühren. 1 Ei hinzufügen und weiterrühren. **50 g dunkle Schokolade** schmelzen und nach Belieben mit **20 g zerstoßenen Kakaobohnen** zur **Mandelcreme** geben. Zu einer glatten Creme verrühren.

BRIOCHE FÜR DEN KÖNIGSTAG

FÜR 8 PERSONEN | ZUBEREITUNG: 30 MIN.
RUHEZEIT: 3 STD. | BACKZEIT: 25 MIN.

• 40 g leicht gesalzene Butter
• 20 g frische Hefe
• 80 ml lauwarme Milch
• 260 g Mehl
• 50 g Zucker
• Schale von 1 Bio-Orange
• ½ TL Salz
• 1 verquirltes Ei + 1 Eigelb zum Bestreichen
• 150 g kandierte Früchte nach Wahl
• Hagelzucker

1. Die Butter schmelzen. Die Hefe in der lauwarmen Milch auflösen und 15 Min. ruhen lassen. Mehl, Zucker, Orangenschale, Salz und das verquirlte Ei vermischen. Geschmolzene Butter zügig unterrühren. Die Milch hinzufügen und alles zu einem glatten, elastischen Teig verarbeiten.

2. Den Teig auf der bemehlten Arbeitsfläche 5 Min. kneten. In eine Schüssel geben, mit einem sauberen Tuch abdecken und in einer warmen Umgebung 2 Std. gehen lassen. Wenn sich das Volumen verdoppelt hat, nochmals kurz kneten (dabei zieht er sich zusammen, das ist normal) und die kandierten Früchte untermischen (ein paar davon für die Dekoration zurücklegen).

Lauwarm oder kalt servieren.

3. Auf einem mit Backpapier belegten Backblech den Teig zu einer Kugel formen, in die Mitte ein großes Loch drücken und die Kugel zu einem Kranz auseinanderziehen. Das Eigelb mit ein paar Tropfen kaltem Wasser verrühren und den Teig damit bestreichen.

4. In warmer Umgebung 1 Std. gehen lassen. Den Backofen auf 170 °C vorheizen. Den Teig mit Eigelb bestreichen und mit Hagelzucker bestreuen.

Krone

Aus Papier

Aus **dickem Glanzpapier** oder **bedrucktem Papier** eine Krone ausschneiden. Sie sollte etwa 60 cm lang sein, setzen Sie also 2 DIN-A4-Bögen zusammen. Zum Dekorieren eignen sich **Glitzeraufkleber** mit **selbstklebenden Steinchen** oder eine **Mini-Pompon-Borte** u. a. Lassen Sie Ihre Kinder mitmachen!

Aus Stoff

Warum nicht auch mal eine Krone aus **dickem Filz** oder **Moosgummi** anfertigen? Sie kann in den nächsten Jahren wiederverwendet werden. Kleben Sie für den Verschluss **Klettpunkte** auf die Enden auf.

Gemütliche Stunden

Jetzt ist die richtige Zeit, sich einen weichen Loop-Schal zu stricken, aber auch um einen gemütlichen Tag zu Hause zu verbringen, an einer heißen Schokolade zu nippen und schöne Musik zu hören.

LOOP MIT **SCHACH-BRETTMUSTER**

Dieses hübsche Modell eignet sich gut für Strickanfänger! Dafür muss man nur zwei ganz einfache Maschenarten beherrschen, die immer im Wechsel gestrickt werden und dieses elegante, graphische Motiv erzeugen.

___

MATERIAL
- 1 Knäuel Wollmischgarn, LL 163 m/100 g
- Stricknadeln 6,0 mm
- Wollnadel

1. 48 M anschl.
2. Hinweise zum Schachbrettmuster finden Sie auf S. 164. Immer 10 R im Wechsel str. In R 1 bis 5 stets abwechselnd 4 M re, 4 M li. In R 6 bis 10 umgekehrt 4 M li, 4 M re str. Diese 10 R bis zu einer Höhe von 56 cm wdh.
3. Die M abk und die Fäden vernähen.
4. Den Loop mittig falten und die Enden aufeinanderstecken. Mit einem unsichtbaren Stich zusammennähen.

SELBST GEMACHTE DUFTKERZEN

Selbst gemachte Duftkerzen tragen zur Entspannung bei.
Mit dieser Anleitung erhalten Sie für ein echtes Hygge-Gefühl ein dänisches Rezept!

MATERIAL

• 450 g Bienenwachs oder
  pflanzliches Wachs
• 50 g Kokosöl
• 40 Tropfen ätherisches Öl
  oder 70 Tropfen Parfum
• Topf und Schale für ein Wasserbad
• gewachste Dochte mit Dochthalter
• hitzebeständige Behälter
• Wäscheklammern oder 2 Holzstäbchen

Wachs und Kokosöl im Wasserbad schmelzen. Ätherisches Öl oder Parfum vorsichtig unterrühren. Die Dochte in die Behälter setzen; damit sie gerade stehen, diese mit einer Wäscheklammer oder zwischen zwei quergelegte Holzstäbchen fixieren. Die Masse hineingießen, mehrere Stunden hart werden lassen, in dieser Zeit die Behälter nicht verstellen.

Kleines Extra

• Nehmen Sie für eine originelle Kerze als Behälter die Schale einer halben Kokosnuss.
• Bewahren Sie Glas-Joghurtbecher auf, sie eignen sich gut für diese Kerzen.
• Für farbige Kerzen geben Sie noch natürliche Farbpigmente hinzu.

FÜR FEINSCHMECKER: WEISSE TRINKSCHOKOLADE

• 8 g weiße Schokolade
• 100 ml Kaffee
• 100 ml Milch

Schokolade zerkleinern und in eine Tasse geben. Die Milch erhitzen, aber nicht aufkochen, und so viel in die Tasse gießen, bis die Schokolade bedeckt ist, damit sie schmilzt. Den Kaffee vorsichtig darübergießen. Zum Dekorieren 1 EL Kaffeecreme zurückbehalten. Die restliche Milch mit einem Schneebesen 1 Min. schaumig schlagen, dazugießen und die Kaffeecreme daraufgeben.

Organisation VON A BIS Z

PROJEKTE
ORGANISIEREN

Wenn Sie gerne kreativ sind, wenn Sie fantasiebegabt sind, wenn Sie Erfindergeist haben, sammeln Sie wahrscheinlich Garne, Wolle und Stoffe. Eine straffe Organisation hilft Ihnen dabei, Ihre Projekte zügig zu bearbeiten und Ihre Ziele gut zu erreichen.

Wenn Sie Ihre Bedürfnisse formulieren und aufräumen, können Sie bei dieser Gelegenheit prima Ihre Wünsche definieren und zugleich innovativen Ideen Ausdruck verleihen. Sie werden überrascht sein zu entdecken, auf welche Gedanken Sie kommen!

Richten Sie in einem leeren Notizbuch **Doppelseiten für ein Jahr oder einen Monat** ein, je nachdem, wie viele Kreativprojekte Sie planen. Indem Sie Ihre Ideen zu Papier bringen, müssen Sie nur noch die Seiten mit Ihren Geistesblitzen und Einfällen durchblättern, die dort für immer festgehalten sind.

Sie können beispielsweise Ihre **Projekte nach Themen ordnen** (Kleidung, Accessoires, Dekoration), nach **Jahreszeiten** (Ideen für Weihnachten, Selbstgemachtes zum Schulanfang oder für die Sommerferien), nach **angewandter Technik** (Stricken, Malen, Nähen) oder auch nach **Zeitaufwand** (ein paar Stunden oder ein ganzes Wochenende). Legen Sie in den Spalten rechts und links davon auch **konkrete**

Rubriken an, etwa für das zu besorgende Material, Fotos oder Zeichnungen, Tipps etc.

Um Ihre Vorräte zu verwalten, legen Sie sich eine Übersicht darüber an. Entwerfen Sie dazu eine **Motiv- und Materialkarte**. Tragen Sie auch Ihre **Farben und Garne** darin ein, indem Sie ein kleines Stück davon abschneiden und mit Masking Tape auf die Musterkarte kleben.
Notieren Sie die genaue Farbangabe dazu. Das können Sie auch mit allen

anderen Materialien in Ihrem Vorrat machen, etwa mit Perlen, Papier, Knöpfen etc.

AUFRÄUMEN UND PLATZ SCHAFFEN

Aufräumen und Platz zu schaffen ist die beste Art, um zu sehen, was man alles hat! Mit ein paar hilfreichen Tipps haben Sie in Zukunft alles schnell zur Hand.

Gläser für Krimskrams

Um Armbändchen, Perlen und andere Kleinigkeiten aufzubewahren, eignen sich **Glasbehälter**, auch **Marmeladengläser** gut. Hier folgen drei kleine Projekte, die Ihnen helfen, Ordnung zu halten.

1. Nadelkissen: Das ist DIE Lösung, um sich nicht an den Nadeln zu stechen, die überall herumliegen!

MATERIAL

- Glas
- Heißklebepistole
- Stück Stoff
- Schaumstoff oder Baumwolle
- Schere
- Pappe
- Masking Tape

Die Umrisse des Deckels auf Pappe übertragen. Ebenso auf den Stoff übertragen, dabei rundum 1 cm Nahtzugabe hinzufügen.

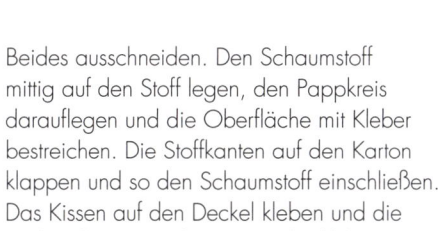

Beides ausschneiden. Den Schaumstoff mittig auf den Stoff legen, den Pappkreis darauflegen und die Oberfläche mit Kleber bestreichen. Die Stoffkanten auf den Karton klappen und so den Schaumstoff einschließen. Das Kissen auf den Deckel kleben und die Nahtstelle mit Masking Tape überkleben.

2. Für Armbändchen, Perlen und andere Kleinigkeiten ein Loch in die Deckelmitte bohren und diese an die Unterseite eines Regalbretts schrauben. So müssen Sie nur das Glas drehen, um den Deckel zu öffnen.

3. Für Wolle und Nähgarn, das sich am Anfang oft verheddert: Die Spule oder das Knäuel in ein Glas legen, dann ein kleines Loch in den Deckel bohren und das Fadenende hindurchziehen. So kann der Faden mühelos abgerollt werden.

Neuer Zweck für alte Möbel

Um die Spulen mit Bändern und Masking Tapes nicht zu verlieren, fädeln Sie sie auf eine **dünne Stange oder Nägel**, die Sie auf einer **Unterlage aus Holz** oder an der Wand fixiert haben.

Ihre Schere und andere Schneidewerkzeuge aus Metall finden Sie auch schnell wieder, wenn Sie sie an einer **Magnetleiste** aufbewahren.

Tipp

Wenn Sie viele Nadeln haben, können Sie sie auch nach Farbe, Größe oder Verwendungszweck sortiert in eine Styroporplatte stecken.

Frühling

Weniger Abfall, weniger VERSCHMUTZUNG

Es ist schwierig, seine Gewohnheiten zu ändern.
Aber manche Handgriffe für die Abfallvermeidung sind leicht umzusetzen.
Hier folgt eine kleine Liste für den Anfang.

FÜR DIE EINKÄUFE

Kaufen Sie bei lokalen Händlern (auf dem Markt oder in alternativen Verkaufsstätten), falls möglich beim Erzeuger oder im Bio-Laden. Greifen Sie im Supermarkt zu loser Ware, zu kaum verpackter Ware oder zu Familienpackungen. Verwenden Sie für Obst und Gemüse die Papiertüten mehrmals oder nehmen Sie Stoffbeutel und eine Einkaufstasche mit. Denken Sie auch an Nachfüllpackungen und vergessen Sie künftig Wasserflaschen aus Plastik!

BEUTEL FÜR LOSE WARE

MATERIA

• altes Handtuch aus leichter Baumwolle
• Nähmaschine
• Stempel mit einem beliebigen Motiv und Stempelkissen oder Textilfarbe (Stempel selber machen siehe S. 45)
• Bügeleisen

1. Ein 20 x 60 cm großes Rechteck aus dem Handtuch ausschneiden. An den kürzeren Seiten einen Saum nähen, dafür die Kanten einmal 0,5 cm und ein zweites Mal 1 cm breit nach innen einschlagen. Bügeln und nähen. Den Stoff längs rechts auf rechts falten und die Seiten zusammennähen. Wenden.

2. Den Beutel mit einem Stempel verzieren. Dafür diesen auf eine dicke Unterlage (festes Handtuch) legen und den Stempel auf die Außenseite drücken. Das Motiv zum Fixieren von der Rückseite ohne Dampf bügeln.

ZU HAUSE

Oft tendiert man zu Hause dazu, etwas wegzuwerfen und neu zu kaufen. Ändern Sie das, um den Planeten und auch Ihr Portemonnaie zu schonen.

SCHALEN VERWERTEN

Es gibt viele Möglichkeiten, Lebensmittelreste zu verwerten und etwas Gutes daraus zu kochen. Kochen Sie auch mit den Schalen, um so wenig wie möglich zu verschwenden.

Zitrusschalen

ZUBEREITUNG: 5 MIN.

TROCKNEN: EIN PAAR TAGE AN DER SONNE, AN DER FRISCHEN LUFT ODER UNTER EINEM HEIZGERÄT

Schalen von Bio-Zitrusfrüchten, von denen Sie den Saft und/oder das Fruchtfleisch anderweitig verwendet haben (Zitronen, Limetten, Orangen, Pampelmusen etc.)

1. Die weißen Innenschalen herauslösen, sodass nur die äußeren Zesten übrig bleiben. Diese in feine, 1 mm dicke Streifen schneiden und zum Trocknen für 3 bis 5 Tage auf einen Teller legen. Falls sich Schimmel bildet, alles wegwerfen.

2. Die Zitrusschalen für Tees, Öle u. a. verwenden (für Öl die Zesten in die Flasche geben und 2 Wochen ziehen lassen). Oder in einem Blender mit flacher Schneideklinge oder in einer elektrischen Kaffeemühle mahlen und anschließend mit Salz, Butter, einer Sauce oder einem Kuchenteig vermischen.

KOSMETIKPADS WIEDERVERWENDEN

Nach dem Gebrauch landen die Pads im Mülleimer. Warum eigentlich keine selber machen? Man sammelt sie im Wäschebeutel, wäscht sie mit normalem Waschmittel, sodass sie sich nicht aufbrauchen.

MATERIAL FÜR 8 WASCHBARE PADS

• weicher Frottierstoff, Fleece oder Baumwollvelours, 50 x 50 cm
• Nähmaschine

1. Aus dem Stoff 16 Quadrate zu je 12 x 12 cm ausschneiden. Immer zwei rechts auf rechts stecken, wenn der Stoff Vorder- und Rückseite hat. Mit einer Nahtzugabe von 1 cm zusammennähen, dabei eine Öffnung von 5 cm lassen.

2. Die Ecken schräg abschneiden und die Quadrate wenden. Durch beide Schichten rundum knappkantig absteppen.

DEN KLEIDERSCHRANK AUSMISTEN

Sichten Sie zunächst Ihre Kleider und trennen Sie sich von denen, die Sie nicht mehr tragen. Sie müssen nicht gleich weggeworfen werden. Sie können Ihnen auch eine persönliche Note verleihen, indem Sie sie etwas verschönern und aufpeppen (siehe „Kleine Ausbesserungen", S. 34). Verblichene Farben können auch mit Naturfarben aufgefrischt werden (siehe S. 126). Um den Kleiderschrank zu erneuern, gehen Sie auf den Trödelmarkt oder denken Sie an Second-hand-Läden und spezielle Internetseiten. Dort findet man sehr gut erhaltene Kleidung und wunderbare Vintage-Stücke.

Upcycling für Glasbehälter

Werfen Sie sie nicht mehr weg! Darin kann man wunderbar Dinge aufbewahren und mit ein paar Ideen werden sie zu tollen Deko-Objektens.

BUNTER SALAT IM GLAS

FÜR 4 PERSONEN

ZUBEREITUNG: 25 MIN.

KOCHZEIT: 35 MIN.

- 150 g zweifarbige Quinoa
- 1 mittelgroßer Butternut-Kürbis
- 4 säuerliche, rote Äpfel
- 150 g Feta
- ½ Granatapfel
- 30 g Kürbiskerne
- Saft von 1 Zitrone
- 1 TL Honig
- Olivenöl

1. Quinoa unter fließendem Wasser abwaschen und in ausreichend Salzwasser 10 Min. kochen. Das Wasser abgießen und die Quinoa abkühlen lassen.

2. Den Backofen auf 170 °C vorheizen. Den Kürbis schälen, entkernen und in große Würfel schneiden. Diese in einer heißen, geölten Pfanne von allen Seiten anbraten. Auf eine feuerfeste Platte legen, mit Olivenöl beträufeln und 25 Min. im Ofen backen, bis das Fruchtfleisch weich ist.

3. Die Äpfel waschen und in Schnitze schneiden. Den Feta würfeln, salzen und pfeffern. Die Kerne aus dem Granatapfel lösen.

4. Für die Vinaigrette den Zitronensaft mit dem Honig erwärmen und mit 4 EL Olivenöl mischen. Salzen, pfeffern und die Sauce in ein Glas gießen. Die Hälfte der Äpfel, dann die Fetawürfel, die Hälfte der Quinoa, die Granatapfelkerne, die restliche Quinoa, die Kürbiskerne und zum Schluss die Kürbiswürfel hineinfüllen.

DEKO-GLÄSER

Es ist lange her, dass leere Gläser nur für selbst gemachte Marmeladen verwendet wurden. Heute findet man sie überall als Deko-Gegenstände. Mit ein paar Tipps können Sie diese elegante Dekoration selber anfertigen und dabei noch Müll reduzieren.

HÄNGENDE BLUMENVASE

Decken Sie die Kanten der Gläser ab, indem Sie ein hübsches Band, ein bedrucktes Stoffband, eine Kordel oder eine alte Borte darumwickeln. Wenn Sie dafür eine Schnur nehmen, können Sie die Gläser daran aufhängen und eine LED-Kerze oder ein paar Blümchen hineinstellen. Zum Sichern können Sie die Knoten mit ein paar Tropfen Kleber beträufeln. Diese Technik eignet sich auch gut für kleine Glasflaschen.

FARBHARMONIE

Reinigen Sie die Gläser sorgfältig und reiben Sie sie eventuell mit einem in Alkohol oder hellen Essig getränkten Tuch ab. Wenn Sie blickdichte Gläser haben möchten, bestreichen Sie sie mit zwei dünnen Schichten **spezieller Kalkfarbe**. Sollen sie transparent bleiben, nehmen Sie **Glasfarbe**. Fixieren Sie die Farbe nach Herstellerangaben im Backofen. Für eine leuchtende Farbe verwenden Sie am besten **Sprühfarbe**, wahlweise mit mattem oder Metallic-Effekt, was beides sehr elegant wirkt.

TIERISCHE BONBONGLÄSER

Reinigen Sie die Gläser und die Innenseite der Deckel. Befestigen Sie oben auf dem Deckel mit Zweikomponentenkleber kleine Figürchen (Hase, Dinosaurier, Tänzerin o. a.). Wenn der Kleber getrocknet ist, den Deckel auf eine abgedeckte Unterlage legen und mit Sprühfarbe besprühen. Zwischen den Farbschichten gut trocknen lassen, damit sich keine unschönen Tropfen bilden. Darauf achten, dass keine Farbe in das Innere des Deckels dringt. Die Gläser mit Süßigkeiten füllen!

Tipp

Kleine Figürchen findet man auf Bazaren oder abgepackt auf Flohmärkten. Wenn sie nicht gut erhalten sind, entfernen Sie Farbsplitter mit einem Cutter oder bearbeiten Sie sie mit einer Feile.

Kleine Ausbesserungen

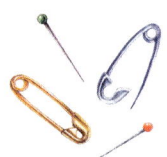

Eine Jeans mit Loch, ein hartnäckiger Fleck oder Löcher auf
dem Lieblings-T-Shirt – mit ein paar Stichen und nützlichen Tipps
verhelfen Sie Ihrer Lieblingskleidung zu neuem Leben!

PULLOVER MIT GEFILZTEN PATCHES

MATERIAL

- beschädigter Pulli
- Filzunterlage aus Blockschaum
- Filznadel mit Griff
- bunte Filzwolle
- kleine Schere

Ein Loch abdecken

1. Den Pullover auf links wenden und den
Blockschaum unter das Loch schieben. Eine
kleine Kugel aus Wolle formen, sie sollte
nicht zu fest und etwas größer als das Loch
sein. Die Wolle auf das Loch legen.

2. Mit der Filznadel kräftig in die Wolle
stechen. So lange arbeiten, bis die Wolle
flach wird und sich mit der Wolle des
Pullovers verbindet. Dann den Pulli vorsichtig
von der Unterlage lösen und auf rechts
wenden. Den Vorgang wiederholen.

Motive auftragen (Ellenbogenflicken auf dem Foto)

1. Ausreichend Wolle auf den Blockschaum
legen. Mit der Filznadel so oft einstechen, bis
sie flach ist. Dann vorsichtig aus der Unterlage
lösen und in die gewünschte Form schneiden.

2. Den Blockschaum an der gewünschten
Stelle in den Pullover legen. Das Motiv auf
der rechten Seite platzieren und mit der
Nadel einstechen, bis sich die Filzwolle
mit der Wolle des Pullovers verbindet.

NÜTZLICHE STICHE

Nehmen Sie ein Garn in der Farbe des Stoffes oder einen Kontrastfaden. Verwenden Sie für eine kaum sichtbare Naht Nähgarn und für eine auffälligere ein dickeres Garn, etwa Stickgarn. Auch mit einem Multicolor-Faden können Sie schöne Effekte erzielen.

KLEIDUNG AUSBESSERN

Sticken Sie mit dem **Rückstich** z. B. verstreutes Konfetti oder kleine, in die gleiche Richtung und weit über den betreffenden Bereich hinausgehende Stiche. Sticken Sie dann in die andere Richtung, sodass sich die Fäden kreuzen und ein Webmuster entsteht. Sticken Sie sehr dicht, etwa wenn Sie Strümpfe ausbessern, und etwas weniger dicht für **japanische Sashiko-Stiche**. Auf S. 146 finden Sie eine tolle Jeans mit Sashiko-Stickerei!

EIN LOCH ODER EINEN FLECKEN VERSCHWINDEN LASSEN

Zunächst um die beschädigte Stelle ein Stück **Klebevlies** oder **Stoff** befestigen, am besten von einer Tasche oder einem versteckten Saum desselben Kleidungsstücks und in derselben Farbe. Mit kleinen Stichen rundum festnähen. Sie können auch das Loch selbst mit einem Stickstich verzieren. So können Sie beispielsweise eine kleine Blume aufsticken, bei der das Loch die Blüte bildet. Dafür mit dem Stielstich sticken, für die Blütenblätter den Schlingenstich verwenden (zur Technik siehe Seite 174–175).

KNOPF ANNÄHEN

Einen ungefähr **45 cm langen Faden** in eine **Nadel** einfädeln. Die Enden zusammenknoten, sodass der Faden doppelt liegt. Den **Knopf** an der gewünschten Stelle platzieren und die Nadel unter dem Knopf einstechen und oben durch ein Loch im Knopf herausführen. In das andere Loch einstechen und die Nadel von oben nach unten in den Stoff führen. Den Vorgang wiederholen. Wenn der Knopf 4 Löcher hat, mit den anderen beiden Löchern ebenso verfahren. Zum Sichern unter dem Knopf 2 kleine Stiche übereinander ausführen, den Faden verknoten und abschneiden.

Besonderer Fall: Ist der Stoff dick, etwa bei einem Mantel, muss Platz gelassen werden, damit der Knopf durch das Knopfloch gesteckt werden kann. Dafür zu Beginn einen Zahnstocher unter den Knopf legen und diesen wie beschrieben annähen. Zum Schluss den Zahnstocher herausziehen.

PAILLETTEN AUFNÄHEN

Mit Pailletten lassen sich gut Risse oder beschädigte Nähte kaschieren, außerdem verleihen Sie dem Stück einen modischen Touch. Es gibt sie in verschiedenen Formen und Farben, spielen Sie ruhig bei der Anordnung damit! Nehmen Sie so viele, bis der entsprechende Bereich kaschiert ist.

AUFBÜGELBARE FLICKEN

Im Handel gibt es viele hübsche bügelbare Flicken. Für Ellenbogen oder Knie bei größeren Beschädigungen, kleinere Patches oder Abzeichen für kleinere Stellen – Sie haben die Qual der Wahl! Bügeln Sie sie mit einem heißen Bügeleisen ohne Dampf auf und legen Sie dabei ein dünnes Tuch darüber. Dabei fest drücken, damit der Flicken aufgeklebt wird.

Tipp Verstärken Sie den Flicken, indem Sie ihn mit einem Rückstich oder Festonstich noch annähen (Techniken siehe S. 172–173).

Rosenmontag

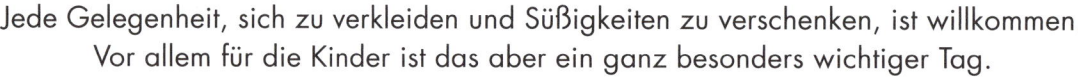

Jede Gelegenheit, sich zu verkleiden und Süßigkeiten zu verschenken, ist willkommen.
Vor allem für die Kinder ist das aber ein ganz besonders wichtiger Tag.

BUNTER SCHMETTERLING

Dieser schöne Kuchen macht auf die Gäste einen besonderen Eindruck! Verwenden Sie dafür die Lieblingsbonbons Ihrer Kinder!

———

FÜR 6 SCHLECKERMÄULER
ZUBEREITUNG: 45 MIN.
BACKZEIT: 35 MIN.

- 130 g Mehl
- 1 Päckchen Backpulver
- 4 Eier
- 130 g Zucker
- 80 g Butter + etwas für die Form
- Saft von 3 Zitronen
- 1 Prise Salz

Für die Dekoration
- 100 g Nuss-Nougat-Creme
- 1 Päckchen Mini-Schokolinsen
- kleine bunte Zuckerperlen
- 9 Schaumerdbeeren
- 2 Keksstäbchen

1. Den Backofen auf 180 °C vorheizen. Mehl und Backpulver in eine Schüssel sieben.

2. Die Eier trennen. Eigelbe mit Zucker zu einer hellen Masse schlagen. Die in Würfel geschnittene Butter in der Mikrowelle schmelzen und hinzufügen. Zitronensaft und die Mehlmischung unterrühren.

3. Das Eiweiß mit dem Salz zu Schnee schlagen und mit einem Spatel vorsichtig unter den Teig heben.

4. Eine Springform mit Butter einfetten und mit Mehl bestäuben. Den Teig einfüllen und ca. 35 Min. backen. Vollständig auskühlen lassen und dann aus der Form lösen.

5. Den Kuchen mit der Nuss-Nougat-Creme bestreichen und die Oberfläche mit einem Spatel glatt streichen.

6. Den Kuchen vierteln, dann die Flügel wie auf dem Foto auf einem Teller anordnen. Die Ränder mit Schokolinsen belegen und innen mit Zuckerperlen füllen.

7. Für den Körper die Schaumerdbeeren zwischen die Flügel legen und für die Fühler die Keksstäbchen in die obere Erdbeere stecken. Darauf mit etwas Creme 2 blaue Schokolinsen befestigen.

DER SCHMETTERLING

Verlassen Sie Ihren Kokon und wählen Sie die Farben,
die Ihnen gefallen, Blau, Grün, Orange oder Rot.
Sie können sie auch mit etwas Weiß aufhellen. Das ist alles eine Frage der Harmonie!

Kleine Tipps UND GROSSE GEHEIMNISSE

Schminken bedeutet, mit Formen und Farben zu spielen

Für Männer wie für Frauen gibt es zahlreiche Möglichkeiten! Spielen Sie damit, in eine andere Rolle zu schlüpfen, in eine zum Lachen, zum Erschrecken oder einfach nur um Spaß zu haben!

Schminken ist wie eine Reise

Sie können nicht zeichnen? Was macht das schon? Es ist viel einfacher, ein Gesicht zu schminken als etwas auf ein weißes Blatt zu zeichnen. Lassen Sie sich von den Farben leiten, Sie werden überrascht davon sein, was Sie alles können. Und wenn Sie etwas ändern möchten, nehmen Sie dafür ein feuchtes Wattestäbchen.

Die Farben

Nehmen Sie am besten Farben auf Basis von Wasser (nicht von Fett), sie lassen sich leicht mit einem Pinsel, Schwamm oder den Fingern verstreichen. Man kann sie auf dem ganzen Gesicht anwenden, außerdem auch auf dem Körper und in den Haaren.

Gute Pflege

Lassen Sie den Pinsel nicht im Wasser stehen, damit er sich nicht verbiegt und kaputt geht. Legen Sie ihn immer flach auf ein Tuch.

1. Grundzeichnung

Zeichnen Sie die Umrisse des Schmetterlings mit der Fingerspitze und einer hellen Farbe. Denken Sie auch an dünne Flügelspitzen, die dem Schmetterling eine zarte Silhouette verleihen.

2. Flügel

Malen Sie das Innere bunt an und beginnen Sie mit einer hellen Farbe in der Mitte des Gesichts. Stufen Sie die Farben nach und nach in Richtung Ränder der Flügel ab. Malen Sie auch über Augenbrauen und -lider.

3. Dekor

Verzieren Sie mit dem Pinsel noch die Flügel mit kleinen Punkten. So wird Ihr Schmetterling noch schöner.

4. Körper

Malen Sie dann auf die Nasenwurzel den Schmetterlingskörper. Gehen Sie von der Stelle zwischen den Augenbrauen aus und verlängern Sie die Formen nach unten.

5. Fühler

Malen Sie zwei kleine Fühler auf die Stirnmitte.

Papiermasken

Wenn Sie den Rosenmontag ganz vergessen haben und noch in letzter Minute eine Lösung suchen, verkleiden Sie sich mit einer bunten, schönen Tiermaske. Auf S. 194 finden Sie eine Vorlage für eine Tigermaske, die nur noch angemalt und zusammengesetzt werden muss – ein Spaß für Klein und Groß!

Zimmerpflanzen
in schönen TÖPFEN

Hätscheln Sie Ihre Pflanzen, verhelfen Sie Ihnen zur Wirkung! Der Schlüssel dafür besteht darin, sie umzutopfen, damit sie gut gedeihen können, und dem klassischen Terrakottatopf zu einem neuen Aussehen zu verhelfen.

KLEINES REH

Zähmen Sie dieses hübsche kleine Reh und es kümmert sich um Ihre Pflanzen und bringt zugleich einen Hauch von Zartheit in Ihre Wohnung.

• 1 Terrakottatopf
• weiße Acrylfarbe
• schwarze Acrylfarbe
• rosa Keramik- oder Acrylfarbe
• Modellierpaste in Terrakotta-Farbe
• weicher Pinsel
• feiner Haarpinsel
• Modellierwerkzeug
• Cutter
• Flüssigkleber

1. Aus der Modellierpaste eine kleine Kugel formen und mit dem Cutter in 4 Stränge von je etwa 1 cm Durchmesser und 3 cm Länge schneiden. Aus der Paste noch eine Kugel formen.

2. Die Kugel auf der Unterseite des Topfes flach drücken und zu einer gleichmäßigen Scheibe formen.

3. Aus den Strängen spitz zulaufende Füße formen und auf das gleiche Maß zurechtschneiden.

4. Die Füße an der Topfunterseite platzieren und leicht andrücken. Mit dem Modellierwerkzeug mit der Scheibe verbinden.

5. Aus der Paste einen kleinen Strang formen, um einen Fuß legen und mit dem Modellierwerkzeug glatt streichen. Dasselbe für die anderen Füße wiederholen.

6. Für die Ohren zwei kleine haselnussgroße Kugeln in Form bringen. Diese am Terrakottatopf platzieren und vorsichtig festdrücken, damit sie sich nicht verformen. Ohren und Füße abnehmen und wie auf der Packung angegeben im Ofen härten.

7. Den unteren Teil der Füße mit weißer Acrylfarbe bemalen, ebenso die Oberseite der Ohren.

8. Die Ohrmitte weiß ausmalen. Dies ist die Unterschicht für die rosa Farbe, damit sie besser zu erkennen ist. Die Farbe trocknen lassen.

9. Weiße Flecken auf den Terrakottatopf auftragen. Mit dem weichen Pinsel die Gesichtsfläche weiß anmalen. Nase und Augen in Schwarz auftragen. Rosa Wangen und ein paar schwarze Punkte hinzufügen.

10. Die Innenseite der Ohren rosa anmalen. Alles gut trocknen lassen.

11. Ohren und Füße an den Topf kleben.

Goldene Regeln für das Umtopfen

Topfpflanzen müssen regelmäßig umgetopft und die Erde, die wichtige Nährstoffe enthält, erneuert werden. Der Typ der Erde und ihre Zusammensetzung hängen von der Pflanze und ihren Bedürfnissen ab. Sie ersetzt den Boden, in der die Pflanze in der Natur wächst.

Topfen Sie vorzugsweise zu Beginn des Frühlings um, wenn die Pflanzen ihre Wachstumspause beenden und ihr Bedarf nach Nährstoffen „erwacht".

Topfen Sie Pflanzen gleich nach dem Kauf um. Generell ist der Topf, in dem sie gekauft werden, zu klein, damit sie ein Jahr darin bleiben könnten. Außerdem enthält er meist nur sehr leichte Erde ohne Nährstoffe.

Nehmen Sie Pflanzerde, die zu Ihrer Pflanzensorte empfohlen wird, wenn Sie besondere Anforderungen stellt (Kakteen, Orchideen etc.).

Pflanzen Sie die Pflanze in einen Topf, der zu ihrer Größe passt; er sollte immer größer als der vorherige sein.

Los geht's!

1 In einen Topf mit einem 2 bis 3 cm größeren Durchmesser als der vorherige für die Drainage Tonkugeln 2 bis 3 cm hoch einfüllen. Darauf geeignete Pflanzerde geben.

2 Die Pflanze vorsichtig aus dem Topf lösen. Die Wurzeln entwirren und die Pflanze so in den Topf setzen, dass der Wurzelballen unterhalb des Topfrandes endet. So wird das Gießen einfacher.

3 Den Platz um den Wurzelballen mit Erde auffüllen und mit den Fingern festdrücken.

4 Ausgiebig gießen. Wenn die Erde nach einigem Gießen fest ist, noch etwas davon nachfüllen. Oder die Oberfläche mit Tonkugeln oder Scherben bestreuen, damit nicht so viel Wasser verdunstet.

10 BELIEBTE ZIMMERPFLANZEN

Diese Pflanzen mögen Halbschatten, brauchen nicht so viel Platz, gedeihen gut und sind gegen Krankheiten und Parasiten resistent. Sie sind ideal für Anfänger, die Grün in ihre Wohnung holen wollen!

Kletterfeige (Ficus pumila)
Diese schnell austreibende Kletterpflanze ist ideal für feuchte Terrarien oder zum Aufhängen.

Chirita
Sie entwickelt je nach Sorte bezaubernde blaue, violette, gelbe oder weiße Blüten.

Bogenhanf
Diese Pflanze mit dicken Blättern benötigt sehr wenig Pflege, wenig Licht, sehr wenig Wasser und wenig Wärme.

Grünlilie (Chlorophytum comosum)
Die fleischigen Wurzeln können Wasser speichern, daher muss sie nicht oft gegossen werden.

Wachsblume (Hoya carnosa)
Damit sie gut gedeiht und blüht, braucht sie eine Umgebungstemperatur von mindestens 7 bis 13 °C.

Peperomia
Die Blätter können Luftfeuchtigkeit aufnehmen und speichern.

Usambaraveilchen (Saintpaulia)
Für ein gutes Wachstum benötigt sie gute Pflanzerde und Halbschatten.

Birkenfeige (Ficus benjamina)
Die ins Gelbliche verlaufenden dunkelgrünen Blätter sind sehr effektvoll.

Dreimasterblume (Tradescantia)
Diese Pflanze mit den schön geformten Blättern ist sehr widerstandsfähig: gegen Trockenheit, Hitze und Feuchtigkeit!

Bergpalme (Chamaedorea elegans)
Sie ähnelt einer Palme, bildet aber kleine, gelbe Blüten. Sie mag Schatten.

Schöne Botschaften

Mit diesen schönen Techniken muss man keine Angst vor weißen Blättern mehr haben! Entdecken Sie, wie viel Spaß es macht, Worte zu Papier und sogar auf Stoff zu bringen und hübsche Botschaften an Ihre Lieben zu versenden!

GESTICKTE STOFFKARTE

Diese charmante Geburtsanzeige in Form einer gestickten Karte kann man auch für andere Gelegenheiten abwandeln.

MATERIAL
- Stoff zum Besticken, 20 x 20 cm
- löslicher Markierstift
- Stickring
- Sticknadel
- Bügelvlies
- transparenter Kleber oder doppelseitiges Klebeband
- Aquarellpapier oder dünnes Balsaholz

1. Mit dem Markierstift einen 10 x 15 cm großen Rahmen auf den Stoff zeichnen. Das gewählte Motiv und die Botschaft hineinzeichnen und diese mit dem Rückstich (siehe S. 174) und einem einzelnen Faden sticken. Bei den geraden Linien längere Stiche und bei Rundungen kürzere Stiche sticken. Den bestickten Stoff schön glatt bügeln.

2. Aus dem Bügelvlies ein 10 x 15 cm großes Rechteck ausschneiden. Den bestickten Stoff mit der linken Seite nach oben auf das Bügelbrett legen, das Vlies mit der Klebeseite auf den Stoff legen. Backpapier darüberlegen und ohne Dampf bügeln. 15 Sekunden warten, bis die Teile aneinander kleben. Andernfalls noch einmal bügeln. Abkühlen lassen.

3. Die Karte sorgfältig an den Stoffrändern ausschneiden und mit ein paar Tropfen Kleber oder mit doppelseitigem Klebeband auf schönes Papier oder ein Stück Balsaholz kleben.

BRIEFE MIT PFLANZENBOTSCHAFT

Sie verleihen Ihren Briefen einen poetischen Touch, wenn Sie die Umschläge mit Siegellack und einem Blättchen versiegeln. Das geht ganz einfach, ist raffiniert und erregt ganz sicher Aufmerksamkeit!

Wenn Sie Ihren Brief in den Umschlag gesteckt und diesen beschriftet haben, zünden Sie den Docht an einer **Stange farbigen Siegellack** an und lassen Sie ihn langsam schmelzen. Wenn er noch heiß ist oder während er tropft, einen 5 bis 6 cm langen **Stiel mit ein paar Blättern** darauflegen und mit Lack beträufeln. Sie können auch ein Siegel hineindrücken. Nicht an den Blättern ziehen, wenn der Siegellack kalt ist.

Tipp Fertigen Sie die Siegel auf Vorrat auf einer Antihaft-Unterlage an, damit sie sich nach dem Abkühlen gut lösen lassen. Kleben Sie sie dann an die gewünschte Stelle. Nehmen Sie am besten Blätter, die getrocknet schön aussehen, etwa Eukalyptus oder getrocknete Pflanzen.

TIPPS FÜR DAS HANDLETTERING

Im Gegensatz zur Kalligraphie, bei der die Buchstaben direkt mit einer Feder oder einem Pinsel gezogen werden, ist das Lettering für Anfänger aufgrund der Weichheit leichter auszuführen. Die Buchstaben werden nämlich zuerst mit dem Bleistift gezeichnet und dann ausgearbeitet, bis das gewünschte Ergebnis erzielt ist. Dafür können Sie zwischen mehreren Werkzeugen wählen, von denen eines schöner als das andere ist und jedes seinen eigenen Charakter hat. Probieren Sie es auf den Übungsseiten (S. 211 bis 213).

abcdefgh ijklmnopqr stuvwxyzz

Üben

Üben Sie das Alphabet, schreiben Sie dann über die Linien hinaus, verdicken oder verdoppeln Sie die absteigenden Linien. Spielen Sie auch mit der Neigung der Buchstaben und ihrer Position. Wechseln Sie beim Schreiben von Sätzen die Größen ab, vergrößern Sie die Verbindungen zwischen den einzelnen Buchstaben, schreiben Sie einige Wörter in Großbuchstaben etc.

Bleistift auf Papier

Mit Bleistift kann man sich am besten an das Schreiben der Buchstaben gewöhnen. Es gibt Bleistifte in verschiedenen Härtegraden, von H für hard und B für black. Zum Üben ist ein Bleistift 2B mit einer weichen, dicken Mine perfekt. Wählen Sie jedoch für Vorzeichnungen, die am Ende ausradiert werden, den Härtegrad 2H.

Filzstifte

Zum Lettering nimmt man am besten feine Filzstifte, aber auch mit den Filzstiften zum Malen, die Sie aus der Kindheit kennen, kann man hübsche Ergebnisse erzielen.

Pinselstifte

An die weiche Spitze muss man sich erst etwas gewöhnen, aber damit beherrschen Sie bald das Brush Lettering. Man kann sie meist einzeln kaufen und im Laden ausprobieren. Für eine schöne volle und lockere Linie nach oben den Strich dünn und leicht ziehen, nach unten hingegen fest und breit.

Neues aus RESTEN

In den Tiefen unserer Schubladen liegen Knöpfe, Perlen und Wollreste herum – ein echter Schatz für den, der etwas damit anzufangen weiß. Hier finden Sie ein paar Ideen, was man aus diesen Funden anfertigen kann.

BLUMEN**KISSEN**

Schnell gemacht und gleich in Gebrauch genommen! Mit selbst gemachten Stempeln können Sie Ihre Wäsche verschönern!

MATERIAL

- Kopfkissenbezug aus heller Baumwolle
- selbst gemachte Blumenstempel (siehe rechte Seite)
- Stempelkissen mit Textilfarbe in unterschiedlichen Farben
- Bleistift mit Radiergummi-Aufsatz
- Bügeleisen

1. Den Bezug waschen und bügeln. Eine feste Pappe oder ein dickes Buch hineinschieben.

2. Mit den Stempeln Blumen in unterschiedlichen Farben auf das Kissen auftragen. Die Blütenmitte mit dem Radiergummi-Aufsatz des Bleistifts stempeln.

3. Den Bezug nach den Herstellerangaben für die Farbe zum Fixieren bügeln und anschließend waschen.

POMPON-**GIRLANDE**

Aus Wollresten lässt sich diese Girlande ganz einfach anfertigen. Damit bringen Sie Power-Flower-Feeling in den Garten oder die Wohnung!

MATERIAL

• Wollreste
• Pomponset oder ein Stück Pappe
• Wollnadel

1. Mit einem Pomponset oder 2 Pappringen große Pompons in unterschiedlichen Farben anfertigen.

2. Die Pompons in einer beliebigen Reihenfolge anordnen, um die Wirkung der fertigen Girlande abzuschätzen. Natürlich kann man die Reihenfolge auch dem Zufall überlassen.

3. Einen Wollfaden in der Länge der Girlande abschneiden, dafür feste, dicke Wolle auswählen. Sie lässt sich leichter handhaben und die Pompons verrutschen daran nicht so schnell. Den Faden in eine Wollnadel fädeln und durch den ersten Pompon ziehen.

4. Dann die anderen Pompons auffädeln. Wenn sie schön fest sind, halten sie von selbst an der Girlande. Andernfalls kann man auch vor und hinter jedem Pompon einen Knoten in den Faden machen. Zum Schluss 10 cm vor dem ersten und hinter dem letzten Pompon den Faden verknoten.

Selbst gemachte Stempel

Kleine Reste von Radiergummis eignen sich perfekt für Stempel. Damit können Sie Ihre Notizbücher dekorieren oder Geschenkpapier verzieren.

1. Den **Radiergummi** auf einem **Stempel-kissen** einfärben, damit man die Form besser erkennen kann, wenn man den Stempel schnitzt. Ein beliebiges Motiv mit einem löslichen Stift aufzeichnen.

2. Mit einem V-förmigen Schnitzwerkzeug die Außenumrisse des Motivs freilegen. Dabei das Werkzeug stets von sich weg- und nie zu der Hand hinführen, die den Radier-gummi hält. Anschließend mit einem **U-förmigen Schnitzwerkzeug** das Motiv ausarbeiten.

Wichtig zu wissen: Stempelmotive erscheinen spiegelverkehrt. Daher beim Aufzeichnen das Muster spiegelverkehrt aufzeichnen, wenn die Richtung eine Rolle spielt.

Hilfe für UNERFAHRENE GÄRTNER

Oh je, bei Ihnen gehen alle Pflanzen ein, sogar die angeblich völlig anspruchslosen Kakteen? Hier sind ein paar Tricks für eine letzte Chance auf Erfolg, bevor Sie endgültig aufgeben und sich aufs Sticken oder Basteln mit Modellierpaste und hübschem Papier verlegen!

DAS ABC DES GÄRTNERS

Es beginnt beim Kauf: Unterziehen Sie die Pflanze zunächst einem kleinen Gesundheitscheck. Verwelkte Triebe oder Blätter können auf Schädlinge an den Wurzeln hinweisen, schwarze Flecken oder Streifen auf Blättern, Stängeln oder Blüten auf eine Krankheit. Nehmen Sie am besten die Pflanze aus dem Topf, um sicherzustellen, dass die Wurzeln um den Wurzelballen nicht verklumpen.

Gießen: Da kommt es auf die Sorte und Größe der Pflanze, die Qualität der Erde, die Jahreszeit etc. an. Gießen Sie, wenn die Blätter Glanz verlieren, wenn die Pflanze schwach wird und der Topf „hohl" klingt. Wenn die Pflanze sehr trocken ist, gießen Sie am besten nach und nach alle 10 Minuten, damit der Boden die Feuchtigkeit allmählich aufnehmen kann. Andernfalls läuft das Wasser an den Seiten herunter und dringt nicht in den Wurzelballen und die Wurzeln ein. Und achten Sie darauf, dass niemals Wasser im Topf steht, sonst faulen die Wurzeln!

Ausstattung: Der Topf sollte am Boden ein Loch haben, damit das Wasser abfließen kann. Ein Übertopf ist nicht dasselbe wie ein Blumentopf! Legen Sie in den Topf auch Scherben oder Kugeln für die Drainage, etwa 1 bis 2 cm hoch. So können sich die Wurzeln das nötige Wasser holen, ohne zu ertrinken.

Für ein ausgewogenes Wachstum die Pflanzen jeden Tag um 90 Grad drehen, damit sie von allen Seiten gleichmäßig dem Sonnenlicht ausgesetzt werden.

Umtopfen: Das ist ein unerlässlicher Schritt, der den meisten Pflanzen eine gute Entwicklung garantiert. Weitere Informationen dazu finden Sie auf Seite 40.

Luftfeuchtigkeit: Die Luft ist in unseren Räumen häufig zu trocken, was vielen Pflanzen nicht guttut. Stellen Sie sie aber auch nicht nah an die Heizung. Befeuchten Sie die Luft, indem Sie Schälchen mit Wasser auf die Heizung stellen und besprühen Sie die Pflanzen, die besonders viel Wasser brauchen. Aber Achtung, manche vertragen das nicht, informieren Sie sich daher zuerst!

Die Kunst, die richtigen Fragen zu stellen

Ist der Platz für Ihre Pflanzen sonnig oder schattig? Braucht Ihre Pflanze eine besondere Pflege? Am besten fragt man vor dem Kauf einen Floristen oder Pflanzenzüchter um Rat und fängt klein an!

TÄUSCHEND ECHTES
TERRARIUM

Zeitloses Gemüse in einem hübschen Glas: Dafür braucht man keine Erde, sondern nur hübsches Papier und eine Schere!

MATERIAL

- 2 DIN-A4-Blätter braunes Papier (in 2 verschiedenen Farbnuancen, siehe auch das Farbschema F auf S. 201)
- 1 Bogen weißes Krepppapier
- hübsches Glas, 19 cm hoch, ø 9,5 cm
- Papierschere
- Schere für Klebeband
- Schneideunterlage
- Lineal
- Falzbein
- Künstlermesser oder Cutter
- doppelseitiges Klebeband
- Flüssigkleber

1. Den Bogen auf Seite 199 aus dem Buch heraustrennen und die **Blütenblätter A** ausschneiden. Ein Blütenblatt in die Handfläche legen und mit dem Falzbein wölben. Das Blütenblatt unten mit einem Cutter einschneiden und dann das Falzbein in die entgegengesetzte Richtung führen. Den Vorgang mit den anderen Blütenblättern wiederholen. Die Sukkulente mit Flüssigkleber zusammensetzen, dabei mit den kleinsten Blütenblättern in der Mitte beginnen.

2. Auf dieselbe Weise die **Sukkulenten B, C und D** anfertigen.

3. Die **Stängel E** ausschneiden. Mit einem Locher Kreise aus dem grünen Papier ausstanzen und diese an die Stängel kleben.

4. Aus 2 Bögen braunem DIN-A4-Papier und weißem Krepppapier die Erde und Steine für das Terrarium anfertigen.

5. Einen kleinen Topf umgekehrt in das Glas stellen. So muss man nicht so viel Erde und Steine anfertigen, was lange dauert und mühsam ist. Zum Schluss sieht man ihn nicht mehr, wenn das Terrarium gefüllt ist.

6. Für die Erde das hellbraune Papier in feine Streifen, dann in kleine Quadrate schneiden. Für die Scherben das weiße Krepppapier klein schneiden und zu Kugeln formen. Das dunkelbraune Papier in etwas breitere Streifen schneiden. Schließlich für die obere Erdschicht unterschiedlich lange Rechtecke zurechtschneiden und zu kleinen Kugeln formen.

7. Die Erde und die Scherben in das Glas legen, dann die **Pflanzen A, B, C und D** daraufsetzen. Die **Sukkulente E** an der Unterseite des Deckels mit doppelseitigem Klebeband befestigen und das Glas schließen.

MINI-**STEINGARTEN**

Stellen Sie sich in einer Holzkiste einen Mini-Garten aus Kakteen und Sukkulenten zusammen. Oder wie wäre es, eine Pflanzensammlung aus Modellierpaste anzufertigen?!

MATERIAL

- 1 Topf grünes Kaltporzellan
- 1 Topf blaues Kaltporzellan
- 1 Topf Kaltporzellan in Perlmuttrosa
- kleine Holzkiste
- bunter Sand
- 1 Schale mit Wasser
- Schere
- Zahnstocher
- Messer

1. Eine Sukkulente mit einer rosa Blütenmitte anfertigen. Für die Grundfarbe eine Kugel grüne und eine Kugel blaue Paste vermischen. Die Hälfte davon zur Seite legen und die andere mit etwas Perlmuttrosa mischen. Davon ebenfalls die Hälfte zur Seite legen und die andere Hälfte mit Rosa mischen. Den Vorgang wiederholen, sodass Farbabstufungen von Grün bis Violett entstehen.

2. Ein Blütenblatt anfertigen. Dafür eine grüne Kugel flach drücken und an einer Seite eine Spitze formen. Auf diese Weise mehrere Blütenblätter in unterschiedlichen Größen und Farben herstellen, die kleinsten in Violett vorsichtig zu kleinen Kegeln formen.

3. Mit etwas Wasser die großen grünen Blütenblätter kreisförmig zusammenfügen. Die anderen auf dieselbe Weise darin immer zu fünft anordnen. Für das mittige Blütenblatt einen Tropfen Wasser in die Mitte geben und die Kegel mithilfe von Zahnstochern fixieren. Die Blüte in der Handfläche leicht wölben. Die Sukkulente trocknen lassen.

4. Eine *Aloe vera* anfertigen. Dafür eine grüne Kugel mit einer kleinen schwarzen und einer kleinen hellgrünen Kugel zu dem Grün der *Aloe vera* mischen.

5. Wie zuvor bei der Sukkulente aus einer Kugel spitz zulaufende Blütenblätter in unterschiedlichen Größen anfertigen, diese aber lang ziehen und etwas nach innen rollen. Anschließend auf beiden Seiten mit einer Messerspitze einritzen.

6. Die Blütenblätter zu fünft kreisförmig zusammensetzen, dabei anders als bei der Sukkulente jedoch in der Mitte beginnen. Als Klebemittel Wasser verwenden. Zum Schluss die Unterseite mit einem Messer begradigen, damit die Pflanze gerade steht. Trocknen lassen.

7. Mithilfe der beiden Anleitungen weitere Kakteen und Sukkulenten anfertigen, um den Mini-Garten zu füllen. Dabei die Größen und Farben variieren. Darauf achten, dass die Unterseite jeweils plan ist, damit die Pflanzen gut festgeklebt werden können.

8. Die Holzkiste mit farbigem Sand füllen. Die Kakteen und Sukkulenten hineinsetzen und nach Belieben anordnen. Wenn der Mini-Garten regelmäßig verschoben werden muss, kann man die Pflanzen auch auf dem Boden der Holzkiste mit Heißkleber ankleben und anschließend den Sand einfüllen.

KAKTUSFEIGE

Mit Nadel, Faden und etwas Geschick wächst unter Ihren Fingern ein schöner Stoffgarten heran, in dem Sie sich täglich sonnen können!

MATERIAL

- Stickring, ø 12 cm
- Nadel
- roter Faden
- hellgrüner Faden
- dunkelgrüner Faden

Für diesen Kaktus die Zeichnung auf S. 198 kopieren und auf Stoff übertragen. Dieser Kaktus wird mit unterschiedlichen Stickstichen gestickt.

Stacheln: Vorstich (S. 175) mit 3 Fäden.

Füllung des Kaktus': Stielstich (S. 174), kreisförmig angeordnet, mit 3 Fäden.

Grüne Linien: Stielstich mit 2 Fäden.

Rote Linien: Stielstich mit 3 Fäden.

Buntes OSTERFEST

Ostern, eines der ersten Feste im Frühling, ist Gelegenheit, seine Lieben zu treffen und ihnen mit selbst gemachter, bunter Deko eine Freude und die Eiersuche zu etwas ganz Besonderem zu machen.

HÄSCHEN-TÜTE

MATERIAL

- Backpapier
- Alleskleber
- Klebeband
- Schere
- schwarzer Markierstift
- bunte Kordel

1. Aus dem Papier ein 21 x 22 cm großes Rechteck ausschneiden und an der langen Seite um 2 cm nach innen falten.

2. Dann das Blatt mittig falten. Auf den kleinen, gefalteten Rand Kleber auftragen und den so entstandenen Tunnel festkleben. Unten 1 cm umfalten, die Ecken schräg abschneiden und die Tüte mit Klebeband schließen.

3. Für die Ohren die Tüte wie auf nebenstehender Zeichnung längs in der Mitte falten. Ab einer Höhe von 13 cm einen Bogen bis zur oberen Kante abschneiden.

4. Mit schwarzem Stift das Gesicht wie auf dem Foto aufzeichnen. Jetzt muss die Tüte nur noch gefüllt und mit einer hübschen Kordel geschlossen werden.

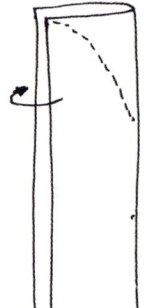

Variante

Für eine textile Variante das Papier durch ein Stück weißen Baumwollstoff ersetzen. Dann muss man als Kleber Textilkleber nehmen oder den Beutel zusammennähen.

GEFÄRBTE EIER

1. Ein **Ei** oben und unten mit einer **langen Nadel** tief einstechen, damit das Eigelb verläuft. Das untere Loch etwas vergrößern und das Ei durch das obere auspusten. Die Schale vor dem Färben sorgfältig abwaschen. Am besten das Ei über einer Schale ausblasen und den Inhalt zum Kuchenbacken oder für ein Omelette verwenden.

2. Die Arbeitsfläche abdecken und die Hände mit Handschuhen schützen. ½ **TL flüssige Lebensmittelfarbe** in ½ **Glas Wasser** verrühren und **1 kleinen EL hellen Essig** hinzufügen.

3. Das Ei vorsichtig in das Glas legen, falls nötig noch etwas Wasser nachgießen, damit das Ei vollständig in der Flüssigkeit liegt. Je nach gewünschter Farbintensität dieses 5 bis 10 Min. darin liegen lassen.

4. Das Ei trocken tupfen und trocknen lassen. Um die Farben zum Leuchten zu bringen, das Ei mit einem in Pflanzenöl getränkten Tuch einreiben.

Häschen-GIRLANDE

Bringen Sie mit dieser hübschen Häschen-Girlande Farbe ins Osterfest! Die kuscheligen Schwänze kann man gut auch mit Kindern anfertigen.

---

1. Umrisse von Hasen auf dickes farbiges Papier aufzeichnen und ausschneiden.

2. Für die Schwänze Wollreste um die Zinken einer Gabel wickeln, bis ein rundes Knäuel entsteht. Einen Wollfaden durch die Zinken ziehen, um das Knäuel legen und fest verknoten.

3. Die Fäden an beiden Seiten aufschneiden und von der Gabel abnehmen. Schütteln, damit sie Volumen erhalten, und in Form bringen.

4. Mit Alleskleber auf jede Figur einen Pompon als Schwanz aufkleben. Die Häschen gleichmäßig verteilt an den Ohren an eine Schnur kleben.

ZARTE EIER-KÜKEN

Knusprige Küken mit cremiger Füllung. Mit dieser Vorspeise werden Sie Aufsehen erregen!

FÜR 4 PERSONEN
ZUBEREITUNG: 30 MIN.
BACKZEIT: 4 BIS 9 MIN.

- 12 Wachteleier (oder 4 Hühnereier)
- 1 TL Essig
- 1 kleine Karotte
- 24 Pfefferkörner (oder 8, wenn Hühnereier verwendet werden)

Für die Mayonnaise
- 1 Eigelb
- 1 TL Senf
- 1 Spritzer Sherryessig
- 100 ml Öl

1. Die Eier in kochendem Wasser mit etwas Essig hart kochen. Bei Wachteleiern dauert das 4 Min., bei Hühnereiern 9 Min.

2. Inzwischen die Mayonnaise zubereiten. Dafür das Eigelb mit Senf und Essig in einer Schüssel verquirlen. Salzen und pfeffern. Kräftig aufschlagen und dabei das Öl in einem dünnen Strahl hinzufügen.

3. Die Karotte schälen und in 12 kleine Dreiecke für die Schnäbel und in 24 Füße schneiden (4 Dreiecke und 8 Füße für die Hühnereier).

4. Die Eier schälen und oben einen Deckel abschneiden. Dann das Eigelb auslöffeln und in eine Schale geben. Mit 1 EL Mayonnaise zerkleinern, sodass eine dickliche, leicht krümelige Masse entsteht. Die Eier damit garnieren, sodass die Masse oben übersteht. Den Deckel aufsetzen und 2 Pfefferkörner für die Augen hineindrücken. Füße und Schnäbel hinzufügen.

Basisgarderobe AUFPEPPEN

Es gibt viele Möglichkeiten, die Basisgarderobe zu neuem Leben zu erwecken. Dafür muss man kein Profi im Nähen sein, diese Anleitungen hier geben Ihnen die nötigen Anregungen, mit denen Sie Ihre eigenen Ideen umsetzen können!

BLUSE MIT
ZITRONENGELBEM BLICKFANG

Dieses Kleidungsstück ist unverwechselbar und maskulin wie feminin zugleich. Die weiße Bluse bietet unzählige Möglichkeiten bei geringem Materialaufwand. Der zitronengelbe Blickfang an Kragen und Ärmeln geben Ihrer Kleidung einen Frischekick!

MATERIAL

• weiße Bluse
• 12 kleine gelbe Knöpfe
• Bleistift
• gelber Stoffmalstift
• weißes Nähgarn und Nadel
• kleine Schere

1. Die Knöpfe von der Bluse abtrennen und die Fäden lösen.

2. Mit Bleistift an den Kragenspitzen zwei Bögen aufzeichnen, sodass der Eindruck eines Bubikragens entsteht.

3. Die Spitzen mit dem Stoffmalstift ausmalen. Ebenso die Ärmelmanschetten bemalen.

4. Zum Schluss von Hand die gelben Knöpfe annähen.

BUNTE STOFFTURNSCHUHE

Dies ist eine Möglichkeit, ein Paar Tennisschuhe zu verschönern! Wenn Sie mehrere Paare haben, können Sie mit verschiedenen Motiven und Materialien eine ganze Kollektion entwerfen.

MATERIAL

- 1 Paar Tennisschuhe aus Stoff
- 2 Bögen Pauspapier
- bedruckter Stoff, 30 x 30 cm
- Stecknadeln
- Bleistift
- Garn und Nähnadel
- Schneiderschere
- Heißklebepistole

1. Das Pauspapier auf die Vorderseite der Tennisschuhe stecken und die Umrisse mit dem Bleistift abpausen und so eine Schablone erstellen.

2. Anschließend die Schablonen ausschneiden und auf den Stoff stecken. Mit einer Nahtzugabe von rundum 1 cm den Stoff ausschneiden.

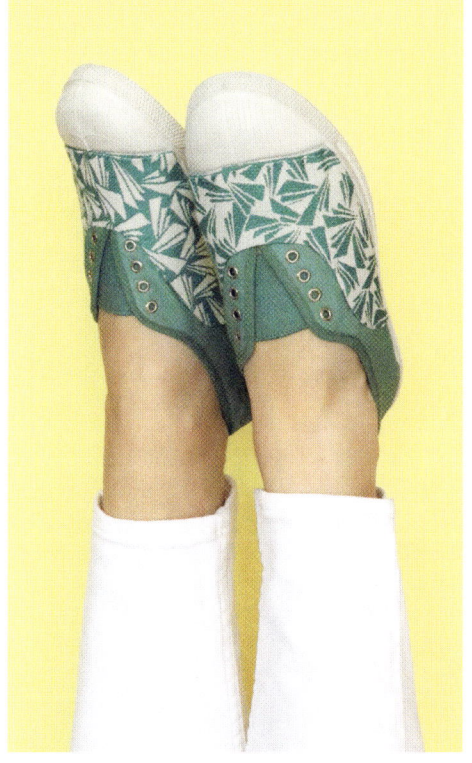

3. Das Pauspapier abnehmen und die beiden Stoffstücke mit der linken Seite nach oben auf die Arbeitsfläche legen. Einen Saum von 1 cm rundum nach innen legen und mit der Heißklebepistole ankleben, sodass eine saubere Kante entsteht.

4. Die Stücke jeweils mit der rechten Seite nach oben auf die Schuhe legen und zunächst mit kleinen Handstichen rundum anheften. Dann den Stoff festnähen.

Origami-Brosche

Diese hübsche Brosche aus Perlen-Gewebe ist etwas für alle, die weiße T-Shirts, einfarbige Blazer oder schlichte Sweatshirts, aber auch Verspieltes und Modetrends mögen!

MATERIAL

- 3 gelbe Miyuki-Perlen
- 18 weiße Miyuki-Perlen
- 147 türkisfarbene Miyuki-Perlen
- 17 rosa Miyuki-Perlen
- 103 goldfarbene Miyuki-Perlen
- Schmuckkleber
- Broschenrohling

Weben: Brick Stitch (siehe S. 176–179). Vorlage: siehe S. 204.

Tipp: Sie können das Modell vereinfachen, indem Sie nur zwei Farben verwenden, eine für die Umrisse und die andere für das Innere.

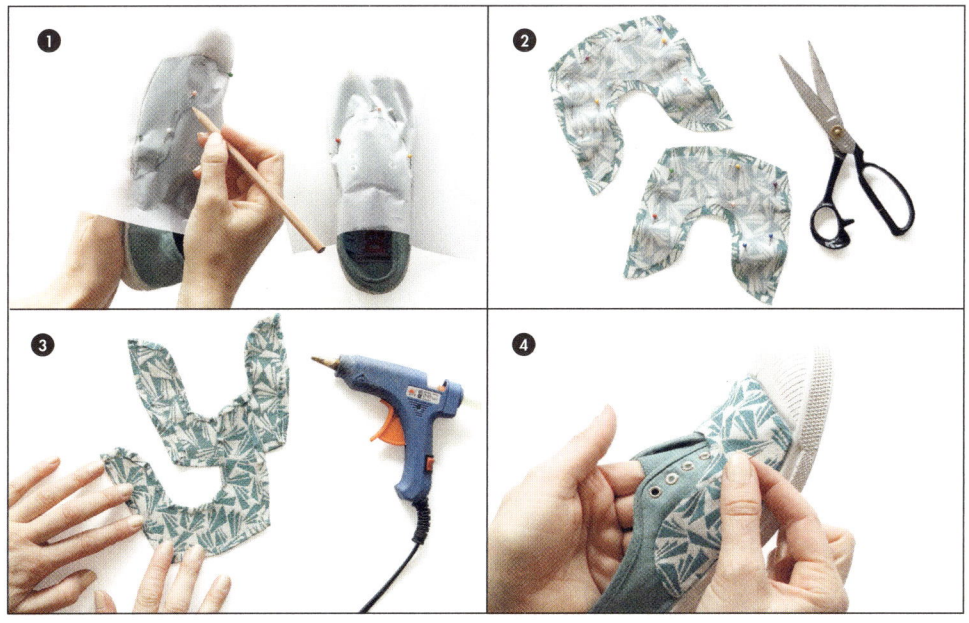

Poetische STICKEREIEN

Lösen Sie sich vom klassischen Sticken, indem Sie mit nur einem Faden sticken! Setzen Sie auf die Schlichtheit und Eleganz von Schwarz und Weiß mit einem Hauch von Farbe.

DIE TECHNIK

Basierend auf dem unregelmäßigen Rückstich kann man mit dieser Zwei-Schritt-Technik sehr feine Linien sticken, die einer zarten Zeichnung Leben einhauchen. Stickring, Laken oder T-Shirt: Sticken Sie auf verschiedenen Stoffen und fertigen Sie einzigartige und poetische Stücke! Wenn die Stickerei dicker werden soll, arbeiten Sie mit mehreren Fäden anstatt mit einem.

MATERIAL

- Stick- oder Nähgarn
- Stick- oder Nähnadel
- Schere
- großes Stück Stoff
- Stickring
- löschbarer Markierstift
- Wandaufhänger

1. Mit dem Markierstift das Motiv auf den Stoff aufzeichnen. Einen 30 cm langen Faden abschneiden und in die Nadel fädeln. Darauf achten, dass die Stärke zum Stoff passt. Wenn der Faden einfach genommen und sehr dünn ist, diesen auf der Rückseite verknoten, damit er nicht durchgezogen wird.

2. Mit der Nadel von unten durch den Stoff stechen und ein paar Millimeter daneben dem Muster entsprechend nach vorne oder hinten wieder einstechen. Den Faden nicht zu fest ziehen, damit sich der Stoff nicht wellt.

3. Am besten immer zwei Schritte zugleich arbeiten: Die Nadel im rechten Winkel in den Stoff einstechen, auf der Rückseite nach vorne führen und wieder nach oben ausstechen.

4. Auf der rechten Seite zur vorherigen Einstichstelle sticken, den Faden nach unten führen und dem Muster folgend wieder ausstechen. So weiter fortfahren.

5. Den Stoff am Stickrahmen abschneiden und auf der Rückseite einen Wandaufhänger befestigen. Dafür muss der Stickrahmen gelöst und anschließend wieder montiert werden.

Wenn in einem Schritt die Nadel ein- und auf der Vorderseite wieder ausgestochen wird, geht das schneller, ist das aber nicht ganz so exakt.

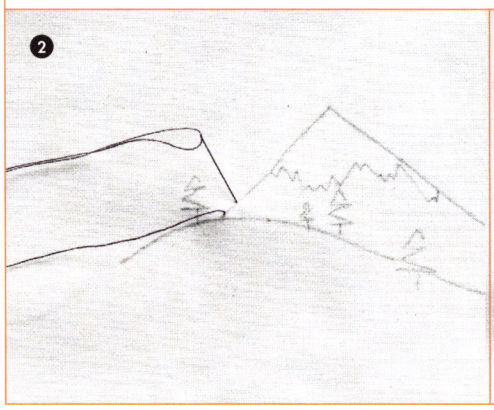
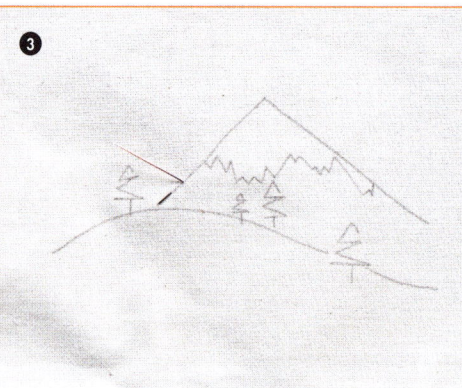
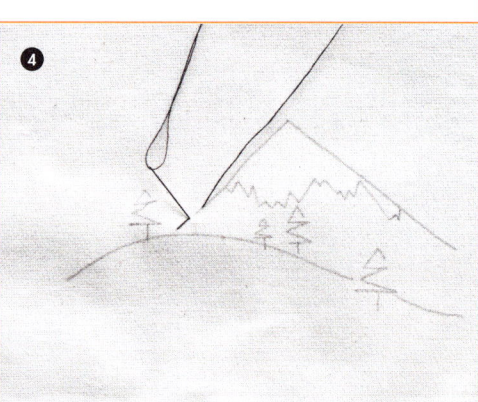

BLUMEN**KRANZ**

Sticken Sie diesen hübschen Kranz und versehen Sie ihn mit einer persönlichen Note, indem Sie einen Namen oder ein Wort in die Mitte sticken.

1. Den Stoff zwischen die Ringe des Stickrahmens spannen. Darauf achten, dass kein synthetischer Stoff (Polyester) oder zu feiner Stoff verwendet wird und dass er transparent ist, damit man das Muster leicht abpausen kann. Nehmen Sie am besten Baumwolle, Jersey oder Leinen.

2. Übertragen Sie das Motiv von S. 203 mit einem löslichen Markierstift.

3. Sticken Sie nach der Anleitung gegenüber.

DAME IM MANTEL

Ein besonders originelles Stück erhalten Sie, wenn Sie die Techniken mischen und Stoff applizieren.

1. Das Motiv auf S. 203 auf bunten Stoff übertragen. Wenn er selbstklebend ist, diesen direkt auf den Trägerstoff aufbügeln. Ansonsten doppelseitiges Klebevlies zurechtschneiden und auf den Trägerstoff legen, den Mantel aus buntem Stoff darauflegen und mit dem Bügeleisen fixieren.

2. Nach der Stickanleitung auf der nebenstehende Seite mit einem bunten oder Lurex-Faden die Schnürsenkel der Schuhe sticken.

Erinnerung
—

Ein Strich entspricht einem Stickstich. Für die geraden Linien des Musters sticken Sie bis zu den Enden jeder Linie. Bei gekrümmten Linien machen Sie kleine unregelmäßige Stiche, um die Rundungen zu markieren.

Toller Balkon!

Oft vergisst man den Balkon im Winter, aber mit den ersten schönen Tagen wird er zu einem eigenen Raum. Dann sollte man die Deko dafür auf seine Wohnung abstimmen!

ÜBERTOPF AUS HOLZ UND GEFLECHT

Das Geflecht können Sie aus alten Möbeln nehmen und damit einen schönen Vintage-Übertopf anfertigen.

MATERIAL
- 1 Blumenkasten, 38,5 x 18 cm
- 2 Holzleisten, 13 x 18 mm, 2,50 m lang
- Schleifpaper
- Holzkleber
- 1 Rolle Geflecht, unbearbeitet
- 1 Tacker
- Säge
- Schere
- Cutter

1. Aus den Holzleisten 4 Stücke zu 41 cm Länge, 4 Stücke zu 18 cm und 8 Stücke zu 7 cm Länge aussägen und die Oberflächen kurz abschmirgeln. Jeweils 4 Leisten zu 4 Rechtecken zusammensetzen, an den Ecken festkleben und den Kleber trocknen lassen.

2. Mit der Schere aus dem Geflecht 4 Rechtecke in den Maßen des Übertopfes ausschneiden und mit dem Tacker auf der Rückseite der Holzleisten befestigen. Dabei die Tackernadeln möglichst dicht an die Kanten setzen. Überstehendes Geflecht abschneiden.

3. Mit dem Cutter das Geflecht bündig an den Tackernadeln an den 2 Eckhölzern der großen Rechtecke abschneiden, um Platz für die Eckhölzer der kleineren Rechtecke zu schaffen. Die Rechtecke mit Kleber zum Übertopf zusammensetzen. Einige Stunden trocknen lassen. Den Blumenkasten hineinsetzen.

DEN BALKON
PFLEGEN

Unwetter, Pollenflug, Arbeiten und vieles mehr gibt Anlass, auch den Balkon im Frühling zu reinigen.

REINIGUNGSMITTEL FÜR RATTAN UND KUNSTSTOFF

½ l Wasser, 2 EL Speisenatron, 1 EL hellen Essig und 1 EL flüssiges Geschirrspülmittel in eine Flasche füllen und vorsichtig umrühren.

Diese Mischung mit einem Schwamm auftragen und die Möbel damit abwischen. Mit klarem Wasser abspülen und mit einem sauberen, trockenen Schwamm abtrocknen.

HOLZPFLEGEÖL

750 ml Leinöl, 250 ml hellen Essig, 1 TL Tonerde, 1 TL Schlämmkreide und 15 Tropfen ätherisches, pilzvernichtendes Öl (Thymian, Rosmarin, Teebaumöl, Zimt, Zitrone, Pinie etc.) in eine Flasche füllen und vorsichtig umrühren.

Mit einem Pinsel eine Schicht von dem Öl auf das Holz auftragen. 6 Std. trocknen lassen und eine zweite Schicht auftragen. Dann ungefähr 48 Std. trocknen lassen. Je nach Wetterlage den Vorgang alle 2 bis 3 Jahre wiederholen. Dieses Öl hat keinen Einfluss auf die Farbe des Holzes und glänzt nicht.

SUKKULENTEN HÜBSCH ANORDNEN

Setzen Sie diese hübsche Anordnung um, mit der Sie im Frühling, wenn es milder wird, Ihren Balkon wunderbar verschönern können.

MATERIAL
- verschiedene Sedumpflanzen
- 1 Sukkulente
- 1 Trittleiter
- 1 Sieb
- alte Tassen
- 1 große Muschel
- 1 Schale
- 1 Emaillekrug
- 1 große Handvoll Tonkugeln
- 3 l Kakteenerde

Wo möglich, die Behälter unten mit Löchern versehen. Das Sieb mit Filz auslegen. In alle Behälter eine 1 cm hohe Schicht Tonperlen legen, darauf 2 cm Blumenerde. Die Sukkulenten wässern, aus dem Plastiktopf nehmen und eintopfen. Noch etwas Erde hinzugeben und mit den Fingern festdrücken, damit die Pflanzen Halt haben. Etwas gießen. Die Pflanzen auf der Trittleiter anordnen und mit Accessoires dekorieren. Darauf achten, dass die Pflanzen, deren Behälter kein Loch haben, niemals im Wasser stehen. Wenn es regnet, diese am besten ins Haus holen.

Meine schöne Gießkanne

MATERIAL
- 1 Zinkgießkanne
- weiße Acrylfarbe
- rosa Acrylfarbe
- schwarzer Permanentmarker
- feiner Haarpinsel
- Borstenpinsel
- Bleistift, Härtegrad 2B

Mit dem Bleistift 2 waagerechte Linien rundum auf die Gießkanne zeichnen, eine unten, die andere oben. Diese Linien dienen als Orientierung für die weißen Zickzackstreifen, die mit dem Borstenpinsel aufgemalt werden.
Trocknen lassen und mit dem Bleistift ein Herz aufzeichnen und in Rosa ausmalen.
Mit dem Haarpinsel ähnlich wie auf der Abbildung kleine weiße Striche aufmalen.
Mit dem Markierstift eine schwarze Linie in die weißen Zickzackstreifen malen.

Aquarellmalen: ERSTE SCHRITTE

Zum Aquarellmalen muss man kein Profi sein! Auch blutige Anfänger
können mit den Farben spielen und hübsche Resultate erzielen.

GRUNDLAGEN

Ausrüstung

- kleine Farbpalette
- 1 großer Aquarellpinsel mit feiner Spitze
- 1 Pinsel für das Wasser
- 1 DIN-A4-Block mit dickem Aquarellpapier
- Bleistift, Härtegrad 2H
- 1 dünnes Baumwolltuch oder Küchenpapier

Kein Weiß

Beim Aquarellmalen ist nur das Papier weiß. Das ist der wichtigste Hinweis und das Schwierigste. Die Bereiche, die nicht bemalt werden, erzeugen Licht und Reflexe. Denken Sie immer daran und halten Sie rechtzeitig inne.

Wasser

Im Verhältnis zu den Farben wird beim Aquarellmalen sehr viel Wasser verwendet. Wenn man Anfänger ist, ist es grundsätzlich nötig, immer die doppelte Menge als man denkt davon zu verwenden. Halten Sie zwei Behältnisse mit Wasser bereit: einen zum Verdünnen der Farben und einem zum Reinigen der Pinsel.

Farbkarte

Lernen Sie Ihre Farben und deren Farbtöne durch Verdünnen kennen. Schneiden Sie dafür einen Bogen Papier in der Mitte längs durch. Geben Sie mit der Pinselspitze einen Tropfen Wasser in die erste Farbe der Palette und rühren Sie sanft, damit der Pinsel die Farbpigmente aufnimmt. Malen Sie oben links auf dem Papier ein Quadrat damit auf, waschen Sie den Pinsel etwas ab und fahren Sie in derselben Reihe mit weiteren Quadraten fort. Variieren Sie dabei die Wassermenge, so erzielen Sie ganz verschiedene Wirkungen. Wiederholen Sie das mit allen Farben der Palette und ordnen Sie sie untereinander an. Wenn Ihre Farbkarte fertig ist, beschriften Sie die Farben mit einem schwarzen Kugelschreiber.

Ein Pinsel nur für Wasser, das ist wunderbar!

Er liegt immer zum Malen bereit, üben Sie einfach ein wenig Druck auf den Griff aus, um einen Wassertropfen zu erzeugen. Sie können dann etwas Farbe aus der Palette nehmen oder den Farbton verdünnen, um ihn aufzuhellen.

VORBEREITENDE **ÜBUNGEN**

Bevor es losgeht, machen Sie diese kleinen Übungen.

„WASSERRESERVE"

Nehmen Sie Farbe mit dem Pinsel auf und malen Sie Kreise, Schnecken etc. Sie werden schnell sehen, welche Wassermenge Sie brauchen und wann Sie den Pinsel wieder eintauchen müssen.

WEICHHEIT

Damit Linien gut gelingen, machen Sie dieselben Übungen und versuchen Sie diesmal, den Pinsel aufzulegen, um einen breiten Strich zu erzeugen. Für eine feinere Linie den Pinsel leicht anheben. **Tipp** Mit dieser Technik kann man sehr leicht Blätter malen. Üben Sie etwas Druck aus, ziehen Sie eine Linie und heben Sie den Pinsel dann schnell an, um die Blattspitze zu malen.

EFFEKTE

Malen Sie mit dem feuchten Pinsel ein Rechteck, aber ohne Farbe. Tragen Sie dann mit der Pinselspitze kleine Farbtropfen auf die feuchte Fläche auf und beobachten Sie, wie die Farbe verläuft. Machen Sie die gleiche Übung, indem Sie zuerst eine Fläche mit verdünnter Farbe aufmalen.

ABSTUFUNG

Arbeiten Sie über ein halbes Blatt von oben nach unten. Tauchen Sie den Pinsel in Farbe und malen Sie eine erste Linie. Nehmen Sie nochmals etwas Wasser auf und malen Sie eine neue Linie direkt an den unteren Rand der ersten, damit sich die Farben vermischen, und so weiter. Sie müssen schnell arbeiten, da der obere Streifen immer nass sein muss. Sie können diese Übung auch durchführen, indem Sie immer eine neue Farbe auftragen, um die Farben miteinander zu vermischen.

Mix and match !

Wenn Sie die Grundlagen des Aquarellmalens beherrschen, können Sie weiter experimentieren. Mischen Sie, probieren Sie aus, variieren Sie, beobachten Sie etc. Sie werden ganz unerwartete Effekte beobachten!

Filzstifte mit dünner Spitze:
Diese Permanentmarker lassen sich ganz leicht auf getrockneter Aquarellfarbe auftragen. Man kann damit hervorragend noch weitere Details hinzufügen.

Pastellkreide: Färben Sie bestimmte Bereiche auf dem Papier mit weißer Pastellkreide und tragen Sie danach Aquarellfarbe auf. Durch die Überlagerung entsteht ein einzigartiger Effekt. Probieren Sie das auch mit anderen Farben aus.

Gouache: Malen Sie eine Grundlage mit Aquarellfarbe auf Ihr Papier und lassen es 15 bis 20 Min. trocknen. Tragen Sie dann Gouacheschichten auf. Die Farben vermischen sich und es entstehen verschiedene Texturen mit reliefartiger Wirkung.

Farbmischung

Bevor Sie zu malen beginnen, mischen Sie auf einer Palette die Farben an. Testen Sie, wie die Farben zueinander passen, indem Sie sich eine kleine Farbkarte anlegen (siehe dazu S. 58).

Um neue Farben zu erhalten, mischen Sie die Farben und orientiere Sie sich dabei am Farbkreis hier unten. Achtung, niemals mehr als 2 oder 3 Farben mischen, damit sie ihre Leuchtkraft nicht verlieren.

Beim Aquarellmalen werden die Farben übereinander aufgetragen. Beginnen Sie immer mit der hellsten Farbe und fügen Sie nach und nach dunklere hinzu. Um einen Farbton aufzuhellen, geben Sie Wasser dazu. Zum Abdunkeln mischen Sie die auf dem Farbkreis entgegengesetzte Farbe, die sogenannte „Komplementärfarbe", unter.

Benutzen Sie kein Schwarz, sondern erzeugen Sie es, indem Sie die 3 Primärfarben mischen. Generell ist es immer besser, eine Farbe aus den vorhandenen zu mischen als sie fertig zu kaufen, denn zwischen den Marken kann der Farbton derselben Farbe variieren. Wenn Sie Ihre eigenen Farbtöne kreieren, können Sie sicher sein, dass Sie dasselbe Ergebnis erzielen, differenzierter und harmonischer.

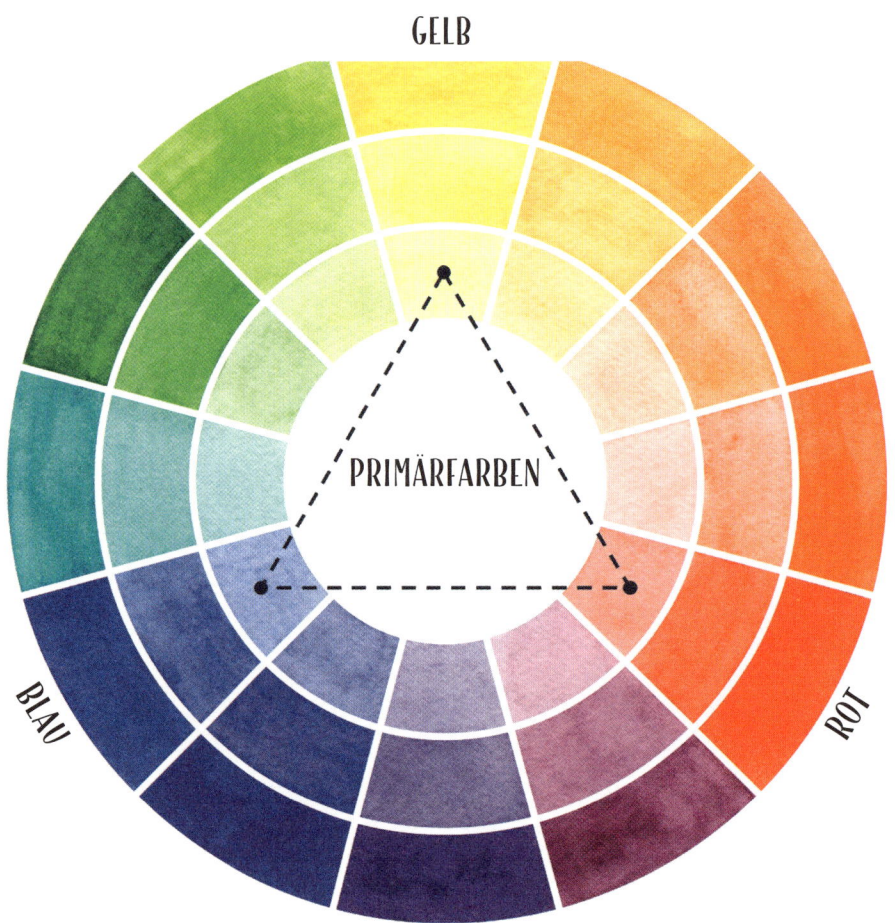

GELB

PRIMÄRFARBEN

BLAU

ROT

BLUMEN**KRANZ**

Anfängern wie für fortgeschrittenen Malern bietet die Natur unzählige Motive und Farben. Der Blumenkranz ist eine gute Übung für Anfänger, denn dafür muss man nur zwei Elemente beherrschen und kann ein schönes Bild malen.

———

Probieren Sie zunächst jedes Element einzeln aus (die Rose, den Eukalyptus, den Löwenzahn), bevor Sie sie zum Kranz zusammensetzen. Zeichnen Sie seine Form zuerst mit dem Bleistift vor, damit sie ganz sicher eine harmonische Anordnung erhalten.

1. Die Rose
Malen Sie zuerst mit einer nahezu unvermischten Farbe das Herz der Blume. Fahren Sie dann mit konzentrischen Kreisen für die Blütenblätter fort. Fügen Sie nach und nach Wasser hinzu, damit die äußeren Umrisse heller werden.

2. Der Eukalyptus
Zeichnen Sie mit dem Bleistift ganz dünn den Stiel vor. Malen Sie dann für jedes Blatt einen Kreis und ziehen Sie ihn Richtung Stiel in die Länge. Malen Sie dann gleich den Stiel so, dass er die Blattenden berührt, damit die Farben ineinander verlaufen.

Nach Wunsch können Sie weitere Blumen und Pflanzen hinzufügen und noch detailliertere Bilder malen. Lassen Sie sich vom Beispiel auf dieser Seite inspirieren, bevor Sie Ihrer Fantasie freien Lauf lassen.

Eine schöne, saubere Ausführung!

Wenn Ihr Papier nicht dick genug ist, wellt es sich durch den Wasserauftrag. Befestigen Sie es vor dem Malen an den vier Ecken mit Klebestreifen auf dem Tisch oder einem Holzbrett. Warten Sie, bis es vollständig getrocknet ist, bevor Sie es wieder abnehmen. Wenn Sie die Technik einmal beherrschen, können Sie verschiedene Varianten ausprobieren. Sie können zum Beispiel dickes farbiges Papier nehmen, um dem Kranz einen hübschen Hintergrund zu geben. Oder schreiben Sie doch auch mal eine Botschaft in Lettering-Buchstaben in den Kranz hinein (zur Technik S. 43).

Total Liberty

Das Blumenmotiv ist zeitlos: Auf einem Schmuck- oder Kleidungsstück sind Blumen immer schön. Variieren Sie sie immer wieder neu!

BLUMEN**KIMONO**

Dieses Stück gehört unbedingt in eine bequeme Frühjahrsgarderobe.

MATERIAL
• Baumwolle, 160 x 140 cm
• passendes Schrägband, 2 m

1. Die einzelnen Teile aus dem Stoff gemäß dem Schnittplan auf S. 198 ausschneiden. Rücken- und Vorderteile rechts auf rechts an den Schultern und unter den Armen mit 1 cm Nahtzugabe zusammennähen.

2. Die Kanten versäubern und die Nähte auseinanderbügeln.

3. Die unteren und die Ärmelsäume anfertigen. Dafür die Kanten jeweils 1 cm und dann nochmal 2 cm breit einschlagen und 2 mm neben dem Umschlag festnähen.

4. Das Schrägband rund um den Halsausschnitt und die Vorderkanten nähen. Dafür zunächst eine Seite des Schrägbands öffnen und an einem Ende 1 cm einschlagen. Dann rechts auf links an die Unterkante einer Vorderseite anlegen.

5. In der Falz festnähen.

6. Das Schrägband um die Kante des Halsausschnitts legen und 2 mm neben der Kante feststeppen. Das andere Ende ebenfalls 1 cm nach innen falten.

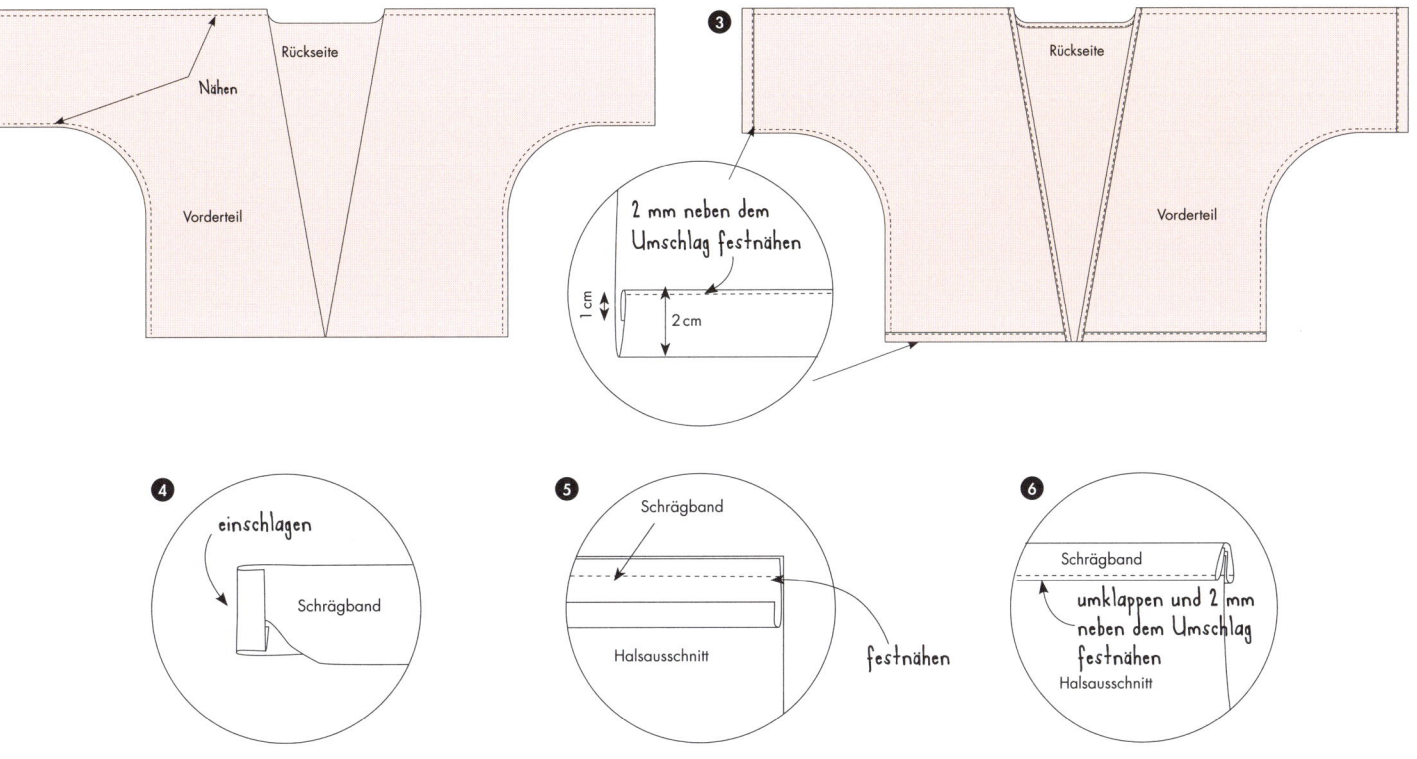

Rückseite Nähen Vorderteil

❸ Rückseite Vorderteil

2 mm neben dem Umschlag festnähen

1 cm — 2 cm

❹ einschlagen — Schrägband

❺ Schrägband — Halsausschnitt — festnähen

❻ Schrägband — umklappen und 2 mm neben dem Umschlag festnähen — Halsausschnitt

FRÜHLINGSHAFTES STIRNBAND

Bunte Stoffreste zu einem Stirnband zusammengesetzt, bilden eine ideale Ergänzung zur selbst genähten Kleidung.

MATERIAL
• Kordel mit Liberty-Muster, 3 x 50 cm
• Satinband, 50 cm
• Gummiband, 30 bis 40 cm
 (je nach Kopfumfang)
• 2 Bandverschlüsse
• 1 Endkappe
• Kneifzange
• Flachzange

1. Die Enden der drei Kordeln und des Satinbandes in einen Bandverschluss legen. Die Kordeln müssen exakt nebeneinanderliegen, das Band liegt über der mittleren Kordel.

2. Die Kordeln über 40 cm miteinander verflechten. Dabei wird das Satinband stets mit der mittleren Kordel geflochten.

3. Die geflochtenen Kordeln und das Band auf derselben Länge abschneiden und die Enden in den zweiten Bandverschluss legen.

4. Das Gummiband durch die Ösen der Bandverschlüsse ziehen und an den Enden verknoten.

5. Die Öse der Endkappe mit der Kneifzange abtrennen und die Enden des Gummibands in die Kappe legen. Diese mit der Flachzange zusammendrücken.

Schon gewusst?

Das Libertymuster wurde 1875 von Arthur Liberty kreiert. Er produzierte in seiner berühmten Boutique für asiatische Produkte Stoffe und entwarf einen feinen, bunten und typisch englischen Stoff: den Libertystoff. Bevor der Begriff in die Alltagssprache einging und allgemein geblümte Stoffe bezeichnete, war Liberty eine erfolgreiche englische Marke. Viele bedeutende Modehäuser, vor allem Cacharel und Yves Saint Laurent, profitierten von der Verbreitung der Stoffe in alle Welt.

William Morris
L'art
et l'artisanat

Sommer

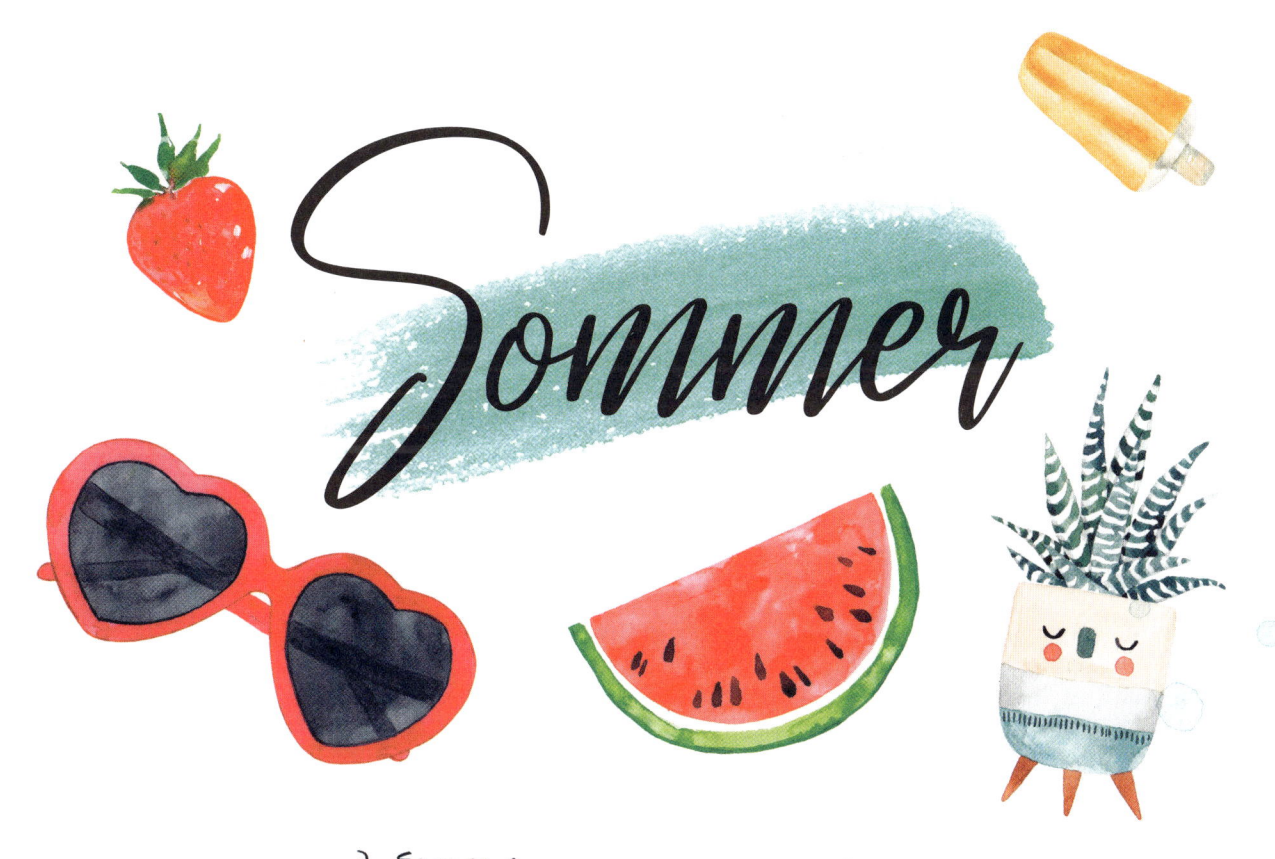

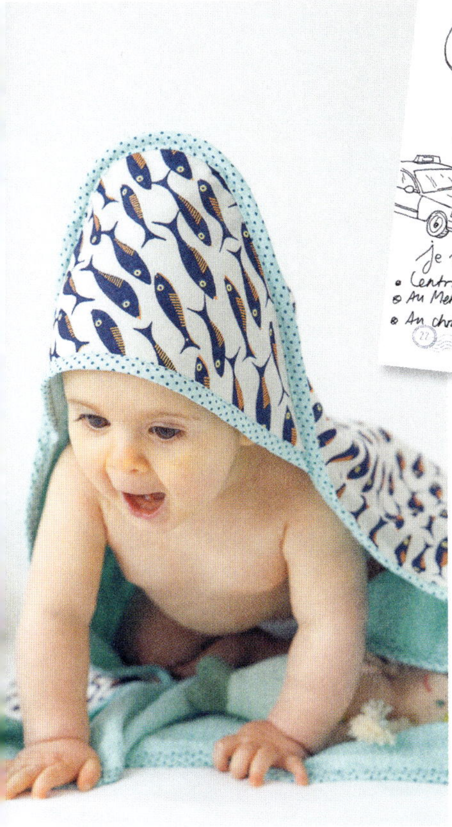

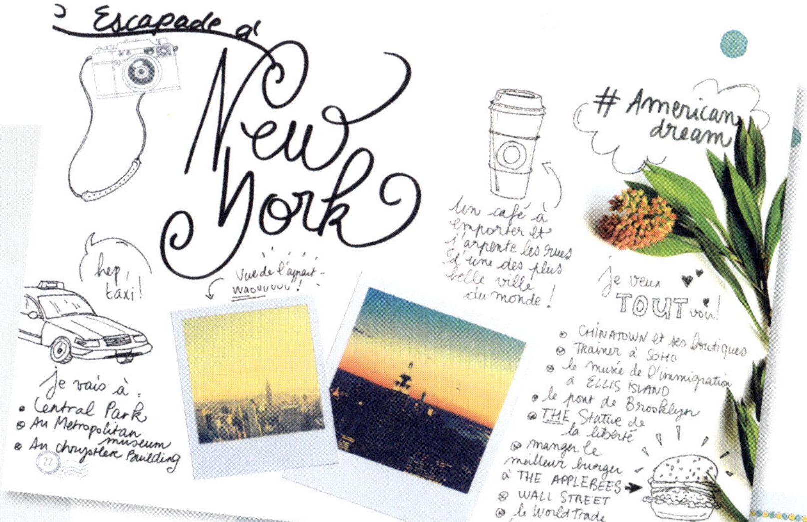
Escapade à
New York
hep, taxi!
Vue de l'appart - WAOUUUUU!
Un café à emporter et j'arpente les rues d'une des plus belle ville du monde!
American dream
Je veux TOUT voir!
Je vais à :
Central Park
Au Metropolitan museum
Au chrysler Building
CHINATOWN et ses boutiques
Trainer à SOHO
le musée de l'immigration à ELLIS ISLAND
le pont de Brooklyn
THE Statue de la liberté
manger le meilleur burger à THE APPLEBEES
WALL STREET
le World Trade Center memorial.

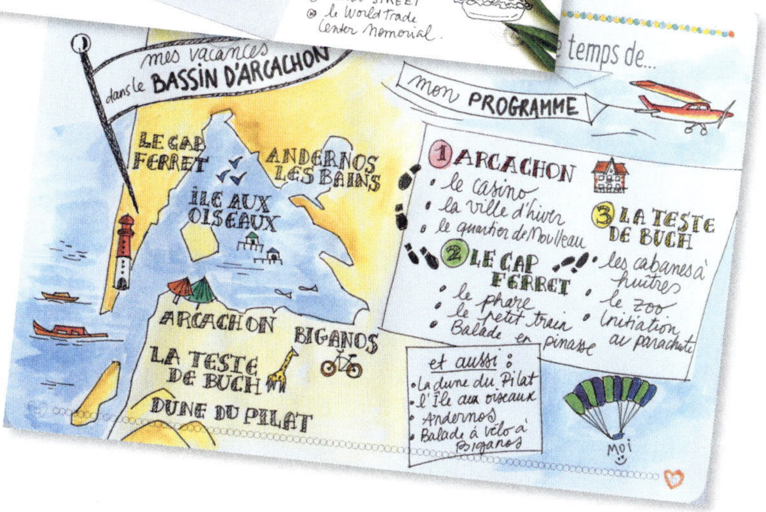
mes vacances dans le BASSIN D'ARCACHON
temps de...
mon PROGRAMME
LE CAP FERRET
ANDERNOS LES BAINS
ÎLE AUX OISEAUX
ARCACHON
BIGANOS
LA TESTE DE BUCH
DUNE DU PILAT
1 ARCACHON
le casino
la ville d'hiver
le quartier de Moulleau
2 LE CAP FERRET
le phare
le petit train
Balade en pinasse
3 LA TESTE DE BUCH
les cabanes à huîtres
le zoo
Initiation au parachute
et aussi :
La dune du Pilat
l'Île aux oiseaux
Andernos
Balade à vélo à Biganos
MOI

Den Balkon BEPFLANZEN

Wer sagt denn, dass Balkon und Gartenarbeit nichts miteinander zu tun haben?

MINI-GEMÜSEBEET IN DER STEIGE

Machen Sie aus einer Steige ein Gemüsebeet und trainieren Sie Ihren grünen Daumen!

MATERIAL
- 4 Holzleisten
- Säge
- Holzsteige
- 1 Tacker
- 1 Beutel Tonkügelchen
- 1 Beutel Blumenerde
- Gartenvlies
- Samen

1. Die Holzleisten auf die Breite der Steige zurechtsägen.

2. Als Stütze an den vier Kanten unter die Steige legen.

3. Den Boden mit Gartenvlies auslegen und dieses festtackern.

4. Tonkügelchen darauf verteilen und mit Blumenerde bedecken.

5. Die Samen in die Erde geben und je nach Sorte entsprechend gießen.

Tipp

Nehmen Sie eine Steige, die hoch genug ist, damit die Pflanzen darin gut gedeihen. Wählen Sie dankbare Sorten: Thymian, Basilikum, Minze oder auch Kirschtomaten und Paprika wachsen schnell und verwandeln Ihren Balkon in einen ultra-fruchtbaren Gemüsegarten!

SELBST GEMACHTER KOMPOST

Stellen Sie eigenen Dünger her, der garantiert natürlich und umweltfreundlich ist. Ihre Pflanzen werden noch schöner und Sie reduzieren auf diese Weise Ihre Abfälle!

MATERIAL
- Kunststoffbehälter mit Deckel, breit, undurchsichtig und tief
- Untersetzer
- Regenwürmer
- Komposterde
- Zeitungspapier (nicht beschichtet oder bunt)

1. In jede Ecke des Kunststoffbehälters und an den Bodenrand Löcher bohren, damit der Komposttee ablaufen kann. Auf den Untersetzer stellen.

2. Küchenabfälle hineingeben (Obst, Gemüse, Schalen, Kerne, Teebeutel etc.). Kein Fleisch, Fisch, keine Fette, Milchprodukte oder gekochte Speisereste einfüllen.

3. Das Zeitungspapier in dünne Streifen reißen und über die Abfälle legen. Anschließend etwas Komposterde und Regenwürmer dazugeben.

4. Zum Befeuchten etwas gießen. Der Kompost sollte stets feucht sein, damit sich die Lebensmittelreste zersetzen.

5. Den Behälter mit dem Deckel schließen und an einen lichtgeschützten Ort stellen.

6. Zwei Wochen warten, bis weitere Abfälle hinzugefügt und der Vorgang wiederholt wird. Das Papier verschwindet nach und nach und macht der Erde Platz. Es muss keine weitere hinzugegeben werden. Den Kompost und Komposttee nach Bedarf entnehmen. Zum Düngen der Pflanzen diese mit verdünntem Komposttee gießen.

RAHMEN MIT PFLANZEN

Sukkulenten sind pflegeleicht und daher eine ideale Wanddekoration für den Balkon. Setzen Sie ihre wunderbaren Formen in einer Steige in Szene!

MATERIAL

- Sukkulenten *(Echeveria, Haworthia fasciata, Aeonium, Crassula ovata)*
- 4 Hölzer, mindestens 2 cm dick und ebenso lang
- 1 dünnes Sperrholz
- Band, 1 m
- Säge
- großer Plastikbeutel
- Hammer
- Tacker
- Kneifzange
- Sprühflasche mit Wasser
- Kaninchendraht (aus dem Baumarkt)
- Nägel und Holzschrauben
- Holzkleber
- Kakteen- und Sukkulentenerde
- Steckschaum

1. Die Hölzer zu einem quadratischen Rahmen verschrauben.

2. Für den Boden das Sperrholz auf die Größe des Rahmens zurechtschneiden und an die Hölzer nageln. Den Boden mit einem Stück Plastikbeutel auslegen, sodass er undurchlässig wird.

3. Die Erde gleichmäßig in dem Rahmen verteilen, dann den Steckschaum darauflegen. Die Sukkulenten in dem Rahmen auslegen, dabei Farben, Formen und Größen abwechseln, sodass sich ein harmonisches Bild ergibt.

4. Dann die Pflanzen wieder wegnehmen, dabei den Steckschaum belassen. Den Kaninchendraht in den Rahmen legen und an den Seiten festtackern.

5. Mit der Kneifzange die Löcher im Draht vorsichtig vergrößern und die Pflanzen an den vorgesehenen Stellen platzieren.

6. Den Steckschaum mit einer Sprühflasche befeuchten. Täglich, vor allem im Sommer, so viel Wasser wie nötig sprühen. Dabei darauf achten, dass die Erde zwischendurch immer wieder trocknen kann.

7. Den Rahmen an einer sonnigen Stelle an eine Wand hängen. Die Sukkulenten dürfen jedoch nicht in der Sonne vertrocknen.

Top 10
PFLANZEN FÜR EINEN RAHMEN

Echeveria taurus
Sedum adolphii
Crassula rupestris
Aeonium arboreum
Aptenia cordifolia
Cotyledon tomentosa
Graptoveria opalina
Anacampseros rufescens
Adromischus cooperii
Haworthia fasciata

Einladung an SOMMERTAGEN!

EXPRESS-PLANUNG IM RÜCKWÄRTSGANG

Für eine gelungene Veranstaltung ist gute Organisation unerlässlich. Dafür ist eine Planung im Rückwärtsgang am besten geeignet. Dank der folgenden Tipps und Ratschläge werden Sie am Tag selbst bestens vorbereitet sein.

TAG -1 MONAT

Legen Sie Datum, Ort, Gäste und Motto der Feier fest. Mit einem Motto können Sie Ihre Gäste mit einer anregenden Atmosphäre umgeben. Welches Ereignis auch immer gefeiert wird, Kleiderordnung, Dekoration und Rezepte lassen sich gut auf bestimmte Themen abstimmen! Vergessen Sie schließlich nicht, die **Einladungen** zu verschicken! Legen Sie auch ein **Budget** für Ihre Dekorationen, Speisen und Getränke fest. Denken Sie über das **Essen** nach: Am besten wählt man Gerichte aus, die frühzeitig zubereitet und kühl gehalten werden können.

TAG -1 WOCHE

Jetzt muss alles eingekauft werden! Denken Sie an **Goodies** für die Gäste und erinnern Sie sie noch einmal an den Tag. Probieren Sie auch bestimmte **Rezepte und Dekoration** aus, damit Sie keine unliebsamen Überraschungen in letzter Minute erleben. Stellen Sie eine **Playlist** zusammen, damit am Abend niemand als DJ einspringen muss.

Ein paar Ideen für ein Motto:
- Gartenparty
- Tropical
- Reise
- Bohème
- Strand (S. 110)
- Wild
- Jahrmarkt

TAG -1 TAG

Jetzt müssen Sie die **Räume für die Feier vorbereiten**. Lassen Sie sich beim Reinigen, Aufräumen und Vorbereiten helfen. Stellen Sie die Getränke kalt und kochen Sie so viel wie möglich vor. Wählen Sie für den Rest **einfache und schnelle** Rezepte, die sich am Morgen selbst vorbereiten lassen. Entspannen Sie sich!

Vorbereiten

Wenn Sie für eine Feier etwas ausleihen müssen, sei es für eine Hochzeit oder Taufe, erstellen Sie eine Planung über mehrere Monate. Behördengänge, die Suche nach einem geeigneten Ort oder nach einem Caterer erfordern mindestens 8 Monate Vorlaufzeit.

SCHÖNE EINLADUNGEN

Geben Sie den Ton an!
Stimmen Sie die Einladungskarten auf Ihr **Motto ab** und geben Sie den Gästen ein paar Hinweise darauf. Nennen Sie neben Datum und Ort natürlich noch den Dresscode. Sie können auch ein Goodie hinzufügen, etwa ein Accessoire, das zur Party mitgebracht werden soll oder einfach als Andenken aufbewahrt werden kann.

Und konkret?
Wenn Sie als Motto „wild" gewählt haben, sollten Material und Farben an Wald erinnern, an üppige Vegetation und Tierwelt. Für das Motto „Reise" können Sie zum Beispiel eine rechteckige Karte nehmen, die man wie einen Reisepass in ein Etui stecken kann. Oder Sie greifen auf die Tipps zum Scrapbooking zurück und basteln eine Art Reisetagebuch (siehe S. 78).

Im Internet findet man sehr hübsche bedruckte Papiere und Faltanleitungen, die Sie für Ihre Einladungen verwenden können. Nehmen Sie dafür auch Stempel, Tinte oder Sticker und kreieren Sie eine ganz persönliche Karte.

ANANAS-VASE

Die Ananas ist ein echter Alleskönner! Setzen Sie die Schönheit ihrer Schale in Szene und verwenden Sie sie als Gefäß für Ihre Salate oder Cocktails oder auch als hübsche Blumenvase.

MATERIAL
- 1 Ananas
- 1 großes Messer
- 1 Eislöffel
- 1 Gefäß
- Blumen

1. Die Oberseite der Ananas abschneiden und mit dem Messer innen zwischen Fruchtfleisch und Schale schneiden, ohne diese zu durchtrennen.

2. Die Ananas mit dem Eislöffel vollständig aushöhlen. Das Fruchtfleisch können Sie für eines Ihrer Rezepte verwenden.

3. Ein Gefäß mit Wasser hineinstellen und die Blumen hineinsetzen.

SCHNEEKUGEL

Für eine besondere Deko können Sie das Büfett mit der berühmten Schneekugel schmücken.

MATERIAL
- Marmeladenglas mit Deckel
- Figuren oder kleine Accessoires aus Kunststoff
- Heißklebepistole
- Pailletten
- Glyzerin

1. Die Figuren innen auf den Deckel kleben, dabei darauf achten, dass sie in der Mitte angebracht werden, damit sich der Deckel gut schließen lässt.

2. Das Glas bis zum Rand mit Wasser füllen, ein paar Pailletten und ein paar Tropfen Glyzerin dazugeben, damit sie auf dem Wasser schwimmen.

3. Den Deckel zuschrauben, das Glas umdrehen und schütteln, um die Deko zur Geltung zu bringen.

Varianten

Passen Sie die Deko im Deckel an das Partymotto oder den Anlass an! Nehmen Sie zum Beispiel für eine Hochzeit kleine Brautpaar-Figürchen, für eine Strandparty eine Meerjungfrau etc.

PAPIER**SONNE**

*Hier zeigen wir, wie originelle,
bunte Deko für die Wand
oder zum Aufhängen an einen
Baum angefertigt wird.*

MATERIAL

• dicke DIN-A4-Bögen in verschiedenen Farben
• Schneidematte
• Lineal
• Schere
• Cutter
• mit Pailletten besetztes Masking
  Tape oder selbstklebendes Papier
• doppelseitige Klebestreifen
• Moosgummi, 1 cm dick
• Nylonfaden
• Falzmesser

1. In einen bunten DIN-A4-Bogen Fransen
schneiden und die Mitte falten (siehe Vorlage
S. 207). Dasselbe mit einem zweiten Bogen
in einer anderen Farbe wiederholen.
Der erste Bogen wird fortan mit Bogen A
und der zweite mit Bogen B bezeichnet.

2. Ein paar Fransen mit Masking Tape
oder selbstklebendem Papier dekorieren.

3. In die Mitte von Bogen A doppelseitigen
Klebestreifen kleben und dann mit
Bogen B zusammenfügen. Die mittleren
Falzlinien der Vorlage gemäß falten.

4. Auf die Rückseite von Bogen A
doppelseitiges Klebeband kleben. Aus
dem Moosgummi einen Kreis von 10 cm
Durchmesser ausschneiden und aus farbigem
Papier einen 21 x 29,7 cm großen Streifen.
Diesen mit doppelseitigem Klebeband auf die
Außenkante des Moosgummi-Kreises kleben.

5. Ein Loch durch den Kreis stechen und
den Nylonfaden durchziehen. Die Fransen-
Bögen so aufrollen, dass die Rückseite von
Bogen A außen liegt. Das Trägerpapier
des Klebebandes abziehen und nach
und nach den Kreis daraufkleben. Falls
erforderlich, noch Klebepunkte zum
Fixieren hinzufügen. Die Bögen lassen
sich dank der Mittelfalten gut rollen.

6. Die Fransen nach dem Zufallsprinzip
an einigen Stellen nochmals einschneiden,
sodass sich die Farben stellenweise
überlappen. Die fertige Sonne pressen
(etwa mit einem dicken Buch). Anschließen
mit dem Nylonfaden an beliebiger Stelle
innen oder draußen aufhängen.

7. Diese Schritte wiederholen und so
einen ganzen „Dschungel" von Sonnen
in bunten Farben anfertigen. Dabei auch
die Größen variieren und zum Beispiel
DIN-A3-Bögen verwenden. Sie müssen nur
immer dieselben Proportionen haben.

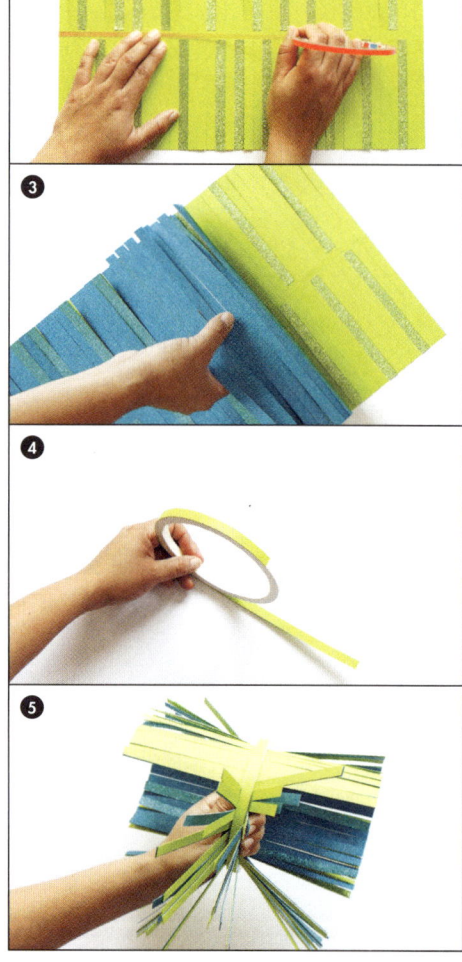

Und wenn es zu Tisch geht?

Bei Einladungen denkt man oft an eine große Tafel. Wenn Sie mehr als 7 oder 8 Personen einladen, müssen Sie den Tisch nicht decken und die Gäste bedienen. Einfacher für Sie und lebendiger für Ihre Gäste ist es, wenn Sie ein **großes Büfett** aufbauen.

Nehmen Sie als Unterlage dafür Ihre **eigenen Möbel** und decken Sie eine Konsole, einen Tisch oder Schreibtisch mit einer hübschen Tischdecke ab. Nehmen Sie zum Strukturieren und zur Auflockerung Teller in verschiedenen Formen und Farben oder Etageren, um unterschiedliche Höhen zu erzeugen.

Holzbrettchen sind auch schön, um Obst oder Appetithäppchen darauf anzurichten.

Streuen Sie ein paar **Dekoelemente** passend zur Einladung auf den Tisch (frische Blumen, Muscheln etc.), aber überfrachten Sie ihn dabei nicht.

Um zu sehen, was Sie am Tag der Einladung für die Tischdekoration brauchen, müssen Sie nur auf die berühmte Liste blicken!

Setzen Sie für Getränke auf eine Bar! Bieten Sie besondere Getränke an, die alle mögen: Alkoholika, alkoholfreie Getränke, frisch gepresste Obstsäfte etc. und präsentieren Sie sie in **Glasflaschen** oder **Cocktailspendern**. So fügen Sie Ihrem Büfett noch weitere Farbtupfer hinzu.

SALZIGE KÜCHLEIN MIT BASILIKUM

FÜR 4 PERSONEN
ZUBEREITUNG: 10 MIN.
BACKZEIT: 25 MIN.

• 190 g Pesto (siehe S. 72)
• 130 g Mehl
• 2 TL Backpulver
• 1 Ei
• 120 ml Sahne
• 1 EL gehacktes Basilikum
• 30 g geriebener Parmesan

Den Backofen auf 180 °C vorheizen. In einer Schüssel alle Zutaten zu einem glatten Teig verarbeiten. Basilikum und Parmesan hinzufügen. Kleine Backförmchen bis zu zwei Dritteln mit dem Teig füllen und 25 Min. backen.

PFIRSICHWEIN MIT MINZE

FÜR 8 PERSONEN
ZUBEREITUNG: 5 MIN.
RUHEZEIT: 1 NACHT

• 2 Pfirsiche
• 1 l trockener Weißwein
• 3 Zweige Minze

Am Vorabend die Pfirsiche waschen und in Scheiben schneiden. Den Wein in eine Karaffe gießen und die Pfirsiche und Minzeblättchen hinzufügen. Über Nacht ziehen lassen. Zum Servieren noch ein paar Eiswürfel dazugeben.

AROMAWASSER

FÜR 8 PERSONEN
ZUBEREITUNG: 10 MIN.
KÜHLEN: 1 STD.

• 1 Bio-Zitrone
• 1 Bio-Limette
• 1 Ananas
• ½ Granatapfel

Die Zitrone und Limette waschen und in Scheiben schneiden. Die Ananas schälen und in sehr dünne Scheiben schneiden. Die Früchte in einen Cocktailspender oder in große Glasflaschen geben.

Mit 2 bis 3 l kaltem Wasser aufgießen und mindestens 1 Std. kalt stellen, damit das Wasser das Aroma aufnimmt.

Aromatische Kräuter
UND HEILPFLANZEN

Ab April gedeihen aromatische Kräuter in Innenräumen oder auf dem Balkon sehr gut und werden zu Ihrem täglichen Begleiter!

Pflege

Wenn die Kräuter schon eingetopft sind, reichern Sie den Boden mit Spezialdünger für Kräuter an und achten Sie darauf, dass die Erdoberfläche immer feucht ist. Topfen Sie die Pflanze bei Bedarf um (siehe S. 40).

Ernte

Pflücken Sie die Knospen im Frühjahr, die Blätter das ganze Jahr über, die Stängel und Früchte im Sommer und im Herbst. Ernten Sie ganz nach persönlichem Bedarf und profitieren Sie von ihrer Frische oder legen Sie sich für den Winter Vorräte an.

Aufbewahren

Trocknen Sie sie 1 oder 2 Tage an der Sonne und dann noch 10 Tage in dunkler, trockener Umgebung, bevor Sie sie in ein Glas oder eine Metalldose füllen.

BELIEBTE VERWENDUNGSMÖGLICHKEITEN

SCHNELLES PESTO

In einem Standmixer pürieren:
- die Blätter von 2 Kräutersträußen (Basilikum, Minze, Dill etc.)
- 15 g Pinienkerne
- 1 geschälte, gehackte Knoblauchzehe
- 50 g geriebener Parmesan
- 200 ml Olivenöl
- 1 Prise grobes Salz
- 2-3 schwarze Pfefferkörner

JOGHURTSAUCE MIT KRÄUTERN UND ZITRONE

In einer Schale vermischen:
- 100 g griechischer Joghurt
- gehackte Blätter von ½ Kräutersträußchen
- Saft von ¼ Zitrone oder Limette
- 1 TL Olivenöl
- Salz, Pfeffer

KRÄUTERSALZ

30 g Kräuter (Rosmarin, Dill, Basilikum etc.) waschen und im Backofen bei 140 °C trocknen. Die Kräuter im Mixer zerkleinern und mit 100 g Fleur de Sel mischen.

DIE 5 BELIEBTESTEN, BESONDERS VIELSEITIGEN KRÄUTER

*Hier erfahren Sie, wie Sie Ihre Pflanzen pflegen, damit Sie mit ihnen
Ihre Rezepte verfeinern und kleine Beschwerden lindern können.*

Basilikum

Warten Sie mit der Aussaat, bis das
Thermometer mindestens 15 °C anzeigt.
Basilikum kann auch sehr gut in Töpfen
angebaut werden, braucht aber ständig
Sonne. Entfernen Sie regelmäßig die Blätter,
um das Wachstum zu aktivieren, und streuen
Sie sie über Salate und gekochte Gerichte.
Um die Verdauung zu fördern, essen Sie ein
paar frische Blätter oder machen Sie einen
Aufguss mit 1 Esslöffel pro Tasse.

Lorbeer

Er muss regelmäßig zurückgeschnitten
werden, damit er nicht zu groß wird. Pflücken
Sie die Blätter, während sie wachsen,
damit ihr Aroma erhalten bleibt und Sie die
vielen Vorteile genießen können: Lorbeer
verleiht den Gerichten Aroma und lindert
Gelenkschmerzen. Weichen Sie ein paar
Blätter in Mandelöl ein und verwenden Sie
es bei Muskelkater zum Massieren. Oder
trinken Sie es zum Lösen von Krämpfen oder
verwenden Sie es als Anti-Schuppen-Spülung.

Minze

Pflanzen Sie sie im Herbst oder zu
Frühlingsbeginn mit einem Abstand von
30 cm ein (erhältlich im Gartencenter).
Nehmen Sie am besten frische Erde und
wählen Sie einen sonnigen Platz. Schneiden
Sie sie am Ende des Herbst weit zurück,
damit sie im Frühjahr wieder kräftig ist.
Minzeblätter sind wunderbar in der
Küche (siehe den Pfirsichwein mit Minze
S. 71). Legen Sie auch ein paar Blätter um
Ihre Tomaten und andere Pflanzen,
um Schädlinge davon abzuhalten. Kochen
Sie bei Kopfschmerzen ein paar Blätter
in Wasser auf und inhalieren Sie es.

Lavendel

Lavendel eignet sich als Aroma für
verschiedene Gerichte und Desserts
(siehe die Aprikosentarte mit Lavendel S. 86),
außerdem wirkt er beruhigend. Pflanzen
Sie ihn im Herbst oder zu Frühlingsbeginn
an eine sonnige Stelle. Als unentbehrliches
Antiseptikum beschleunigt er die
Heilung, bekämpft Atemwegsinfektionen,
Schlafstörungen und Nervenstörungen.
Machen Sie einen Aufguss mit 20 g
getrockneten Blüten pro Liter, um die
Haut zu desinfizieren und kleinere
Verletzungen und Rötungen zu lindern.

Rosmarin

Setzen Sie die Pflanze in die Sonne und
gießen Sie sie einmal wöchentlich. In
der Küche passt er gut zu Fleisch, Fisch
und Gemüse. Er hilft auch bei verstopfter
Nase und ist für seine belebende und
harntreibende Wirkung bekannt. Legen Sie
1 Handvoll trockene Blätter in kochendes
Wasser und inhalieren Sie die Dämpfe,
um die Nase zu befreien. Oder bereiten
Sie für ein desinfizierendes Mundwasser
einen Aufguss von 10 g frischen oder
getrockneten Blüten auf 1 Liter Wasser zu.

Schönheitstipp

Fertigen Sie für glänzende Haare
und zur Anregung ihres Wachstums
eine Spülung an. Dafür 50 g
Rosmarinzweige in kochendes
Wasser geben und 15 Min.
ziehen lassen. Anschließend
filtern und 4 EL Apfelessig zum
abgekühlten Wasser geben.
Zweimal wöchentlich nach dem
Haarewaschen verwenden.

Urlaubsvorbereitungen

WAS FÜR EIN REISETYP SIND SIE?

Die ganze Welt reist gerne, aber nicht jeder auf dieselbe Weise. Manche suchen das Farniente, andere träumen von weiten Expeditionen. Manche planen alles bis ins letzte Detail, andere improvisieren vor Ort. Und Sie, was sind Sie für ein Reisetyp?

1. Von was für einer Reise träumen Sie?

A ○ Von Südfrankreich, ausruhen am Strand und schöne Spaziergänge unternehmen.
B ○ Von einer Weltreise mit dem Fahrrad.
C ○ Von einer Reise zu den schönsten Museen und Bauwerken in Europa.
D ○ Von der Wüste und dem Dschungel … von einer einsamen, wilden Gegend, die noch nicht touristisch ist.

2. Wo möchten Sie im Urlaub schlafen?

A ○ In einem Luxushotel, all-inclusive.
B ○ In kleinen Gasthäusern entlang der Reiseroute.
C ○ Bei Einheimischen, in Gästezimmern.
D ○ Im Schlafsack im eigenen Zelt oder unter dem Sternenhimmel.

3. Warum reisen Sie?

A ○ Um Energie zu tanken und dem Alltag ein wenig zu entkommen.
B ○ Um die schönsten Orte der Welt zu besuchen.
C ○ Um neue Kulturen und Landschaften zu entdecken.
D ○ Um unbekannte Orte zu entdecken und hautnah zu erleben.

4. Was nehmen Sie in den Urlaub mit?

A ○ Den ganzen Kleiderschrank! Sie wissen nicht, was es heißt, mit kleinem Gepäck zu reisen.
B ○ Einen großen Rucksack, um immer unterwegs zu sein.
C ○ Eine Konversationshilfe und etwas zum Tauschen.
D ○ Ein Messer, eine Notfalldecke, Nahrung, Wasser … Etwas für jedes Wetter.

5. Was essen Sie im Urlaub?

A ○ Sie sind vorsichtig und vertrauen nur westlichen Speisen.
B ○ Eine Schale Müsli, Energieriegel, was man braucht, um den Tag zu überstehen.
C ○ Skorpionspieße, Hühnerhälse, in der Pfanne gebratene Würmer, alles, was vor Ort üblich ist.
D ○ Was Sie unterwegs jagen, angeln oder ernten.

6. Auf welche Weise reisen Sie gern?

A ○ Als Paar oder mit der Familie.
B ○ Mit Ihrem besten Freund.
C ○ Mit einem örtlichen Führer, um alles von der Kultur zu erfahren.
D ○ Allein.

7. Wie verwalten Sie Ihr Reisebudget?

A ○ Sie haben ein großes Budget, damit es Ihnen an nichts fehlt.
B ○ Sie sparen mehrere Monate und achten auf jeden Cent.
C ○ Sie arbeiten während der Reise vor Ort.
D ○ Sie leben von der Hand in den Mund und kaufen möglichst günstig ein.

8. Wie reagieren Sie, wenn Sie sich verirren?

A ○ Sie haben keinen Orientierungssinn und überlassen das den Anderen.
B ○ Sie irren nicht gerne herum und gehen nie ohne Karte aus.
C ○ Sie irren gerne herum, das ist der Moment, wo Begegnungen stattfinden.
D ○ Das beeinträchtigt sie kaum, sie scheuen sich nicht, Risiken einzugehen.

9. Wie reisen Sie vor Ort?

A ○ Passend zum Farniente fahren Sie gelegentlich im voll ausgestatteten Mietauto.
B ○ Im Bus, Zug oder mit einer Mitfahrgelegenheit, das ist die günstigste Art zu reisen.
C ○ Mit dem Rangerwagen, der Rikscha, einem Tuktuk … Alle Transportmöglichkeiten, die es vor Ort gibt oder bei denen Sie sich mit dem Fahrer austauschen können.
D ○ Per Anhalter, Sie scheuen vor nichts zurück, vor allem nicht vor Unvorhergesehenem!

ERGEBNISSE

Hauptsächlich A
DER URLAUBER

Für Sie bedeutet Urlaub Entspannung. Sie suchen den Tapetenwechsel und Sicherheit. Unvorhergesehenem räumen Sie keinen Platz ein, Sie organisieren die Reise im Voraus und planen sie monatelang. Sie wünschen Komfort und gutes Essen. Auch von laufen kann keine Rede sein, Sie wechseln zwischen Unternehmungen und Farniente und fahren mit schönen Erinnerungsfotos und Geschenken für die Lieben wieder nach Hause.

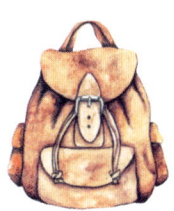

Hauptsächlich B
DER BACKPACKER

Sie sind unabhängig und sparsam und möchten den klassischen Touristenströmen entfliehen. Wichtig ist es, billig und lange zu reisen. Sie bevorzugen preiswerte Hotels und Jugendherbergen, genießen die lokale Küche, zögern nicht, Ihre Reiseroute zu ändern, wenn Sie sich mit anderen Rucksacktouristen ausgetauscht haben. Sie haben keine Angst vor Anstrengungen, Sie werden sie gut meistern.

Hauptsächlich C
DER ETHNOLOGE

Sie überlassen die Dinge gerne dem Zufall – dahinter verbirgt sich immer eine schöne Überraschung, ein nettes Treffen. Für Sie bedeutet reisen, lernen und neue Kulturen aufsaugen. Sie ziehen es vor, ohne Karte in einer Stadt herumzuwandern und sich auf Begegnungen einzulassen. Je authentischer die Menschen sind und je mehr sie ihre eigenen Sitten und Gebräuche haben, desto schöner wird die Reise für Sie sein.

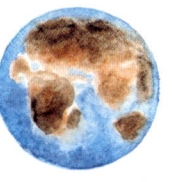

Hauptsächlich D
DER ABENTEURER

Reisen ist für Sie vor allem Abenteuer! Sie sind neugierig, anpassungsfähig und unermüdlich, nichts erschreckt Sie! Sie sind offen für Neues und immer auf der Suche nach neuen Erfahrungen. Surfen, Kanu fahren, Bergsteigen … nichts kann Sie aufhalten! Sie sind immer bereit und gut ausgerüstet, eine Reise ohne eine echte Herausforderung, Unsicherheit und Überraschungen können Sie sich nicht vorstellen.

REISE**KISSEN**

Vorbei mit schlechtem Schlaf unterwegs, jetzt wird bequem gereist!
Dieses Kissen ist schnell gemacht und kann gut transportiert werden, so wird es bald zum Begleiter aller Ihrer Reisen.

MATERIAL

- weißer Baumwollstoff, 50 cm
- Bügeleisen
- 2 rechtwinklige Dreiecke aus Kork oder Holz, Seitenlänge 6,5 cm
- Gummiband
- 1 Metallklammer
- 1 Schüssel mit Wasser
- weißes Garn
- hellblaue Farbe zum Färben von Hand
- grobes Salz
- blauer Textilstift
- Nähmaschine
- Stecknadeln und Nähnadel
- Füllmaterial
- Stoffschere
- Handschuhe

1. Aus dem Stoff ein Quadrat mit 40 cm Seitenlänge ausschneiden. In Akkordeonfalten legen, dann abwechselnd auf die rechte und auf die linke Seite zu Dreiecken falten. Bei Bedarf die Falten bügeln.

2. Die beiden Korkdreiecke auf die Vorder- und Rückseite des Stoffdreiecks legen. Fest aufdrücken und mit dem Gummiband und der Metallklammer fixieren.

3. Die Handschuhe anziehen. Den Stoff anfeuchten und in die Wasserschüssel legen. Zuvor die Farbe und das Salz hineingeben. Den Stoff nach den Herstellerangaben färben. Dann auseinanderfalten und falls nötig in der Maschine waschen und trocknen.

SCHLAFMASKE

Mit dieser Schlafmaske ist ein ruhiger Schlaf kein Problem mehr, egal ob Sie im Zug, Flugzeug oder Auto unterwegs sind.

MATERIAL

- gemusterter Stoff, 11 x 23 cm
- Samtstoff, 11 x 23 cm
- wattiertes Vlies
- Gummiband, halb so lang wie Ihr Kopfumfang
- scharfe Schere
- Nähnadel und passendes Nähgarn
- Papier für die Vorlage
- Textilkleber

1 Die Vorlage auf S. 204 kopieren und ausschneiden. Auf den Stoff und das Vlies übertragen, dabei 1 cm Nahtzugabe hinzufügen. Die Teile ausschneiden.

2 Die Enden des Gummibands an beiden Seiten auf die rechte Seite des gemusterten Stoffs nähen.

3 Die einzelnen Schichten vorbereiten. Das Vlies mit dem Kleber auf der linken Seite des Samtstoffs befestigen.

4 Das Teil aus dem gemusterten Stoff mit der rechten Seite nach oben auf die Arbeitsfläche legen. Den Samtstoff mit dem Vlies darauflegen, dabei liegt die Samtseite auf dem gemusterten Stoff. Die Lagen rundum zusammennähen, zum Wenden eine kleine Öffnung lassen.

5 Damit sich nach dem Wenden keine Falten bilden, die Rundungen auf der Nahtzugabe einschneiden und überschüssigen Stoff und Vlies abschneiden. Die Maske durch die Öffnung wenden. Das Gummiband vorsichtig nach außen legen.

6 Die Öffnung mit einem unsichtbaren Stich von Hand schließen.

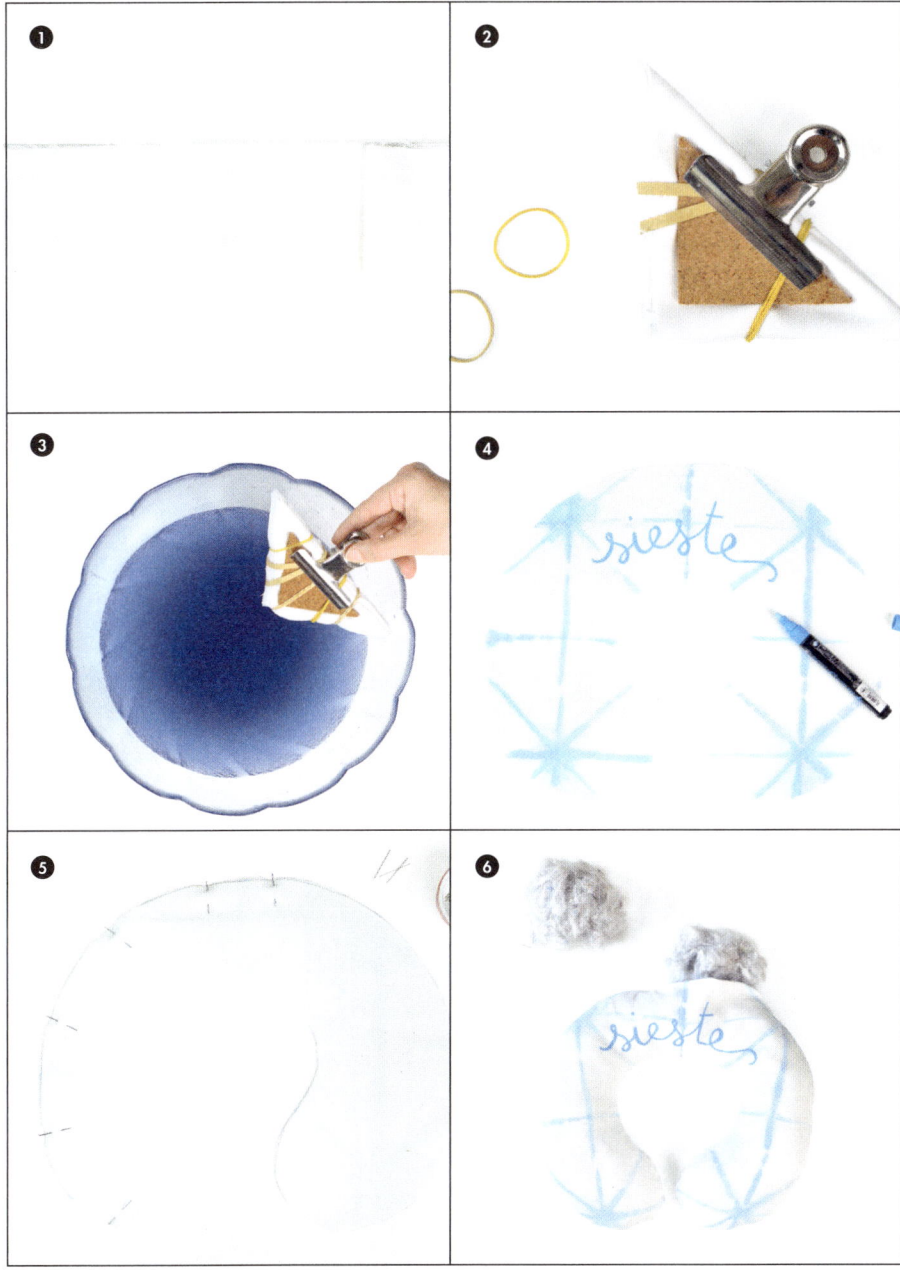

4. Den gefärbten Stoff mithilfe der Vorlage auf S. 205 zuschneiden, ebenso den restlichen weißen Stoff. Mit dem Textilstift ein beliebiges Wort auf die Kissenvorderseite schreiben. Trocknen lassen und gemäß den Herstellerangaben fixieren.

5. Die Kissenseiten rechts auf rechts aufeinanderstecken und mit einer Nahtzugabe von 1 cm zusammennähen. Dabei oben eine 15 cm breite Öffnung lassen.

Die Rundungen auf der Nahtzugabe vor dem Wenden einschneiden.

6. Das Kissen auf rechts wenden, bügeln und großzügig ausstopfen. Die Öffnung mit einem unsichtbaren Stich von Hand schließen.

Selbst gestaltetes Reisetagebuch

Sie gehen bald auf Reisen? Ein Reisetagebuch ist ein idealer Begleiter, es hilft Ihnen bei der Vorbereitung, begleitet Sie bei der Reise und nimmt Ihre schönsten Erinnerungen auf!

VORBEREITUNG VOR DER ABFAHRT

Haben Sie eine Wahl getroffen?
Um Ihre bevorstehende Reise zu visualisieren, insbesondere wenn sie sich über mehrere Städte oder Regionen erstreckt, zeichnen Sie eine Route auf einer vorgedruckten Karte auf.

Denken Sie auch an wichtige Informationen:
Lernen Sie ein paar Worte, damit Sie sich im Ausland in allen Situationen helfen können (Guten Tag, danke, was kostet das, wo befindet sich etc.). Notieren Sie sich auch Ihr Reisebudget, die notwendigen Reisedokumente und Impfungen.

Informieren Sie sich über übliche Transportmittel:
Dann können Sie sich vor Ort viel leichter fortbewegen!

Und denken Sie schließlich darüber nach, wie Sie am besten in die lokale Kultur eintauchen können: Rezepte ausprobieren, ungewöhnliche Orte entdecken, typische Souvenirs, die Sie Ihren Lieben mitbringen können etc.

SOUVENIRS ZUSAMMENTRAGEN

———

Am Ziel angekommen, müssen Sie nur noch das Reisetagebuch erweitern und sich in Ihrer Umgebung umsehen.

Machen Sie Ihre Reise zu einem unvergänglichen Erlebnis, machen Sie **Fotos von Ihren Begegnungen und eindrucksvollen Landschaften, bewahren Sie Eintrittskarten, Verpackungen etc.** auf und arbeiten Sie in Scrapbooking-Manier. Schreiben Sie ruhig mit einer Feder! Sie werden sicher nicht die Zeit haben, einen Roman zu verfassen, aber ein paar aussagekräftige Sätze (Lustiges, Überraschendes, Anekdoten) halten besondere Momente sicher fest. Kleine Zeichnungen und Schemata, auch Skizzen sind willkommen. Sie können auf Ihrer Reise auch Blätter und Blüten sammeln und ein kleines Herbarium anlegen.

Wenn Sie eine besonders kreative Ader haben, verleihen Sie Ihrem Notizbuch einen originellen Style in der Art von **Comics**. Gestalten Sie es mit **Lettern** und dem **Schriftbild**, wechseln Sie zwischen unterschiedlichen Schreibwerkzeugen ab, um das Ganze aufzulockern. Lassen Sie die Buchstaben tanzen, gestalten Sie Überschriften, spielen Sie mit Wörtern …

Sie können entweder ganz nach Lust und Laune etwas in Ihr Reisetagebuch eintragen oder den Inhalt ordnen und die **Seiten thematisch sortieren**, etwa nach einem präzisen Programm, besonderen Momenten, Orte, an die Sie zurückkehren möchten. Und nicht vergessen: Ein Reisetagebuch zu führen sollte niemals zur lästigen Pflicht werden, sondern immer eine Möglichkeit sein, sich auszudrücken und kreativ zu sein, damit Sie später gerne daran zurückdenken. Vielleicht haben Sie nicht jeden Tag Lust oder eine Idee, wie Sie die Seiten füllen sollen. Das macht nichts, wichtig ist, dass es Ihnen wundervolle Erinnerungen bringt, wenn Sie es nach 10, 20 oder sogar 30 Jahren wieder aufschlagen!

Ausrüsten, aber nicht zu viel einpacken
———
- kleine Rollen Masking Tape
- 2 oder 3 bunte Filzstifte
- 1 Tube Kleber

Für besonders Kreative
———
- Tusche
- Schreibfeder und Federhalter
- Pinsel und Wasserbehälter
- 1 kleine Schachtel Aquarellfarben

Strandfertig

Der Sommer ist da, die Ferien werden geplant.
Das ist der Moment, um alles für den Strand vorzubereiten!

STROHHUT

Was gibt es Zeitloseres als den klassischen Strohhut, den man bei den ersten Sonnenstrahlen herausholt? Betrachten Sie Ihren und verschönern Sie ihn auf diese ultra-einfache Weise.

• Strohhut
• schwarzer selbstlöschender Markierstift
• schwarzes Stickgarn
• schwarzer Bast, 2 m

Schreiben Sie ein paar Wörter mit dem Markierstift direkt auf den Hut. Sie können zuvor auch ein paar Schriftarten ausprobieren. Sticken Sie dann den Text mit 6 Fäden schwarzem Stickgarn im Rückstich (siehe S. 174) auf. Sticken Sie anschließend mit schwarzem Bast darüber.

KAKTUS-BRILLE

Erwecken Sie Ihre Sonnenbrille zu neuem Leben, indem Sie sie mit Kakteen und kleinen Pflanzen verzieren. Damit werden Sie alle Blicke auf sich ziehen!

MATERIAL

- Sonnenbrille
- Kaltporzellan in Grün
- Kaltporzellan in Mintgrün
- Kaltporzellan in Perlmutt
- Kaltporzellan in Blau
- Kaltporzellan in Gelb
- Kaltporzellan in Rot-Perlmutt
- Zahnstocher
- Perlen und Pailletten
- Kleber
- Blumen-Förmchen
- Messer
- Modellierrolle

1. Die Modelliermassen so vermischen, dass verschiedene Grüntöne und Violett entsteht. Formen Sie für den ersten Kaktus eine kleine Kugel aus grüner Masse und drücken Sie sie in eine flache, längliche Form. Dieser Kaktus sollte nicht mehr als 2 mm dick sein. Ein kleines Oval als Zweig ansetzen und beide Elemente mit etwas Wasser verbinden. Mit einem Zahnstocher die Stacheln einritzen. Für die Blüten ganz kleine Kügelchen aus rotem Teig formen und zu einem Dreieck abflachen. Diese mit etwas Wasser verbinden und mit einem Zahnstocher Blütenblätter zeichnen.

2. Für den zweiten Kaktus eine grüne Kugel formen, flach drücken und den Kaktus mit Zweigen ausschneiden.

3. Die Ränder mit den Fingern abrunden und mit einem Zahnstocher Stacheln einritzen. Aus gelben Kugeln kleine Blüten formen und diese mit einem Zahnstocher in der Mitte einstechen.

4. Für eine Aloe vera kleine grüne Kugeln flach drücken und in eine dreieckige Form bringen. Diese mit etwas Wasser zusammenfügen.

5. Auf dieselbe Weise eine Sukkulente mit runden Blütenblättern in verschiedenen Grüntönen und Violett anfertigen.

6. Mit einem Förmchen kleine Blüten in verschiedenen Farben ausstechen. Die Kakteen und Blüten mit Perlen und Pailletten verzieren und zum Fixieren mit einem Zahnstocher in den Teig drücken. 24 Std. trocknen lassen.

7. Die Elemente auf das Brillengestell und die Bügel kleben (darauf achten, dass man die Bügel noch einklappen kann).

Baby im Sommer

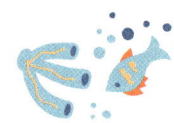

Im Sommer ist das Sardinen-Motiv en vogue! Verwöhnen Sie die Babys mit wunderschönen Accessoires für einen Ausflug ans Meer.

BADE**CAPE**

Benutzen Sie dieses Badecape am Meer, im Schwimmbad oder nach dem Duschen und trocknen Sie Ihr Baby damit sanft ab.

MATERIAL
- Baumwollstoff mit Fischmotiv, 80 x 80 cm
- farblich passender Frotteestoff, 80 cm
- farblich passendes Schrägband, 3,60 m

1. Gemäß der Vorlage auf S. 208 2 Quadrate mit abgerundeten Ecken und die Kapuze aus dem gemusterten Stoff und Frottee zuschneiden.

2. Die Quadrate links auf links aufeinanderlegen und mit großen Stichen rundum festnähen. Dasselbe mit der Kapuze wiederholen.

3. Das Schrägband auf der rechten Kapuzenseite aufnähen.

4. Diese auf eine Ecke des Quadrates legen, dabei zeigen die Frotteeseiten zueinander, und die Kapuze mit großen Stichen fixieren. Das Schrägband rundum aufnähen.

Schrägband annähen

Beginnen Sie mit einer offenen Seite des Schrägbands, rechts auf rechts auf den Stoff gelegt. Nähen Sie in der Falz des Schrägbands. Klappen Sie dann die andere Seite des Schrägbands auf die andere Stoffseite um und nähen Sie es 2 mm neben der Kante fest.

KLINGENDE SARDINE

Ein kleines Stoffrässelchen in Meeresfarben weckt die Sinne Ihres Babys.

———

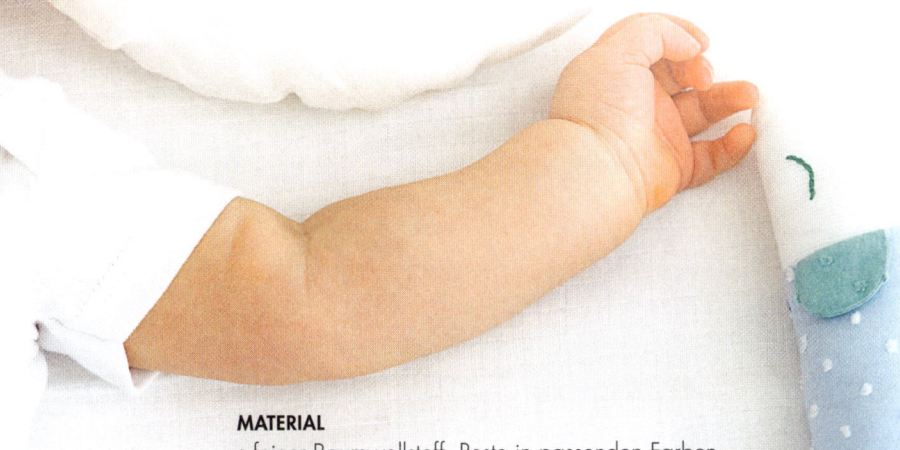

MATERIAL
• feiner Baumwollstoff, Reste in passenden Farben
• etwas Füllwatte
• Rassel zum Einnähen
• farblich passendes Stickgarn für die Augen

1. Die Schnittteile kopieren (S. 209) und aus verschiedenen Stoffen ausschneiden, dabei stets 1 cm Nahtzugabe hinzufügen.

2. Die Schwanzflossenteile rechts auf rechts zusammennähen, die geraden Kanten jedoch offen lassen. Die Nahtzugaben auf 5 mm zurückschneiden, in die Rundungen kleine Kerben schneiden, das Teil wenden und bügeln.

3. Die Seitenflossen rechts auf rechts zusammennähen, die geraden Kanten jedoch offen lassen. Die Nahtzugaben auf 5 mm zurückschneiden, in die Rundungen kleine Kerben schneiden, die Flossen wenden und bügeln.

4. Eine Seitenflosse auf die rechte Seite eines Bauchteils stecken und dieses dann rechts auf rechts auf ein Kopfteil nähen. Die Nahtzugaben auf 5 mm zurückschneiden, die dickeren Lagen einschneiden und die Naht bügeln. Mit der anderen Sardinenhälfte wiederholen.

5. Die Augen mit einem Rückstich aufsticken. Die Schwanzflosse auf die rechte Seite eines Bauchteils stecken, die Kanten sollten bündig aneinanderliegen. Dann die Schwanzflosse einrollen und mit Stecknadeln fixieren, damit sie nicht verrutscht, wenn die beiden Bauchteile verbunden werden.

6. Die Sardinenhälften rechts auf rechts aufeinanderstecken und rundum zusammennähen, dabei unten am Bauch eine 5 cm große Wendeöffnung lassen.

7. Die Nahtzugaben auf 5 mm zurückschneiden, dickere Lagen und Rundungen einschneiden und die Sardine wenden. Eventuell mit einem Holzstäbchen ausformen. Die Stecknadeln an der Schwanzflosse entfernen und die Sardine bügeln.

8. Den Körper mit Füllwatte füllen und die Rassel in die Mitte schieben.

9. Die Wendeöffnung mit unsichtbaren Stichen schließen.

Suchen Sie ein persönliches und schnell gemachtes Geschenk?
Nehmen Sie doch einen verzierten Body. Nichts geht einfacher: Malen Sie auf einen weißen Body mit Textilfarbe ein hübsches Motiv auf.

Picknick-PARTY

Ergänzen Sie Ihre Sommer-Utensilien, planen Sie ein wenig und passen Sie Ihre Lieblingsrezepte für ein Mittagessen auf der Wiese an, das diesen Namen verdient!

Picknickkorb packen

Picknicken ist ein bisschen Sich-gehen-lassen und eine Menge Vorbereitung! Eine Liste und ein paar Tipps helfen Ihnen, Ihren Korb zu füllen, ohne dabei etwas zu vergessen.

Am Vorabend zubereiten
- Tartes, Quiches, Pudding
- Terrinen, kaltes Fleisch (gebratenes Rind-, Schweine- oder Lammfleisch in Scheiben, Hähnchen)
- Frühlingsrollen
- Pesto, Olivenpaste, Vinaigrettes und verschiedene Saucen, in Dosen aufbewahrt
- Muffins, Kuchen, Tartes, Kekse

Am Morgen zubereiten
- Wraps, Sandwiches (außer wenn sie mit feuchtem Gemüse belegt werden, das das Brot durchweichen kann)
- Gemischte Salate und Obstsalat (damit man möglichst frische Speisen hat)

An Ort und Stelle zubereiten
- Brote schmieren
- Sandwiches mit Gemüse
- Sauce und Vinaigrette zum Salat geben

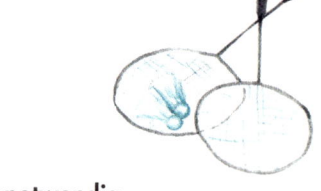

Absolut notwendig
- Kühlbox oder Isoliertasche
- Geschirr (möglichst kompostierbar)
- Besteck (ein großer Löffel zum Servieren der Salate und ein gutes Messer)
- Abfallsack
- Salz und Pfeffer
- Flaschenöffner und Korkenzieher
- Küchenrolle oder Papierservietten
- Tischdecke für den Boden
- Sonnenhut oder -kappe
- Sonnencreme und Mückenschutz
- Verbandtasche
- Spiele für draußen: Ball, Springseil, Eimer und Schaufel, Federballschläger, Frisbeescheibe, Karten etc.

Details planen

Dekorieren Sie die Behälter, zum Beispiel die Gläser.
Basteln Sie aus buntem Papier eine Wimpelgirlande,
umwickeln Sie die Gläser mit Masking Tape und Bändern aller Art.
Alles ist erlaubt, was Ihren Freunden und Ihrer Familie Lust macht, sie zu öffnen!

POLENTA-KUCHEN MIT SARDELLEN, ZUCCHINI UND FETA

FÜR 6 PERSONEN
ZUBEREITUNG: 15 MIN. | BACKZEIT: 45 MIN.

• 3 Eier • 150 ml Olivenöl
• 150 ml griechischer Joghurt
• 150 g Instant-Polenta
• 50 g Maisstärke
• 1 Päckchen Backpulver
• 50 g geriebener Parmesan
• 20 g Sardellen • 180 g Feta
• 1 Zucchini • 50 g Kürbiskerne

1. Den Backofen auf 180 °C vorheizen. Die Sardellen abtropfen lassen und hacken. Den Feta und die Zucchini würfeln.

2. Die Eier in einer Schüssel mit Öl und Joghurt verquirlen. Polenta, Maisstärke, Backpulver, Parmesan und Pfeffer unterrühren. Sardellen, Feta, Zucchini und Kürbiskerne hinzufügen und kurz verrühren. Pfeffern.

3. Den Teig in eine gebutterte und bemehlte Kuchenform füllen und 45 Min. backen.

EINFACHE KÜCHE

Sie müssen sich nicht den Kopf beim Kochen zerbrechen, um auf Pommes frites und Kirschtomaten zu verzichten. Ja, das geht!

PITA-SANDWICH MIT LAMM, FETA UND MINZE

FÜR 4 PERSONEN
ZUBEREITUNG: 15 MIN.
KOCHZEIT: 5 MIN.

• 4 Pita-Brote
• 1 Gurke
• ½ Sträußchen Minze
• 1 griechischer Joghurt
• 6 Scheiben Lammschulter
• 1 rote Zwiebel
• 100 g Feta

1. Die Gurke schälen, die Samen entfernen und das Fruchtfleisch klein würfeln. Die Minze hacken und 1 EL zur Seite stellen. In einer Schüssel die gehackte Minze und die Gurkenwürfel mit dem Joghurt verrühren. Salzen und pfeffern. Das Lammfleisch und die Zwiebel in dünne Scheiben schneiden. Alles kühl stellen.

2. Die Brote leicht toasten oder im Ofen rösten und anschließend halbieren. Mit dem Joghurt, dem zerbröselten Feta, der Zwiebel und dem Fleisch belegen. Mit der restlichen Minze bestreuen.

Veggie-Variante: Das Lammfleisch durch Avocado ersetzen, das passt perfekt zum Feta.

Eine passende Tischdecke

Auf S. 210 finden Sie Hinweise, wie Sie eine alte Tischdecke oder auch hübsche Stoffreste oder ein einfaches Tuch verschönern können. Dafür reichen ein paar schöne Stickstiche und Farben aus!

Blumenmädchen

Setzen Sie auf hübsche Blumen und deren Duft,
um Sommerfrische zu verbreiten!

SALAT MIT ESSBAREN BLÜTEN

Blüten sind sehr gesund und für hervorragende Rezepte geeignet. Veilchen, Mohn, Lavendel oder auch Löwenzahn und Ringelblumen – die Liste ist lang! Pflücken Sie welche und fügen Sie sie Ihren Speisen bei!

FÜR 4 PERSONEN
ZUBEREITUNG: 15 MIN.

1. Blattsalat waschen und trocken schleudern. 80 g Primeln, 40 g Borretschblüten und 80 g Kapuzinerkresse waschen und klein schneiden. 6 Tomaten waschen und in Scheiben schneiden.
2. Aus 3 EL Weißweinessig, 8 EL Erdnussöl, Salz und Pfeffer eine Vinaigrette zubereiten.
3. Den Blattsalat und dann die Blüten in eine Schüssel geben, mit der Vinaigrette beträufeln und gleich servieren.

APRIKOSENTARTE MIT LAVENDEL

Dies ist ein leichtes Dessert, aber auch perfekt für warme Sommernachmittage!

FÜR 4 PERSONEN | ZUBEREITUNG: 15 MIN. | BACKZEIT: 45 MIN.

• 230 g Blätterteig • 600 g Aprikosen • 50 g Butter
• 100 g Zucker • 3 Lavendelzweige • 4 Löffelbiskuits
• 2 Päckchen Vanillezucker

1. Den Backofen auf 180 °C vorheizen. Eine Tarteform (ø 24 cm) mit Backpapier auskleiden und den Blätterteig hineinlegen. Hülsenfrüchte oder Tonkügelchen darauflegen und 10 Min. blindbacken.
2. Die Aprikosen halbieren. In einem Topf 30 g Butter schmelzen, dann den Zucker und die Aprikosen hinzufügen, Lavendelblüten darüberstreuen und 15 Min. sanft köcheln. Nach der Hälfte der Kochzeit die Aprikosen vorsichtig wenden.
3. Die Löffelbiskuits auf dem Boden des vorgebackenen Teigs zerbröseln. Die Aprikosen mit der gewölbten Seite nach unten darauflegen und mit Vanillezucker bestreuen. Die Butter in kleinen Flöckchen darauf verteilen. 20 Min. backen und lauwarm servieren.

Vor dem Verzehr sollte geklärt sein, dass die ausgewählten Blüten essbar, frisch und biologisch angebaut sind. Achtung, Blumen aus dem Blumengeschäft sind nicht zum Verzehr gedacht, man findet sie aber in Bio-Läden oder anderen Geschäften!
Tipp zur Aufbewahrung:
Die Blüten trocknen und in einer luftdichten Dose lichtgeschützt aufbewahren.

SOMMERLICHER HAARSCHMUCK

Fertigen Sie diese Haarspange für einen normalen Wochentag oder eine besondere Gelegenheit an und dekorieren Sie Ihre Frisur mit hübschen Blumen

---

MATERIAL
• 1 Haarspange
• Floralkleber
• dünner Bast
• Gartenschere
• 1 Dahlie
• 1 Lilie
• 1 Nelke
• 1 kleine Gartennelke
• 1 Enzian
• 1 Aster
• 1 kleiner Buchenzweig
• 1 Zweig Pfeifenstrauch

1. Beliebiges Blattgrün auf die Haarspange kleben.

2. Dann eine runde und besonders eindrucksvolle Blüte auf eine Seite der Spange kleben, dabei möglichst flach anbringen.

3. Weitere Blüten mit dem Bast befestigen. Damit können Sie kleinere Zweige oder auch Blüten auf der nicht ganz so flachen Oberfläche der Spange anbringen, ebenso an deren Seiten. Auf diese Weise die Spange vollständig mit Blüten bedecken.

Aperitif
IM GARTEN

Der Schlüssel für einen wunderbaren Sommerabend im Garten sind ein paar Zutaten für bunte Cocktails und ein paar Tipps, wie man gute Stimmung erzeugt.

SPIEL**IDEEN**

Man muss nicht gleich die Brettspiele hervorholen, um sich zu amüsieren. Einfache Partyspiele erzeugen schnell ein schönes Gemeinschaftsgefühl und bringen den ganzen Abend über Spaß!

Adjektiv

Ein Gast aus der Runde wird bestimmt, zur Seite zu gehen, während sich die anderen auf ein Adjektiv einigen (traurig, liebevoll, langsam etc.). Wenn der Gast zurückkehrt, muss er das gewählte Adjektiv erraten, indem er der Gruppe Fragen stellt oder Handlungen nachahmt, die sie dann „wie" das Adjektiv beantworten muss, d. h. traurig, langsam usw. Alles hängt von der Schwierigkeit des gewählten Wortes ab!

Die erste Zeile

Wählen Sie aus Ihrem Regal bekannte Bücher aus und bringen Sie sie in den Garten. Ihre Gäste sollten sich jeweils vorstellen, wie der erste Satz lautet.

Derjenige, der dem ursprünglichen ersten Satz am nächsten kommt, gewinnt. Prämiert wird auch derjenige, der die lustigste Verbindung zwischen dem ersten Satz, den er erfunden hat, und dem zweiten Satz des Buches herstellt!

Der lustige Satz

Zu Beginn des Abends nennt jeder Gast seinem linken Nachbarn kurze Sätze oder witzige oder absurde Ausdrücke, die er im Laufe des Abends diskret in das Gespräch einfügt. Der Gewinner ist derjenige, der am längsten durchhält, ohne von den anderen entdeckt zu werden. Benutzen Sie Ihre Fantasie und nennen Sie Ihrem Nachbarn einen ungewöhnlichen Satz!

Psychiater

Jemand wird zum „Psychiater" bestimmt und verlässt die Runde, während sich der Rest der Gruppe auf eine gemeinsame „Krankheit" einigt. Der „Psychiater" muss dann den Spielern Fragen stellen, um die gewählte „Krankheit" zu erraten: ein seltsames Zucken, das jedes Mal beim Sprechen auftritt, in jedem Satz immer ein bestimmtes Wort nennen, das Verhalten des rechten Nachbarn übernehmen etc. Alles ist möglich!

COCKTAIL**BAR**

RED Ô MANGO

FÜR 1 GLAS

- ½ Mango
- 3 Erdbeeren
- 10 ml Feigensirup
- 30 ml roter Floc de Gascogne
- 60 ml Beeren-Eistee

Die Mango schälen und in Stücke schneiden. Diese im Mixer mit den entstielten Erdbeeren, dem Sirup, Floc und Eistee pürieren. Eiswürfel dazugeben und noch ca. 10 Sek. pürieren.

PFIRSICH-COCKTAIL

FÜR 1 GLAS

- 1 Pfirsich
- 2 Aprikosen
- 1 Messerspitze gemahlenen Kurkuma (1 g)
- 100 ml frisch gepresster Orangensaft
- 30 ml Sprudelwasser

Den Pfirsich schälen und in Stücke schneiden, die Aprikosen entsteinen. Die Früchte pürieren und das Kurkumapulver, den Orangensaft und Eiswürfel dazugeben. Ca. 10 Sek. pürieren. Mit Sprudelwasser auffüllen und servieren.

Einkaufsliste für den Abend

- 1 Wasserflasche pro Person
- ½ Flasche Wein pro Person
- 2 oder 3 Flaschen Bier (250 oder 330 ml) pro Person
- 1 Flasche hochprozentiger Alkohol für 10 bis 12 Personen

PAPAGEIEN-TRINKHALM

Investieren Sie in wiederverwendbare Trinkhalme aus Edelstahl und versehen Sie sie mit diesen exotischen Vögeln. Sie sind ein hübscher Kontrast!

MATERIAL

- Schneideunterlage
- Lineal
- Schere
- Cutter mit Klinge im 30°-Winkel oder Präzisionsmesser
- Klebestift
- doppelseitiges Klebeband
- gestrichenes Papier 240 g

Die Elemente A, B, C, D, E, F, G und H auf S. 208 ausschneiden. Element B auf A, C auf B, D auf B, E auf D, F auf E und G und H auf B kleben. Das Befestigungsteil I ausschneiden, mit dem Finger über die Faltstellen streichen und diese markieren und doppelseitiges

Klebeband aufkleben. Zum Schluss dieses Teil auf die Rückseite von Element A kleben und den Papagei am Trinkhalm anbringen.

89

Die Wand als Blickfang

Mehrere Rahmen oder ein besonderes Element, hier finden Sie Tipps,
wie Sie Ihre Wände beleben und in eine Galerie verwandeln können.

PFLANZEN UNTER GLAS

*Lassen Sie mit diesen leicht gemachten,
wunderschönen Rahmen die Natur in Ihre Wohnung.*

MATERIAL

• 2 Glasplatten in derselben Größe
  (gebraucht oder aus dem Baumarkt)
• getrocknete Blumen
• dickes Papier
• Spitzen, buntes Papier, Zeichnungen etc.
• Kleber
• Briefklemmen

1. Das Papier auf dieselbe Größe
wie die Glasplatten zuschneiden.

2. Die getrockneten Blumen darauflegen.

3. Nach Belieben buntes Papier,
Zeichnungen, Spitzen etc. hinzufügen.
Lassen Sie der Fantasie freien Lauf und
gestalten Sie eine hübsche Komposition.

4. Jedes Teil mit Kleber fixieren. Trocknen
lassen und das Papier zwischen die
beiden Glasplatten legen. Alles mit
Briefklemmen aneinander befestigen.

NEUE IDEEN

Warum nicht auch einmal ein
Halstuch, das Sie von einer Reise
mitgebracht haben, oder ein **T-Shirt**
von einem Konzert oder den ersten
Strampelanzug in einen Rahmen
setzen? Nichts ist einfacher als
das! Befestigen Sie es mit ein paar
Stecknadeln auf dünnem Moosgummi.

Mit **3-D-Rahmen** verleihen Sie Ihren
Räumen Tiefe! Stellen Sie darin kleine
Souvenirs, Figürchen oder Origami aus.

Lassen Sie wie ein professioneller
Fotograf Ihre Fotos in einer Druckerei
auf eine **feste Unterlage** aufziehen
– dann müssen Sie nur noch eine
Vernissage organisieren!

Ein paar **Nägel** in die Wand und
die Hüte daran aufgehängt: So
lassen sich Aufbewahrung und
Ausstellung miteinander verbinden!

Hängen Sie **Stickrahmen** an die
Wand, aus hellem Holz sehen sie
besonders schön aus. Damit kann man
die Deko ganz leicht austauschen.
Stellen Sie Ihre Stickereien aus oder
arrangieren Sie mehrere Stickrahmen
mit hübschen, bunt bedruckten Stoffen.

BESTICKTE **KÖRBE**

Veredeln Sie Ihre Weidenkörbe mit ein paar einfachen Stickereien und verschönern Sie Ihre Wände mit dieser ultramodischen Ethno-Deko!

MATERIAL

- flache Körbchen, gebraucht oder neu
- Bleistift
- verschiedene Garne: Kordeln, Bast, Baumwollgarn, Papierbänder etc.
- große Wollnadel
- kleine Schere

1. Die Stelle markieren, die bestickt werden soll (wie etwa hier unten mit gestrichelten Linien). Mit dem Bleistift Markierungen für die Rauten zwischen den Kreisen aufzeichnen.

2. Mit einem beliebigen Garn und der Wollnadel an der Markierung A ausstechen (falls nötig, den Faden auf der Rückseite verknoten) und in B einstechen.

3. Die Nadel an D ausstechen und wieder in A einstechen. Wieder an C ausstechen und in D einstechen. So die Raute beenden.

4. Auf diese Weise auch die anderen Rauten sticken. Zum Schluss den Faden auf der Rückseite verknoten und überstehenden Faden abschneiden.

5. Mit einem anderen dicken Garn, zum Beispiel mit Bast, einen Kreis um die Rauten herum sticken. Dafür die Nadel über einen Strang des Geflechts führen und ein paar Zentimeter weiter wieder einstechen. Knapp darunter wieder ausstechen. So fortfahren, bis der ganze Kreis gestickt ist. Die Fadenenden auf der Rückseite zusammenknoten.

6. Als Verzierung der Rauten mit einem dünneren Faden kleine Punkte in deren Mitte sticken. Für die Aufhängung auf der Rückseite des Körbchens kleine Schlaufen anbringen.

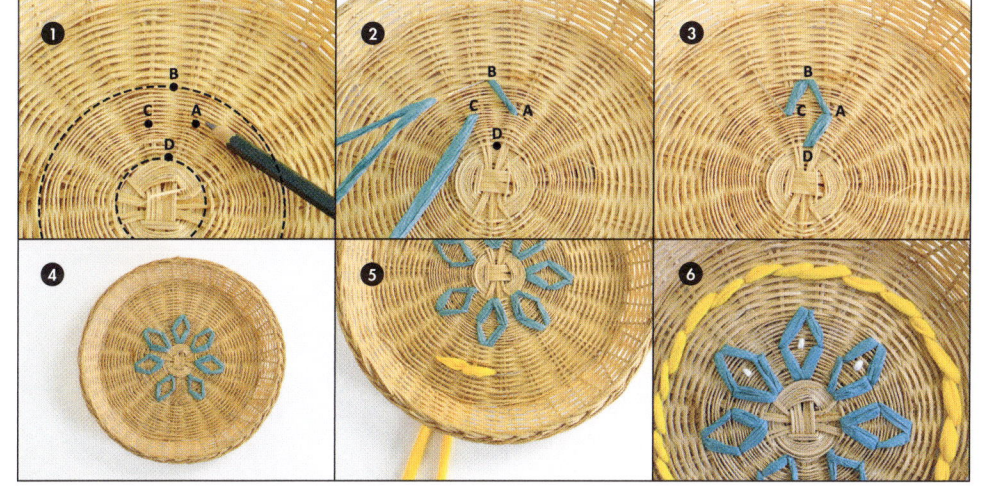

Wertvolle Federn

Auf Spaziergängen gefunden und mit etwas goldener Farbe verziert, werden sie hier zum Blickfang!

Tauchen Sie die Spitze **mehrerer Federn** in **flüssige Goldfarbe** und lassen Sie sie 1 Std. trocknen. Schieben Sie sie dann zwischen die Gläser eines **goldenen Rahmens**. Wandeln Sie das Konzept mit beliebigen Gegenständen Ihrer Wahl ab, etwa mit Trockenblumen, Blättern, Spitzen etc.

Zu heiß zum AUSGEHEN

Wenn das Quecksilber steigt, kann man sich auf viele Arten entspannen.
Es gibt mehr Möglichkeiten, als deprimiert und verschwitzt auf der Couch zu liegen!
Sie müssen nur tätig werden und Ihre Zeit zu Hause genießen.

PERLEN**COLLIER**

Die richtige Jahreszeit, um mit dem Stricken zu beginnen, ist jetzt nicht, aber wenn Sie diese Sommerhalskette aus Perlen weben, müssen Sie nicht Däumchen drehen und nur an die Hitze denken!

Perlenweben: Brick stitch (siehe S. 176–179).

MATERIAL
- 30 Miyuki-Perlen in Gold
- 73 Miyuki-Perlen in Korallenrot
- 40 Miyuki-Perlen in Weiß
- 4 Verbindungsringe
- 2 Ketten
- 1 Karabinerverschluss

WOHLTUENDES AROMAWASSER

Obst, Gemüse oder Kräuter in 1 Liter Wasser 12 Stunden im Kühlschrank ziehen lassen, und schon ist es fertig!

- 150 g **Gurke** in Scheiben + 20 **Minzeblätter** + Fruchtfleisch von 2 **Zitronen** (ohne Haut) + geriebene **Schale** von 1 Zitrone

- 250 g **Erdbeeren** in Stücken + 150 **Rhabarber** in Stücken + 1 Spritzer **Limettensaft**

- 125 g **Kirschtomaten** + 8 Blätter **Basilikum** + 250 g **Himbeeren** + 1 Spritzer **Zitronensaft**

- 2 **Pfirsiche**, geviertelt + 70 g **Zucchini** in Scheiben + 4 Zweige **Thymian** + 1 Spritzer **Zitronensaft**

Wer es gerne sprudelig mag: Die Zutaten in 500 ml stillem Wasser ziehen lassen und zum Servieren mit 500 ml Sprudelwasser auffüllen.

KÜHLER IMBISS FÜR HOHE TEMPERATUREN

SCHNELLES JOGHURTEIS

ZUBEREITUNG: 5 MIN.   GEFRIERZEIT: 2 STD.

• 6 Mini-Joghurts, hoher Fettgehalt
• 80 g Himbeeren
• 1 EL Honig

Joghurts mit Himbeeren, Honig verrühren und wieder in die Becher füllen und für 2 Std. ins Gefrierfach stellen.

EIS AM STIEL

FÜR 6 EIS AM STIEL VON ALLEN SORTEN
ZUBEREITUNG: 5 MIN.   GEFRIERZEIT: 4 STD.

• **Mango >** 1 Mango + 50 ml Wasser
• **Himbeer-Rote Bete >** 125 g Himbeeren + ½ Rote Bete, gekocht + 100 ml Apfelsaft
• **Kiwi-Ananas >** 4 Kiwis + 100 ml Ananassaft

Für jede Sorte das Obst und Gemüse schälen und pürieren. Mit der Flüssigkeit auffüllen und nochmals pürieren. Die Mischung in Eisformen füllen und für mindestens 4 Std. ins Gefrierfach stellen.

Schweres Geschütz für Krisensituationen!

Legen Sie ein **Kühlakku** oder eine **Flasche mit gefrorenem Wasser** vor den Ventilator, so wird die Luft gleich kühler!

•

Machen Sie ein **Fußbad**: Das ist nicht besonders glamourös, aber sehr effektiv, um zu entspannen, die Körpertemperatur zu senken und schwere Beine zu vermeiden. Geben Sie 2 Esslöffel Backpulver in eine Schüssel mit warmem Wasser und entspannen Sie sich.

•

Geben Sie ein paar Tropfen **ätherisches Pfefferminzöl** in Ihre Körpercreme. Das sorgt für ein besonderes Frischegefühl.

Tutti frutti

Mit diesen vitaminreichen Früchten unter Ihren Accessoires oder direkt
auf dem Teller wird der Sommer frisch und bunt!

SOMMERLICHER OBSTSALAT

FÜR 8 PERSONEN
ZUBEREITUNG: 25 MIN.

• 2 Äpfel • 1 Melone • 1 Mango
• Saft von ½ Zitrone • 125 g Erdbeeren
• 1 Granatapfel • 3 Zweige Minze

1. Äpfel, Melone und Mango schälen und
in dünne Streifen schneiden. Die Apfel-
scheiben mit Zitronensaft beträufeln, damit
sie nicht braun werden. Die Erdbeeren ent-
stielen und in Scheiben schneiden. Die
Kerne aus dem Granatapfel lösen.
2. Das Obst auf einem großen Teller hübsch
anrichten. Dafür mit den größeren Früchten beginnen (ein paar davon zur Seite
legen) und die Erdbeeren, Granatapfelkerne und Minzeblätter darüberstreuen.
3. Mit einem Ausstecher aus den zur Seite gelegten Scheiben Sterne ausstechen
und dazulegen. Mit einer Karaffe frischem
Aromawasser und Minzeblättern oder
Eiswürfeln servieren (siehe unten).

AROMATISIERTE EISWÜRFEL

*Was gibt es im Hochsommer
Schöneres als köstliche aromatisierte
Eiswürfel für kühle Getränke?*

❶ Himbeere und Rosmarin
❷ Heidelbeere und Johannisbeere
❸ getrocknete Hibiskusblüte

❹ Gurke und Basilikum
❺ Erdbeersirup
❻ Tomatensaft
❼ Vanillesamen und Orangenschale
❽ Minze und Limette

Für kristallklare und perfekt durchsichtige
Eiswürfel, wie man sie in Cocktailbars findet,
Wasser verwenden, das frei von möglichen
Verunreinigungen ist, die beim Einfrieren
Spuren hinterlassen und den Eiswürfeln ein
milchiges Aussehen verleihen könnten. Dafür

am besten destilliertes Wasser in einem
sauberen Topf einmal aufkochen lassen. Zum
Schutz vor Staub mit Frischhaltefolie abdecken
und abkühlen lassen. Nochmals aufkochen,
abdecken und abkühlen lassen. Dann mit
den Garnierungen in Eiswürfelbehälter
gießen und in die Tiefkühltruhe legen.

SOMMERLICHER KORB

Dieser Korb ist der perfekte Begleiter zum Strand oder zur Spritztour zum Markt!

MATERIAL
- Strohkorb
- Bast zum Sticken in verschiedenen Farben (Rot, Weiß, Dunkelgrün, Hellgrün, Schwarz, Rosa, Blau, Gelb und Gold)
- Stickgarn in Schwarz
- 1 Bogen festes Papier
- löslicher Markierstift
- dicke Nadel mit Spitze

Verwendete Stickstiche: Plattstich, Vorstich, umwickelter Rückstich, Stielstich, Sternenstich (siehe S. 176).

1. Die Motive von S. 215 auf festes Papier übertragen, ausschneiden und als Schablone verwenden: Die Konturen mit dem Markierstift auf den Korb zeichnen.

2. Kirsche: Die Stiele mit dem umwickelten Rückstich und die Blätter mit 3 Vorstichen (1 langem und 2 kürzeren auf jeder Seite) in Grün sticken. Die Früchte mit dem Sternenstich in Rot sticken.

3. Erdbeere: Die Erdbeere mit dem Plattstich in Rot sticken. Den Blütenansatz mit dem Vorstich in Grün sticken. Mit doppeltem Stickgarn (6 Einzelfäden) in Schwarz die schwarzen Punkte mit 2 übereinandergesetzten Vorstichen sticken.

4. Zitrone: Die Außenkante der Scheibe mit dem Stielstich in gelbem Bast sticken. Einen inneren Ring in Weiß mit dem Stielstich sticken. Mit dem Vorstich in Weiß innen die Unterteilungen sticken. In Gelb diese mit langen und kurzen Vorstichen ausfüllen.

5. Blätter: In Grün mit dem umwickelten Rückstich den Stiel und die Blätter mit dem Vorstich sticken.

6. Blüten: Mit dem Vorstich in Rosa, Blau oder Gelb Blütenblätter sticken. Das Innere der Blüte in Rosa oder Gold mit 2 Vorstichen übereinander sticken, damit sie Volumen erhalten.

AUGUST

Lama MANIA

Bringen Sie mit der Zierde des unschlagbaren Lamas sanfte Anmut in Ihre Wohnung!

NO PROB **LAMA**

—

Der hübsche Blumenschmuck auf dem Lamakopf verleiht diesem bunten Dekostück einen ganz besonderen Effekt!

MATERIAL
• Stickgarn in 5 Farben

Ecru Gelb Rosa
Grün Schwarz

• Baumwoll- oder Leinenstoff
• Sticknadel
• Stickring
• Stecknadeln
• kleine Schere
• Masking Tape
• löslicher Markierstift

Verwendete Stickstiche: Plattstich, Rückstich, Maltastich, Knötchenstich.

1. Die Vorlage auf S. 214 kopieren. Den Stoff bügeln, schön glatt auf die Vorlage legen und mit Masking Tape fixieren. Die Umrisse des Motivs mit dem Markierstift übertragen. Wenn der Stoff zu dick ist und man die Linien nicht erkennen kann, den Stoff mit der Vorlage am besten auf einer Fensterscheibe befestigen.

2. Die Anzahl der Stickfäden ist auf der Vorlage angegeben. Ein Faden besteht aus 6 Einzelfäden, die voneinander getrennt werden können, indem man sie einfach herauszieht. So kann das Volumen des Stichs variiert werden.

3. Zum Sticken des Lamas die Hinweise auf S. 214 befolgen.

STIFTEBECHER MIT LAMA

Stiftebecher sehen meist gleich aus, dieser hier hebt sich von den anderen auf Ihrem Schreibtisch ab!

MATERIAL

- 1 kleiner Pappbecher
- 4 Eisstiele
- schwarzer Filzstift
- Kraftkleber
- Watte
- bunte Wolle
- bunter Filz
- Pappe
- Schere

1. Die untenstehende Vorlage kopieren und dabei auf das gewünschte Maß vergrößern und ausschneiden.

2. Die Füße anfertigen. Für die Hufe 2 Eisstiele unten schwarz anmalen. Kleber auf eine Seite jedes Stiels bis zur Hälfte auftragen. Die Stiele so auf die Beine der Vorlage kleben, dass nur der nicht geklebte Teil herausragt.

3. Die gesamte Oberfläche des Lamas außer der Schnauze, den Ohren, den Pfotenspitzen und dem Schwanz mit Kleber bestreichen. Wattebäusche daraufkleben. Mit dem Filzstift die Schnauze und das Auge aufmalen.

4. Wollfäden um die Flanke und den Hals des Lamas legen und zum Fixieren verknoten.

5. Ein kleines Rechteck aus Filz ausschneiden, die Kanten abrunden und als Sattel auf den Rücken über die Fäden kleben.

6. Die Umrisse der Schablone auf Pappe übertragen, ausschneiden und das Lama daraufkleben.

7. Die Schritte 1 bis 2 wiederholen, sodass 2 identische Lamas entstehen.

8. Kleber auf 2 gegenüberliegende Seiten des Pappbechers auftragen und die Lamas daraufkleben.

LAMAS IN REGENBOGENFARBEN ZUM KNABBERN

Lamas tauchen derzeit überall auf! Man findet sie in unzähligen Formen, auch in dreidimensionalen wie auf dem Foto oben, die besonders lustig aussehen. Sie können sie auch nachmachen: Übertragen Sie die Zeichnung rechts auf dickes Papier, schneiden Sie sie aus und verwenden Sie sie als Schablone für den Teig.

FÜR 30 KEKSE | ZUBEREITUNG 40 MIN. RUHEZEIT: 45 MIN. | BACKZEIT: 12 MIN.

- 250 g weiche Butter
- 220 g Zucker
- 2 Eier
- 1 Vanilleschote
- 450 g Mehl
- Speisefarben in Violett, Blau, Grün Gelb und Rosa

1. Butter und Zucker 5 Min. mit dem Mixer verrühren. Eier, das Innere der Vanilleschote und das Mehl hinzufügen und den Teig kneten. Daraus 6 Teigkugeln formen und diesen jeweils mit einer Messerspitze Speisefarbe im Mixer verkneten.

2. Die Teigkugeln 5 mm dick zwischen zwei Lagen Backpapier ausrollen, sodass sie etwa dieselbe Größe haben. Die Teigplatten übereinanderlegen und 30 Min. kühl stellen.

3. Den Teigblock halbieren und nochmals übereinanderlegen. Vorsichtig festdrücken und 15 Min. kühl stellen.

4. Von dem Teigblock 5 mm dicke Scheiben abschneiden und daraus mit einem Ausstecher Kekse ausstechen. Auf ein mit Backpapier belegtes Backblech legen und 6 Min. bei 160 °C backen. Für eine dreidimensionale Form nochmals den Ausstecher hineindrücken und weitere 4 Min. backen.

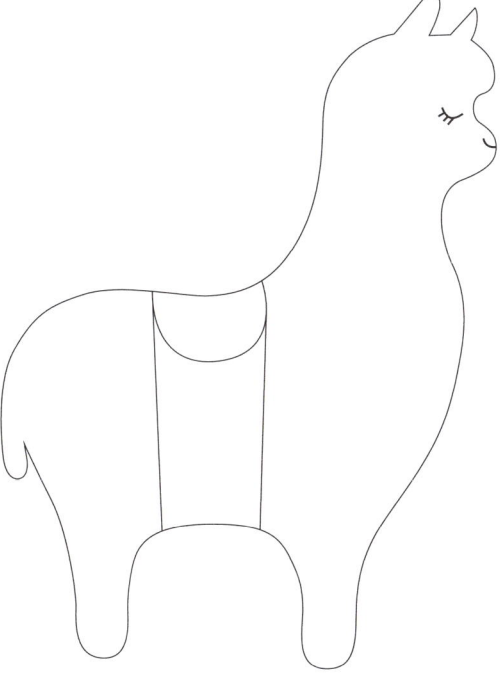

Toll zum Dekorieren:
MAKRAMEE UND WEBEN

Schon länger schlägt unser Herz für Makramee und Webarbeiten, beide ein unverzichtbares Element der Ethno-Deko. Diese Projekte sind leicht zu machen und auch Anfänger können sich damit in dieser Knüpftechnik üben!

PFLANZENHALTER AUS MAKRAMEE

Dieses Must have der Dekoration ist ideal für Anfänger. Mit dieser Anleitung können Sie einen einzigartigen Blickfang anfertigen!

MATERIAL
• Makrameegarn
• 1 Pflanze im Topf (ungefähr so groß wie eine Müslischale)
• Schere

1. Drei 2 m lange Fäden aus dem Garn zurechtschneiden. Diese mittig zusammenlegen und zusammenknoten, sodass eine Schlaufe zum Aufhängen entsteht. Im Abstand von 40 cm jeweils zwei Fäden zusammenknoten und nach 10 cm nochmals zwei Fäden zusammenknoten, dabei aber die „Paare" wechseln.

2. Nach weiteren 20 cm alle Fäden miteinander verknoten und auf dieselbe Länge zurückschneiden. Die Fadenenden ausfransen.

3. Den Topf hineinsetzen und an einem Haken aufhängen.

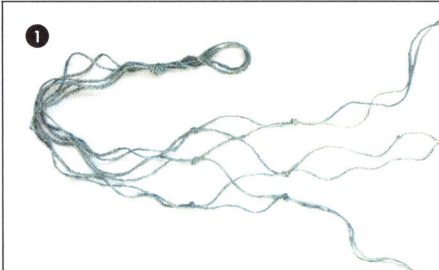

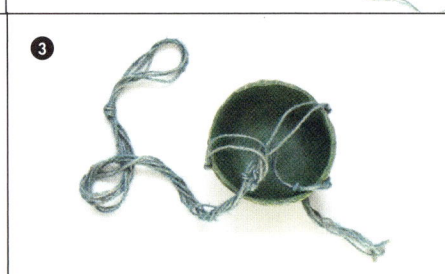

BUNTER **WANDSCHMUCK**

MATERIAL

- Set zum Weben (Webrahmen, Kamm, Wollnadel)
- 1 Stück Treibholz
- dünne Wolle für die Kettfäden, fest und nicht dehnbar (Häkelgarn aus Baumwolle, Leinenschnur, Perlgarn etc.)
- dicke Wolle in Weiß (mindestens für Nadelstärke 8)
- dicke Wolle in Marineblau (mindestens für Nadelstärke 8)
- Reste von dicker Wolle in Gelb
- Reste von Dochtwolle in Mintgrün
- Reste von Dochtwolle in Hellrosa

1. Kettfäden spannen: Mit einem Doppelknoten den Faden an der 1. Rille des Webrahmens festknoten und dann von oben nach unten und wieder zurück um die anderen bis zu letzten Rille führen. Dabei den Faden stets gut spannen. Am Ende mit einem Doppelknoten sichern.

2. Mit dem Weben beginnen: Die Wolle abwechselnd über und unter die Kettfäden über die Breite des Webrahmens bis zum Ende der Reihe führen. Bei der Rückreihe mit dem Faden über dem Kettfaden beginnen, wenn er zuletzt darunter geführt wurde, sodass zwischen den Reihen immer zwischen „über/unter" abgewechselt wird. Bei dicker Wolle immer alle zwei Reihen mit „über/unter" abwechseln.

3. Farbwechsel: Je nach Muster werden verschiedene Farbbereiche kreiert und dazu in einer Reihe unterschiedliche Farben gewebt. Dafür mit einer Farbe beginnen, aber nicht bis zum Ende der Reihe, sondern wieder zurück zum Anfang weben. So fortfahren, dabei immer beim selben Schussfaden die Reihe beenden. Dann mit einer zweiten Farbe auf der anderen Seite arbeiten. Wieder in der ersten Reihe auf demselben Schussfaden beginnen, bei dem die erste Farbe gestoppt wurde, damit kein Loch entsteht.

4. Mit Fransen Volumen erzeugen: Für jede Franse mit 2 oder 3 Fäden arbeiten. Diese unter 2 Kettfäden hindurchführen und in der Mitte zu einer Schlaufe ziehen. Dann die Enden durch die Schlaufe führen und festziehen. Die Fransen mit der Schere auf dieselbe Länge schneiden.

5. Webarbeit beenden: Die unteren Kettfäden abschneiden und paarweise so nah wie möglich an der letzten Reihe zusammenknoten. Die Wollfäden auf der Rückseite mit einer Nadel verwahren. Zum Aufhängen das Stück Treibholz (oder auch eine Metallstange, ein Essstäbchen etc.) in die oberen Schlaufen der Kettfäden schieben.

Tipp

Zu Beginn jeder Reihe oder bei einem Farbwechsel den Wollfaden 20 cm lang stehen lassen. Den Faden zu Beginn der Rückreihe nicht zu fest ziehen und die Reihen an den Rändern immer mit einem Kamm zusammenschieben, damit sie schön gleichmäßig werden.

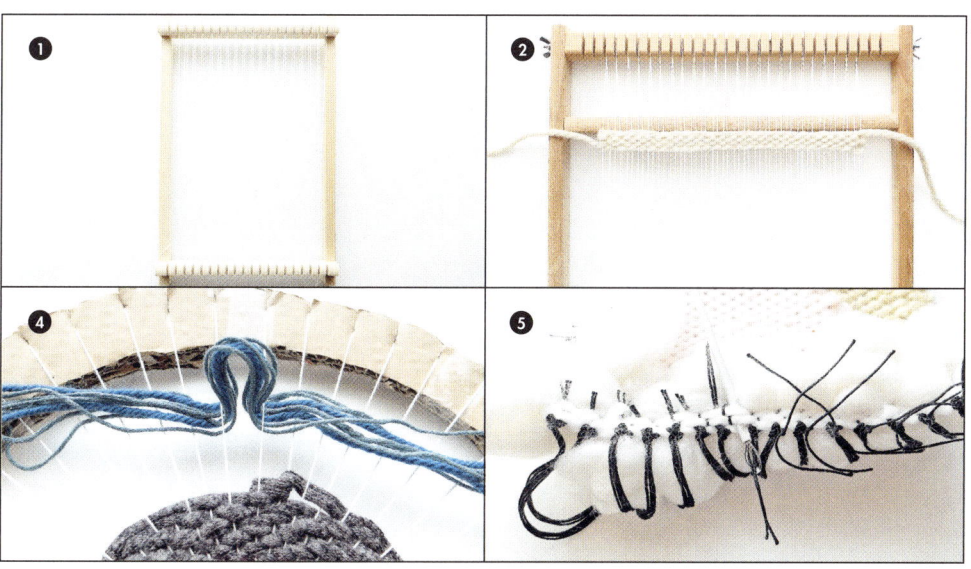

Ethno-Chic

Holen Sie die Basics Ihrer Garderobe hervor und dekorieren Sie sie auf exotische und elegante Weise. Diese Ethno-Kreationen scheinen von handwerklichem Geschick und überliefertem Know-how zu zeugen. Nehmen Sie dafür neutrale Farbtöne wie Erdfarben und arbeiten Sie mit natürlichen Materialien, wie Muscheln, Bast oder Ethnostoffe.

ETHNO-CHARME

Afrikanische Stoffe und hübsche Muscheln verschönern hübsche Tennisschuhe aus Stoff!

MATERIAL
- blaue Tennisschuhe
- afrikanischer Stoff (waxprint), 50 x 50 cm
- 2 kleine Muscheln
- Lineal
- Garn
- Nadel
- Stoffschere
- Stoffkleber
- Bügeleisen

1. Aus dem Stoff 2 Streifen von je 50 x 3 cm zuschneiden.

2. Einen Streifen längs falten (50 x 1,5 cm) und zum Markieren bügeln. Den Streifen wieder öffnen und die beiden Kanten zur Falz einschlagen. Zum Fixieren bügeln. Auf die Innenseite Kleber auftragen, die Seiten aufeinanderlegen und den Kleber mit dem Bügeleisen fixieren. Dasselbe mit dem zweiten Streifen wiederholen.

3. Die Enden der Bänder schräg abschneiden, damit sie sich leichter durch die Ösen ziehen lassen, und in die Tennisschuhe einfädeln.

4. Zum Schluss die Muscheln auf den Schnürsenkeln von Hand aufnähen.

Am liebsten WAXPRINT

Waxprint ist typisch für die afrikanische Kultur und wurde zuerst von den Holländern importiert, die sich von den indonesischen Batikstoffen inspirieren ließen. Sie entstehen durch Reservedrucke mit Wachs (wax auf Englisch), mit denen die Baumwollstoffe bedruckt wurden. Sowohl für Kleidung als auch für Dekorationen werden sehr bunte Farben und verschiedenen Motive verwendet, die oft auch Botschaften enthalten können.

SPIEGEL IM **BASTRAHMEN**

MATERIAL

• dünnes Bastgewebe, 50 x 50 cm
• aufbügelbares Vlies, 50 x 50 cm
• Spiegel, ø 18 cm
• Kraftkleber
• transparenter Kleber
• Bast zum Sticken in Gelb, 20 m
• Bast zum Sticken in Fuchsia, 20 m
• Bast zum Sticken in Hellrosa, 10 m
• Bast zum Sticken in Gold, 10 m
• Nähgarn in Beige
• Geodreieck
• Scheibe Pappe oder Sperrholz, ø 40 cm
• selbstklebender Wandaufhänger

1. Das Bastgewebe verstärken, dafür das Vlies mit dem Bügeleisen ohne Dampf aufbügeln. Einen Kreis mit 50 cm Durchmesser, einen mit 40 cm und einen mit 18 cm aufzeichnen. Den größten Kreis ausschneiden und rundum mit dem Zickzackstich versäubern. Mithilfe des Geodreiecks den Kreis in 12 Teile (mit 30°-Winkel) unterteilen.

2. Für die Schablonen die Motive auf S. 215 auf dicke Pappe übertragen und ausschneiden. Diese 12x anfertigen.

3. Die Rauten mit dem Vorstich (siehe S. 175) in Fuchsia sticken. Die Mitte jeweils mit dem hellrosa Bast sticken. Dafür 3 Vorstiche in Längsrichtung über die gesamte Länge der Raute sticken und 8 Vorstiche im rechten Winkel dazu. Die kleinen Rauten in Gold sticken und immer mit dem größten Stich beginnen.

4. Für die 8 cm langen Quasten aus dem gelben Bast 12 Fäden von je 1,50 m zurechtschneiden. Dafür jeweils einen Faden um ein Stück Pappe wickeln und ein Ende mit beigem Nähgarn abbinden. Das andere Ende aufschneiden.

5. Die Quasten mit einem unsichtbaren Stich von Hand aufnähen. Die Pappscheibe mit Kleber bestreichen und das bestickte Bastgeflecht mittig aufkleben. Überstehendes Geflecht einschneiden und auf der Rückseite ankleben. Den Spiegel in der Mitte gut festkleben. Zum Schluss noch den Wandaufhänger auf der Rückseite anbringen.

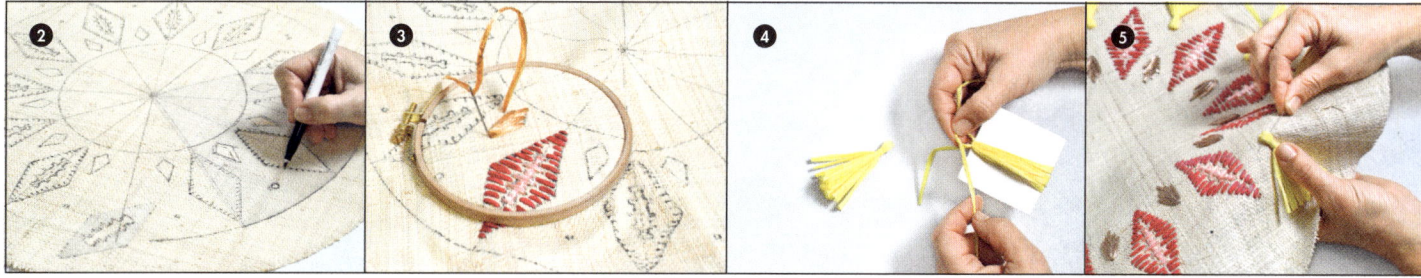

Spiel mit der Sonne

Wissen Sie, was Cyanotypie ist? Das auch als Eisenblaudruck bekannte Verfahren kann man gut mit Kindern anwenden. Die Ergebnisse sind wunderschön!

DEKO-**WIMPEL**

Wenn Sie die Technik einmal beherrschen, können Sie sie unendlich oft wiederholen. Das ist eine wunderbare Möglichkeit, Drucke anzufertigen, Kleidung aufzuhübschen oder Deko-Objekte herzustellen.

———

1. Aus weißem Stoff zwei beliebig große Wimpel in derselben Größe ausschneiden und dabei jeweils 3 cm Nahtzugabe hinzufügen. Auf ein Blatt Papier ein Motiv (Buchstaben, Blume, Umrisse etc.) zeichnen und ausschneiden. Wie links beschrieben mit einem Cyanotypie-Set die beiden Wimpel in die chemischen Substanzen einweichen. Dann die Vorlage auf die rechte Seite eines der Wimpel legen und warten, bis der Stoff die Farbe angenommen hat.

2. Nach dem Trocknen die Wimpel rechts auf rechts aufeinanderstecken und zusammennähen, dabei für die Aufhängung auf beiden Seiten oben eine Öffnung von 4 cm lassen.

3. Den Wimpel durch eine der beiden Öffnungen wenden und die Nähte bügeln. Für die Aufhängung oben einen Holzstab durchführen. An beide Seiten eine Kordel knoten und daran den Wimpel aufhängen.

Chemisches Verfahren der Cyanotypie

Die Magie der Cyanotypie fußt auf einer Mischung von Kaliumhexacyanidoferrat und Ammoniumeisencitrat. Diese Mischung muss man nur auf eine Oberfläche auftragen und trocknen lassen. Im Kontakt mit den ultravioletten Strahlen des Lichtes verwandelt sich das Eisen in unlösliche blaue Pigmente. Das mag kompliziert klingen, aber man muss kein Chemiker sein, um diese Technik anzuwenden. Es gibt im Handel viele Sets für Cyanotypie für den Hausgebrauch!

ZAUBERHAFTE WIRKUNG!

Lesen Sie, wie Sie ohne Fotoapparat ein Bild aus mehreren Objekten anfertigen können.

MATERIAL
- Kopierpapier
- breiter Pinsel
- Handschuhe
- Cyanotypie-Set aus je 1 Flasche Kaliumhexacyanidoferrat und Ammoniumeisencitrat

1. Zuerst die Mischung zubereiten und dafür beide Chemikalien zu gleichen Teilen mischen (es reichen ganz kleine Mengen). In einem abgedunkelten Raum mit heruntergelassenen Rolladen und ohne Licht arbeiten.

2. Die Flüssigkeit mit dem Pinsel auf dem Papier verstreichen. Flach liegend im Dunkeln gut trocknen lassen.

3. Zügig die ausgewählten Elemente (getrocknete Blumen, Pflanzen, geometrische Formen etc.) auf das Papier legen. Um den Kontakt mit dem Papier zu verbessern, eventuell noch eine Glasscheibe (von einem alten Bilderrahmen) darauflegen.

4. Das Ganze nach draußen ans Tageslicht bringen. Bei intensiver Sonne reichen 8 bis 10 Minuten, bei bedecktem Himmel sollte man mindestens 30 Min. einplanen.

5. Dann sofort das Papier 5 Min. unter fließendem kaltem Wasser abspülen (Handschuhe tragen). Von diesem Waschgang hängt die Waschbarkeit des Werkes ab. Die abgedeckten Teile bleiben weiß, transparente und überlagerte Stellen sieht man dunkler auf dem Hintergrund. Das Papier flach liegend im Dunkeln trocknen lassen.

Was für Papier?
Am besten unbehandeltes, säurefreies! Nehmen Sie Kopier- oder Aquarellpapier, das etwas dicker ist, damit es beim Abwaschen nicht beschädigt wird. Aber Sie können das auch mit Zeitung oder Buchseiten etc. ausprobieren.

Herbst

Vorbereitungen FÜR DEN ALLTAG

Der Schulanfang ist der ideale Zeitpunkt, um Tabula rasa zu machen und seine Sachen gut für das kommende Jahr vorzubereiten!

DER EIGENE **ARBEITSPLATZ**

Mit diesem funktionellen und zugleich ästhetisch ansprechenden Organizer haben Sie Ihr gesamtes Material griffbereit. So ist Ihr Arbeitsplatz ordentlich und schön.

MATERIAL
- 1 OSB-Platte
- 1 Korkplatte
- 1 Holzbrett, 1 cm dick
- 1 Holzbrett, 8 mm dick
- 1 Rundholzleiste
- Holzsäge
- Pinsel
- Farbe
- Malerkrepp
- Sprühfarbe
- Kraftkleber
- Bleistift
- Cutter
- Lineal
- kleine Klammer
- 1 Reißzwecke
- dicke Pappe
- Schmirgelpapier

Vorlage für das Sechseck in Originalgröße

werden auch die Seiten und die Unterseite der Kästen für die Hefte und Stifte angefertigt (entsprechend die Größe verändern).

5. Aus dem dickeren Brett die Vorderseiten der in Schritt 4 angefertigten Ordnungselemente zusägen. Die Teile mit dem Kraftkleber zusammenkleben, wie auf der Packung angegeben trocknen lassen und anmalen.

6. Zum Schluss ein Clipboard anfertigen. Dafür mit dem Cutter ein Stück Pappe in den gewünschten Maßen zuschneiden und mit Sprühfarbe anmalen. Trocknen lassen und an der Oberkante eine Klammer befestigen.

7. Die einzelnen Ordnungselemente mit dem Kraftkleber auf der Platte anbringen, zum Aufhängen des Clipboards eine Reißzwecke einstecken. Jetzt muss der Organizer nur noch dekoriert werden!

1. Mit der Säge die OSB-Platte auf die gewünschte Größe zurechtsägen (oder im Baumarkt zurechtsägen lassen). Das wird die Basis für den Organizer. Eine Ecke anmalen, dafür das Dreieck mit Malerkrepp eingrenzen. Zwei Farbschichten auftragen.

2. Das hier oben abgebildete Sechseck ein paar Mal auf Kork übertragen und mithilfe des Cutters ausschneiden. Einige Sechsecke farbig anmalen.

3. Für die Ordnungshelfer das Rundholz in 4 Stücke zu je 4 cm sägen. Sie dienen später als Aufhängung, zum Beispiel für eine Schere oder Klebebandrolle. Die Enden mit Schmirgelpapier glätten und die Hölzer mit beliebiger Farbe anmalen.

4. Für die obere Ablage das dünnere Holzbrett zurechtsägen. Dafür die Maße zuvor mithilfe des Bleistifts und Lineals markieren. Die Ränder glatt schmirgeln. Aus diesem Brett

Alles im Griff mit einem Bullet Journal

Die Ferien gehen zu Ende, der Alltag rückt langsam, aber sicher näher. Das ist die Gelegenheit, sich neu aufzustellen und zu organisieren, um für das ganze Jahr gut organisiert zu sein. Aber wer sagt denn, dass Organisation und Kreativität nicht zusammenpassen?

WAS IST EIN BULLET JOURNAL?

Das Bullet Journal stammt von jenseits des Atlantiks und ist ein individualisiertes, kalenderartiges Notizbuch. Die Organisation beruht auf Keys, einem System von Symbolen, mithilfe derer Sie einzelne Aufgaben und Ereignisse Ihrer Planungen hierarchisieren können. Sie können darin also alles, was Sie an einem Tag oder einer Woche machen möchten, eintragen und dann passende Symbole hinzufügen. Auf diese Weise können Sie ebenso Ihre Bedürfnisse, Ideen und Wünsche festhalten. Das Bullet Journal ist mehr als ein einfacher Kalender, es ist vor allem ein ganz persönliches Notizbuch.

Außer damit Ihren Alltag zu organisieren, können Sie darin alle Erinnerungen sammeln und ihm damit einen besonderen Akzent verleihen. Zum Beispiel könnten Sie am Monatsende auf einer Doppelseite alle besonderen Momente dieses Monats festhalten. Eine Geburt, eine Hochzeit. Kleben Sie die Anzeigen ein. Ein Konzert, eine Ausstellung? Kleben Sie die Tickets ein. Denken Sie auch an Fotos – unsere Handys quillen über vor Aufnahmen mit Schnappschüssen von Freunden und Familienangehörigen.

Auf diesen Seiten können Sie auch Ihrer Kreativität freien Lauf lassen und etwas zeichnen, hineinkritzeln, einkleben etc. Alles ist hier erlaubt! Im Unterschied zu einem Kalender hat das Bullet Journal kein vorgegebenes Format. Ein Notizbuch kann Ihnen aus ein paar Monaten ein ganzes Jahr machen. So wie ein Tag eine ganze Seite oder nur ein Viertel davon einnehmen kann. Das hängt ganz von Ihrem persönlichen Zeitplan ab, aber auch von Ihrer Dosis an Inspiration! Verabredungen, Treffen, Geburtstagserinnerungen können durch Reiseskizzen, Smileys oder Fotoalben ergänzt werden.

DIE KEYS

AUFGABEN

Formulieren Sie eine Aufgabe.

Wenn die Aufgabe erfüllt wurde, kreuzen Sie das Kästchen darüber an.

Wenn Sie keine Zeit für diese Aufgabe hatten, setzen Sie einen Pfeil in das Kästchen, um sie zu übertragen. Notieren Sie dann die Aufgabe noch einmal mit einem leeren Kästchen in den Kalender des Tages, an dem Sie sich ihrer annehmen wollen.

EREIGNISSE

Beschreiben Sie ein vorgesehenes Ereignis (Treffen, Konzert, Kino, Ausstellung, Abendessen etc.).

Kreuzen Sie den Kreis an, wenn es stattgefunden hat.

Wenn Sie verhindert waren, übertragen Sie das Ereignis nach demselben Prinzip wie die Aufgabe

ANDERE

Kennzeichen Sie alle dringenden Ereignisse und Deadlines.

SELBST GEMACHTES NOTIZBUCH

Notizbücher sind wie Taschen, davon kann man nie genug haben! Sie können für Ihr Bullet Journal ein leeres Notizbuch füllen, aber mit etwas Muße und Bemühen können Sie genauso gut selbst eins anfertigen.

MATERIAL FÜR EIN DIN-A5-NOTIZBUCH
- 10 weiße DIN-A4-Blätter
- 1 dickes Blatt Papier oder weiche Pappe oder auch bunte Papierreste, etwas größer als die Blätter
- Schere
- Cutter
- Lineal
- Briefklemme
- Locher
- Musterklammern

1. Die DIN-A4-Blätter mittig falten und dabei die Falz sorgfältig markieren. Wieder auseinanderfalten und die Blätter zu einem Heft übereinanderlegen. So entstehen 20 Seiten.

2. Das große dicke Blatt mit der linken Seite nach oben auf die Arbeitsfläche legen und das offene Heft mittig darauflegen. An der Falz der Innenblätter das dicke Blatt mittig falten, dabei die Falz sorgfältig markieren. Alles mit der Briefklemme fixieren.

3. Mit dem Cutter die Kanten des dicken Papiers auf dieselbe Größe wie die Innenseiten beschneiden. Soll der Deckel etwas größer sein, 5 mm an allen Rändern hinzufügen.

4. Mit dem Locher an der linken Seite 2 Löcher einstanzen und die Musterklammern hindurchstecken.

Am MEER

Maritimes Flair kehrt bei Ihnen ein! Ob in der Mode oder Dekoration – es ist gerade sehr in und lässt uns noch einmal verreisen und an die vergangenen Ferien denken.

GESTICKTER WALFISCH

Diese hübsche Brosche ist das ideale Projekt für unterwegs, das Sie überall in einem freien Moment sticken können. Wenn alles einmal vorbereitet ist, brauchen Sie nur noch einen Faden, noch nicht einmal ein sperriger Stickring ist hier nötig.

MATERIAL
- marineblauer Filz, 2x 10 x 15 cm
- Moosgummi, 2 mm dick
- Bügel-Transferfolie, in Marineblau und Silber mit Pailletten
- Sticknadel
- 1 Strang gezwirntes Stickgarn in Marineblau
- 7 kleine blaue Pailletten
- 1 Auge in Bronze, ø 3mm, selbstklebend oder zum Stecken
- Bügeleisen
- Schere
- Gelstift in Silber
- Broschenrohling
- transparenter Schmuck- oder Bastelkleber

1. Vorbereitung
Die Zeichnung unten kopieren oder übertragen und die einzelnen Partien ausschneiden. Die Schwanzflosse auf die marineblaue und den Kopf auf die silberne Bügel-Transferfolie übertragen und ausschneiden. Mit dem Bügeleisen auf ein Stück Filz bügeln. Die Umrisse der Flossen mit dem silbernen Stift direkt auf den Filz zeichnen.

2. Sticken
Die Flossen mit dem Plattstich besticken. Die Umrisse des Walfischs, die Linien auf der Schwanzflosse und auf dem Kopf mit dem Stielstich sticken. Die Pailletten mit kleinen Stichen anbringen

3. Zusammenfügen
Die Rückseite der Arbeit mit etwas Kleber bestreichen, damit sich die Fäden nicht lösen. Wenn der Kleber getrocknet ist, den Filz rund um die Stickerei mit 3 mm Zugabe ausschneiden. Mit dem silbernen Stift diese Form auf den übrigen Filz und das Moosgummi aufzeichnen. Den Filz auf der vorgezeichneten Linie und das Moosgummi 3 mm kleiner ausschneiden. Die 3 Schichten zusammensetzen und festkleben, dabei liegt das Moosgummi in der Mitte. Trocknen lassen und alles rundum mit dem Festonstich fixieren. Das Auge befestigen. Zum Schluss die Rückseite auf den Broschenrohling kleben.

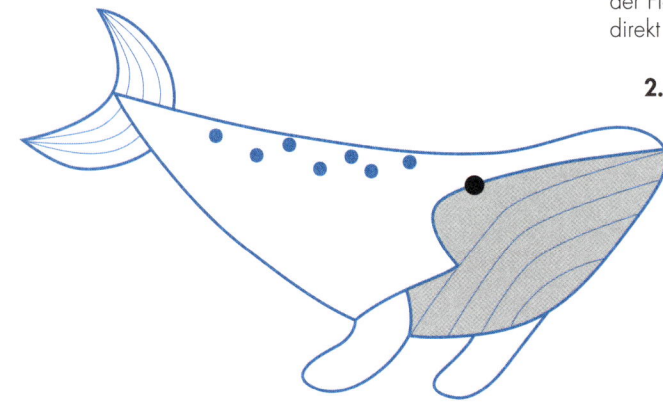

SCHIFF **AHOI!**

Inspiriert von Fotos in Flaschen, ist dieses Glas mit maritimem Flair eine Einladung zum Reisen.

- 1 hübsches Glas, 15 cm hoch, ø 9,5 cm
- Cutter mit Klinge im 30°-Winkel oder Präzisionsmesser
- Papierschere
- Schere für Klebeband
- Schneideunterlage
- Lineal
- Falzmesser
- doppelseitiges Klebeband
- Flüssigkleber
- Styropor

1 Die Vorlagen von S. 216 auf buntes Papier übertragen und die Elemente vom Leuchtturm A ausschneiden. Mit den inneren Details beginnen und zum Schluss die äußeren ausschneiden. Die beigen Elemente auf den roten Turm kleben. Auf dieselbe Weise für die zweite Seite den Leuchtturm B anfertigen.

2 Mit dem Flüssigkleber die beiden Seiten mit einem quadratischen Stück Styropor mit 1,5 cm Seitengröße dazwischen zusammenfügen.

3 Die Elemente von Schiff C ausschneiden. Mithilfe des Falzmessers die beiden unteren Schiffseiten abrunden. Den Mast innen anbringen und mit Flüssigkleber die Unterseiten mit einem 1 x 1,5 cm großen Stück Styropor dazwischen zusammenfügen.

4 Die Segel ausschneiden und ihnen mithilfe des Falzmesser Volumen verleihen. Die Segel mit etwas Kleber ähnlich wie auf dem Foto am Mast befestigen.

5 Die Basis D und die Quadrate E ausschneiden. Die 35 Quadrate mit dem Falzmesser zu Wellen formen. Mit diesem dafür erst von einer, dann von der entgegengesetzten Seite über das Papier streichen.

6 Den Leuchtturm, das Schiff und die Wellen wie auf dem Foto mit doppelseitigem Klebeband an der Basis anbringen. Das Ganze in das Glas setzen.

Tipp

Man kann den Leuchtturm noch beleuchten: Dafür ein LED-Licht mit runder Batterie zwischen seine beiden Papierschichten schieben und mit einem Stück Klebeband befestigen.

Muscheln und andere Strandfunde

Haben Sie im Urlaub hübsche Muscheln und kleine bunte Steinchen am Meer gesammelt? Das macht im Moment Spaß, aber schon bald fragt man sich, was man damit machen soll. Dekoration aus Strandfunden ist gar nicht altmodisch und bringt frischen Wind in Ihr Zuhause! Legen Sie in Anlehnung an eine **Flaschenpost** Ihre Funde in eine hübsche Glasflasche mit Korken oder für eine eher **heimelige Atmosphäre** mit einer Lichterkette in eine große durchsichtige Vase. Sie können die Muscheln auch mit kleinen Löchern **durchbohren**, an einer Schnur auffädeln und diese an einem Stück Holz aufhängen. Für einen moderneren Look besprühen Sie sie mit Gold- oder Silberfarbe und hängen noch Perlen dazu.

Nie genug TASCHEN

Lernen Sie, wie man wunderschöne Taschen anfertigt, von ganz einfachen bis zu raffinierten. Für Spaziergänge, Wochenenden, Partys – sie ergänzen jedes Outfit, für alle Gelegenheiten!

GLITZERNDER **KORB**

MATERIAL
- Strandkorb aus Weidengeflecht
- großer Beutel mit bunten Pailletten
- 1 l Kunstharz-Binder

1. Auf einen Teil des Korbs eine dicke Schicht Kunstharz-Binder auftragen und großzügig Pailletten darüber verstreuen. Die anderen Stellen ebenso behandeln und die ganze Oberfläche mit Pailletten bedecken. Diese vorsichtig mit den Fingern festdrücken, um sie zu fixieren.

2. Ungefähr 3 Std. trocknen lassen, dann den Vorgang wiederholen. Wenn der Korb vollständig mit Pailletten besetzt ist, diesen leicht abklopfen, um lose Pailletten zu entfernen.

Gute Pflege für Taschen: DAS KLEINE EINMALEINS

Es ist bekannt, dass wir niemals genug Taschen haben. Aber Achtung, nicht zu viele anhäufen. Hier gibt es ein paar Tipps, mit denen die Lieblingstaschen lange halten und man nicht jede Saison eine neue kaufen muss.

Nicht überladen

Transportieren Sie darin nur das Notwendige und nehmen Sie lieber kleinformatige Taschen, um die Henkel nicht zu sehr zu strapazieren. Passen Sie zudem Ihre Tasche und deren Inhalt an die jeweilige Situation an: einen Rucksack für den Spaziergang, eine kleine Handtasche für das absolut Notwendige für einen Abend etc. Je kleiner die Tasche ist, desto mehr wird es Ihnen Ihr Rücken danken!

Pflegen

Ob aus Leder oder aus Stoff, denken Sie vor dem ersten Gebrauch daran, Sie einzusprühen. Bewahren Sie sie lichtgeschützt auf. Pflegen Sie Leder mit einem passenden Produkt (siehe S. 147) und bürsten Sie Materialien wie Nubuk und Wildleder aus.

Sauber halten

Stellen Sie sie nicht auf den Boden! So vermeiden Sie nicht nur eine ganze Reihe von Keimen, sondern auch dass die Ecken, die wie die Griffe als erste verschleißen, nicht beschädigt werden. Denken Sie an Taschenaufhänger, ein unverzichtbares Zubehör, um Ihre Tasche überall aufhängen zu können!

DURCHSICHTIGER RUCKSACK

MATERIAL

• transparente Kunststofftischdecke, 1 x 1 m
• Stoff, 40 x 25 cm
• Kordel, 2x 1,50 m
• Nähmaschine
• Bügeleisen
• Ösenset
• 1 Sicherheitsnadel
• Lineal
• Schere

1. Aus dem Stoff zwei Rechtecke von je 37 x 10 cm und aus der Kunststofftischdecke zwei Rechtecke von je 35 x 42 cm zuschneiden.

2. An den langen Seiten der Stoffrechtecke mit dem Bügeleisen jeweils einen 1 cm breiten Umschlag und an den kürzeren Seiten einen von 2 cm markieren. Jedes Rechteck längs falten und die Falte mit dem Bügeleisen markieren.

3. Die Stoffstreifen quer auf die 35 cm lange Seite des Kunststoffrechtecks stecken und festnähen. Zwischen die Stoffstreifen 1 cm Kunststoff schieben und auf jeder Seite des Stoffstreifens einen 1 cm breiten Kunststoffrand überstehen lassen.

4. Beide Kunststoffrechtecke rundum jeweils 1 cm breit einschlagen. Die Ecken markieren. Die Rechtecke mit den Umschlägen nach innen aufeinanderlegen und an den drei Seiten zusammennähen.

5. Mit der Scherenspitze 2,5 cm neben der Kante ein kleines Loch in die unteren Ecken stechen. Die Ösen wie auf der Anleitung des Sets beschrieben dort montieren.

6. Mit einer Sicherheitsnadel eine Kordel oben durch einen Tunnel ziehen, dann durch den anderen. Dasselbe mit der anderen Kordel wiederholen.

7. Anschließend die Kordeln auf beiden Seiten durch die Ösen fädeln und verknoten.

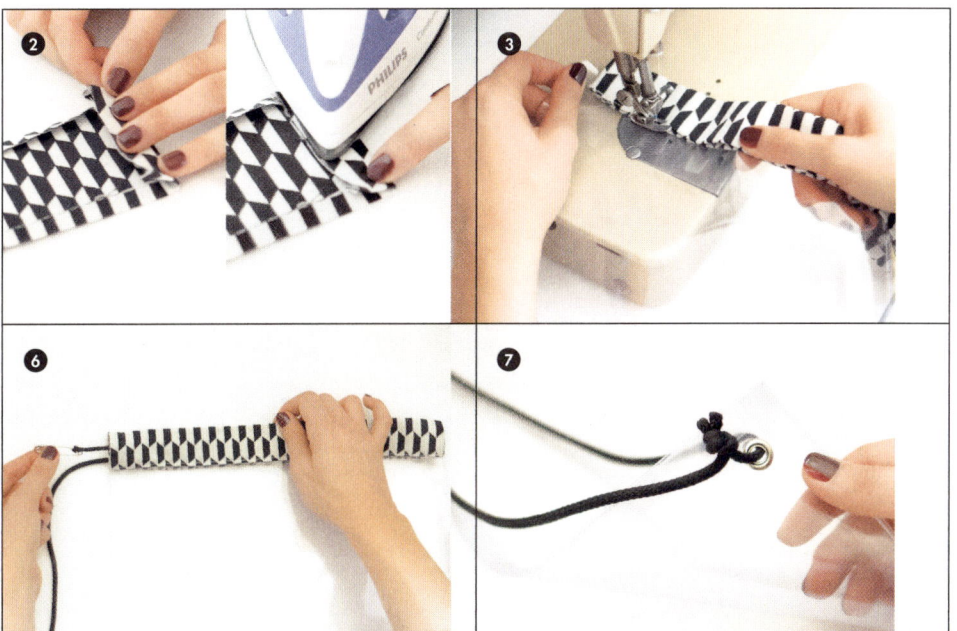

Zurück VOM SPAZIERGANG

Was gibt es Entspannenderes als einen Spaziergang am Ende des Sommers, bei dem man die schönen Farben genießen kann? Jetzt kostet man die letzten Sonnenstrahlen aus und entspannt sich in der Natur. Warum sollte man das nicht noch verlängern und dabei kleine Schätze sammeln?

BLUMEN **TROCKNEN**

Gepflückte Blumen können Sie trocknen und daraus hübsche Sträuße binden, um Farbe in Ihre Wohnung zu bringen. Oder Sie verwenden Sie für kreative Bastelarbeiten.

- Gummiband oder Schnur
- Wildblumen (grundsätzlich können Sie alle Blumen nehmen, aber manche lassen sich besser trocknen als andere)

1 Die Blumen zu kleinen Sträußchen von 8 bis 10 Stängeln zusammenbinden. Jeden Strauß mit einem Gummiband oder einer Schnur zusammenhalten. Diese am Ende lang stehen lassen und daran den Strauß aufhängen.

2 Zum Trocknen die Stängel kopfüber aufhängen, am besten an einer lichtgeschützten, aber auch trockenen, warmen und belüfteten Stelle.

3 Den Strauß vollständig trocknen lassen. Je nach Pflanze kann das ein paar Tage bis zu 2–3 Wochen dauern.

WILDBLUMEN-KALENDER

Manche Pflanzen kann man das ganze Jahr über pflücken, andere blühen nur zu bestimmten Zeiten.
Dieser Kalender zeigt Ihnen, welche Wildpflanzen Sie wann pflücken können.
Sie können zu Heilzwecken oder zum Basteln verwendet werden.

JANUAR

Zypressenzapfen, Lungenkraut, aber auch Mistelzweige, unter denen man sich am ersten Tag dieses Monats küsst.

FEBRUAR

Huflattich- und Veilchenblüten, Knospen der Tanne und der Birke.

MÄRZ

Löwenzahnblätter, Immergrün und Knospen der Pappel.

APRIL

Der Frühling ist da und es gibt nun viele Blumen: Pfirsich, Narzisse, Primel, weiße Taubnessel, Gundermann, Erdrauch. Vergessen Sie auch die Blätter der Primel, der Bärentraube und die Wurzeln des Baldrians nicht.

MAI

Blätter und Blüten des wilden Stiefmütterchens und Lungenkrauts, Wermutkraut, Weißer Andorn und Brunnenkresse. Blüten des Weißdorns und Borretschs, Blätter der Melisse, Berberis, Aufrechtes Glaskraut und Hanf.

JUNI

Arznei-Engelwurz, Beifuß, Arnica, Waldmeister, Kletten, Borretsch, Günsel, Kamille, Frauenhaarfarn, Schaumkräuter, Distel, Zichorie, Klatschmohn, Hunds-Rose, Fenchel, Ginster, Eibisch, Lavendel, Lilie, Malve, Steinklee, Seerose, Rose, Salbei, Ringelblume, Holunder, Ehrenpreis, Verbene etc.

JULI

Die Blätter: Basilikum, Bergminze, Katzenminze, Echtes Tausendgüldenkraut, Schöllkraut, Silberbusch, Majoran, Melisse, Minze, Johanniskraut, Echtes Mädesüß, Bohnenkräuter, Salbei, Sand-Thymian, Rainfarn, Lindenblüte etc.
Die Blüten: Kornblume, Borretsch, Kamille, Färberdistel, Flockenblume, Geißblätter, Klatschmohn, Echter Eibisch, Malve, Landnelke, Mohn, Goldrute etc.

AUGUST

Alle Blumen und Pflanzen, die es auch im Juli gibt, außerdem die Blätter des Pfirsichbaums, Lampionblumen und Physalis.

SEPTEMBER

Nach den Blüten kann man Früchte sammeln, etwa die Heidelbeere und Gewöhnliche Berberitze, Quitte, Koriander, Hagenbutte, Feige, Granatapfel, Rote Dattel, Walnuss, Traube, Holunder. Besonders kostbar ist Safran, der nun reif wird! Aber auch Wurzeln, wie die vom Arznei-Engelwurz, Spargel, Zichorie, Iris, Gewöhnlichen Seifenkraut und Echtem Baldrian.

OKTOBER

Wurzeln von Kletten, Zaunrübe, Beinwell, Erdbeerpflanzen, Rhabarber, Gewöhnlichem Seifenkraut. Einige Früchte wie Physalis, Mandeln, Dill, Arznei-Engelwurz, Klette, Wacholder, Leinsamen und Rainfarn.

NOVEMBER

Kurz vor dem Winter bleiben vor allem Wurzeln vom Stechenden Mäusedorn, von Fingerkräutern und Eichen- und Eschenrinde.

DEZEMBER

Blätter von Brombeergewächsen, Stechpalmen, Tannenzweigen, Stechendem Mäusedorn und anderen Winterpflanzen.

KRANZ AUS
TROCKENBLUMEN

*Das ist ein bedeutender Bereich der Blumenkunst, denn getrocknete Blumen machen sich perfekt in einem Kranz,
als schöne Dekoration für Ihr Wohnzimmer, für einen Empfang, eine Hochzeit etc.
Er lässt sich auf unzählige Weisen abwandeln!*

MATERIAL
• Drahtring (aus dem Bastelladen)
• Bast
• Kneifzange
• Band
• beliebige Pflanzen (Stängel, Ähren, Blüten)
> Hier werden Haferähren, Phalaris, Strohblumen und Rittersporn verarbeitet.

1. Mit Bast die beiden ersten Zweige an dem Drahtring befestigen: Dafür ein kleines Stück Bast abschneiden und fest um den Ring wickeln, dabei die beiden Enden einwickeln, sodass sie sicher fixiert werden.

2. Diesen Vorgang so oft wiederholen, bis der ganze Ring bedeckt ist. Jedes Mal mehrere Stängel in verschiedenen Farben und Formen verwenden, sodass der Kranz schön bunt und abwechslungsreich gestaltet wird.

3. Die Blüten mit dem Bast befestigen, dabei diesen immer in dieselbe Richtung wickeln.

4. Soll der Kranz aufgehängt werden, noch ein Band anbringen. Ansonsten den Kranz zur Dekoration vorsichtig auf ein Möbelstück legen.

Basteln IN STEINOPTIK

Naturstoffe sind in! Folgen Sie dem Trend mit diesen Kreationen in Steinoptik. Für diese Projekte im Granit-, Marmor- oder Terrazzo-Look braucht man keinen Meißel zum Bearbeiten und später keine muskulösen Arme, um sie zu schleppen.

Terrazzo-Kiste

1. Mit einem **breiten Pinsel** und **hellgrauer Deko-Farbe** eine **Holzkiste** anmalen.

2. Mit einem feinen Pinsel geometrische Formen in verschiedenen Farben und Formen über die Kiste verteilt aufmalen (dafür **mehrere Deko-Farben** bereithalten).

3. Für den Terrazzo-Effekt zum Schluss noch kleine Farbtupfer hinzufügen. Dafür 2 EL einer beliebigen Farbe in einen **Becher** geben und mit etwas Wasser verdünnen. Eine **Zahnbürste** kurz in die Farbe tauchen, dabei **Gummihandschuhe** tragen. Mit dem Daumen von oben nach unten über die Borsten der Bürste streichen, sodass auf der Kiste kleine Flecken entstehen. Den Vorgang nach Belieben mit anderen Farben wiederholen.

OHRRINGE IN GRANITOPTIK

Mit im Ofen gebrannter Modellierpaste lassen sich verschiedene Effekte erzeugen: Sie kann transparent, glitzernd oder metallisch aussehen oder auch wie ein zarter Jadestein oder ein leuchtender Achat. Vom Aussehen eines Granits bis zu der von Halbedelsteinen ist alles möglich. Modellierpaste hat eine matte Oberfläche, aber man kann sie lackieren und ihr die Optik von Harz oder Keramik verleihen.

MATERIAL
- Modellierpaste in Granit-Effekt
- Modellierpaste in Bordeauxrot
- Antihaft-Teigrolle
- runder Ausstecher (ø 3–4 cm)
- ofenfester Teller
- Alleskleber
- 1 Paar Ohrstecker-Rohlinge

1. Den Backofen auf 110 °C vorheizen. Aus der Paste in Granit-Effekt eine Kugel von ca. 5 cm Durchmesser formen und mit der Teigrolle ca. 3 mm dick ausrollen. Mit dem Ausstecher einen Kreis ausstechen.

2. Aus der roten Paste eine Kugel von ca. 8 mm Durchmesser formen und zu einem leicht spitz zulaufenden Oval modellieren und flach drücken. Dasselbe für den zweiten Ohrring wiederholen.

3. Die Teile auf den Teller legen und 30 Min. backen. Ein paar Minuten abkühlen lassen und die zwei Teile mit Kleber verbinden. Anschließend auf dem Rohling befestigen.

BLUMENTOPF IN **MARMOROPTIK**

Lufthärtende Modelliermasse ist ein Kaltporzellan aus Maismehl und weichem Kleber. Sie ist hellweiß, weich und daher gut zu verarbeiten (und riecht auch gut!). Nach dem Trocknen lässt sie sich problemlos lackieren oder bemalen.

MATERIAL

- lufthärtende Modelliermasse Kaltporzellan in Weiß
- lufthärtende Modelliermasse Kaltporzellan in Schwarz
- festes Papier
- Dekofarbe in Kupfer oder Gold
- 1 kleines Glas
- Maler-Kreppband
- Antihaft-Teigrolle
- Messer
- Lineal • 1 Pinsel
- Sprühfirnis, matt

1. Aus festem Papier einen Kreis von 7 cm Durchmesser und ein 24 x 7 cm großes Rechteck ausschneiden. Die Modelliermassen gut durchkneten und die weiße und die Hälfte der schwarzen Masse mischen, bis ein Marmoreffekt entsteht.

2. Die Masse ausrollen, dabei mehrmals falten, damit sich der Marmoreffekt verstärkt. Dann auf einem Teller 3 mm dick ausrollen.

3. Die Papiervorlagen darauflegen und mit einem Messer die Formen aus der Masse ausschneiden. Wenn der Teller zu klein ist, erst das Rechteck ausschneiden und dann die Masse für den Kreis neu ausrollen.

4. Das Rechteck um ein Glas legen und an den kurzen Seiten zusammenfügen. Mit einer Messerspitze die Ränder einritzen und mit etwas Wasser befeuchtet aneinanderkleben. Die Verbindungsstelle glätten. Auf dieselbe Weise den Boden an den Rand fügen und alles 48 Stunden trocknen lassen.

Für eine hübsche DEKO

Fertigen Sie Blumentöpfe in unterschiedlichen Größen und mit verschiedenen Schwarz- und Weißanteilen in der Marmorstruktur an.

5. Ein Maler-Kreppband 3 cm vom unteren Rand entfernt anbringen. Den unteren Rand mit kupferfarbener Farbe bestreichen und trocknen lassen. Den Topf außen mit Firnis lackieren, damit er wasserdicht wird; das schadet der Pflanze nicht. Trocknen lassen.

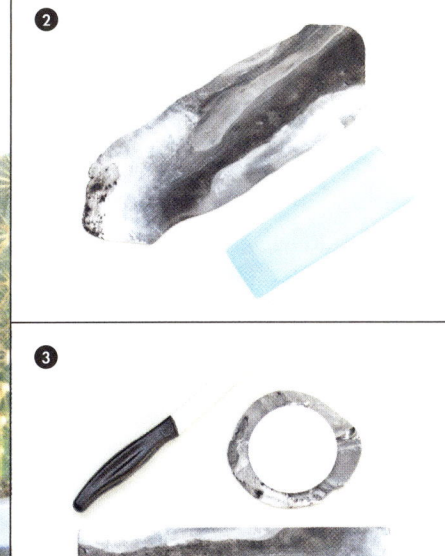

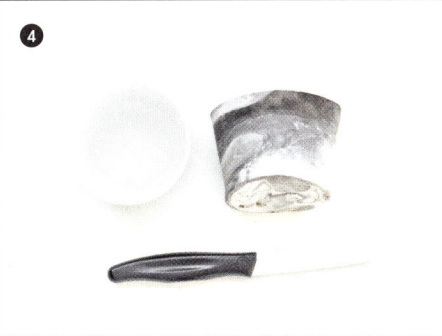

Jungle HOME

Mit dieser Deko bringen Sie den Dschungel zu sich nach Hause.
Diese Projekte gelingen schnell, auch ohne einen grünen Daumen!

MONSTERA-KISSEN

*Für Sie ist der Dschungel angenehm:
bequem, weich und kuschelig!*

MATERIAL

• Deko-Stoff in Dunkelgrün, 1 m
• Stoffschere
• grüne Stoffmalfarbe
• Borstenpinsel
• Nähmaschine
• passendes Nähgarn
• Stecknadeln
• Nähnadel
• Stricknadel (zum Platzieren der Füllung)
• Bügeleisen
• Füllmaterial
• löslicher Markierstift

1. Die Vorlage auf S. 193 zweimal auf den grünen Stoff übertragen, einmal gegengleich. Beide Teile ausschneiden.

2. Auf jede Kissenseite mit der Stoffmalfarbe in großen Pinselstrichen Blattadern aufmalen. Für unterschiedliche Farbtöne die Farbe verschieden stark verdünnen. Zum Trocknen und Fixieren die Herstelleranweisung befolgen. Dann mit der Nähmaschine die Blattadern auf beiden Kissenseiten nachnähen, dabei die Nähte am Anfang und Ende verriegeln.

3. Die Seiten rechts auf rechts aufeinanderstecken und mit einer Nahtzugabe von 1 cm zusammennähen. Dabei unten eine Öffnung von 20 cm stehen lassen.

4. Die Ecken und Rundungen einschneiden, dafür kleine Dreiecke in die Nahtzugaben der Rundungen schneiden, damit sich der Stoff nach dem Wenden schön glatt legt. Das Kissen wenden und mit einer Stricknadel die Ecken vorsichtig ausformen. Das Kissen bügeln und 1 cm breit rundum absteppen, außer an der Öffnung. So kommen die Konturen gut zur Geltung.

5. Das Kissen mithilfe der Stricknadel gleichmäßig dünn mit Füllmaterial ausstopfen. Die Öffnung von Hand mit einem unsichtbaren Saumstich schließen und die Naht wie die anderen absteppen.

EXTRAVAGANTE
FARNKUGELN

Diese Farnkugeln behalten ihre leuchtende Farbe mindestens ein Jahr lang und erfüllen den Raum über mehrere Tage mit ihrem Duft.

Mit einer Gartenschere die Blätter vom Hauptstiel abschneiden. Die abgeschnittenen Blätter zu Kugeln rollen und so viele Blätter hinzufügen, bis die Kugel die gewünschte Größe hat. Die Blätter schön fest drücken, damit die Kugel rund und dicht wird. Zum Schluss mit einem hübschen Band fixieren.

GRÜNE
HÄNGEDEKO

Diese Mini-Dschungel-Terrarien enthalten Pflanzen, die ursprünglich in den Wäldern der südlichen Hemisphäre vorkommen. Man kann sie das ganze Jahr über anfertigen.

MATERIAL

- 3 Mini-Terrarien in Kugelform
- 0,5 l Gartenerde
- 1 Handvoll Sand
- 1 kleiner Farn
- 1 junge Grünlilie
- ein paar Zweige Mühlenbeckia
- Schnur

Zwei Drittel Erde mit einem Drittel Sand mischen und in die Kugeln füllen. Farn und Grünlilie einpflanzen.
Die Mühlenbeckia-Zweige in die Erde stecken, sie bilden schnell Wurzeln. Die Erde mit den Fingern andrücken. Ab und zu gießen. An einer windgeschützten Stelle aufhängen.

Tipp: Das Gießen ist entscheidend: Da die Pflanzen nur wenig Erde haben, können sie schnell austrocknen. Gießen Sie sparsam, aber regelmäßig.

DIE BELIEBTESTEN EXOTISCHEN
TOPFPFLANZEN

Hibiskus
Diese eleganten, eindrucksvollen Blumen gedeihen sowohl im Zimmer als auch im Garten wunderbar.

Westindische Frangipani
Je nach Sorte hat diese Pflanze gelbe, rosa oder weiße Blüten.

Anthurium
Die „Flamingoblume" mit ihren schönen Blüten und leuchtenden Blättern hat die besondere Eigenschaft, entgiftend zu wirken.

Paradiesvogelblume
Diese Blume ist auch unter dem Namen „Strelitzie" bekannt. Sie braucht im Sommer viel, im Winter wenig Wasser.

Fackel-Ingwer
Diese majestätische Pflanze kann bis zu 1,50 m hoch werden und bildet, wenn sie gepflegt wird, regelmäßig neue Blüten.

Kurkuma
Man kennt zwar das Gewürz, aber vergisst, dass es aus dem Rhizom dieser Pflanze stammt, die wunderschöne Blüten bildet, wenn man sie in einem ausreichend großen Topf hält.

Batch cooking
für die ganze WOCHE

Batch cooking heißt, sich zu organisieren, um für die ganze Woche nur einmal kochen zu müssen. Meist macht man das sonntags und kocht dann schnelle Grundrezepte, die anschließend jeden Tag neu kombiniert werden. Die Zeitersparnis wird Sie von diesem Konzept schnell überzeugen! Der Schlüssel zum Erfolg liegt in der Organisation, und in vielen Vorratsdosen!

Goldene Regeln des Batch cooking

Kühlkette

Eine noch warme Zubereitung niemals in den Kühlschrank stellen, immer zuerst abkühlen lassen. Die ideale Temperatur für den Kühlschrank liegt bei 4 °C, für den Gefrierschrank sollte sie niedriger sein, bei -18 °C. Dabei die Regale nie zu sehr füllen, damit die kalte Luft zirkulieren kann.

•

Haltbarkeit

Darauf muss man beim Batch cooking achten, weil die Grundzutaten immer einige Tage vor dem Verzehr zubereitet werden müssen. Nehmen Sie daher für den letzten Tag der Woche am besten ein Rezept mit Zutaten, die Sie einfrieren können. Aber lassen Sie sie nicht länger als 2 Wochen im Gefrierschrank, weil sie dann das Aroma verlieren.

•

Sauberkeit in der Küche

Das gilt vor allem für den Kühlschrank! Reinigen Sie ihn einmal im Monat von oben bis unten und wischen Sie ihn regelmäßig mit einem in Essig getränkten Tuch aus.

•

Ausstattung

Für Batch cooking braucht man keine besondere Ausstattung, außer fest verschließbare Gefäße (Gläser, Flaschen), in denen die Produkte aufbewahrt werden. Denken Sie daran, sie zu beschriften, damit Sie wissen, was sich darin befindet und wie lange es haltbar ist.

Reste verwerten

Die Verwertung von Resten ermöglicht uns, sich von Zwängen zu befreien und Rezepte zuzubereiten, an die wir sonst vielleicht nicht gedacht hätten. Trockenes Brot wird zu süßen Streuseln beim Pain perdu, aus Auberginen kann man Püree machen, Schnitzel kann man zu einer Füllung verarbeiten …

ALLES ZU SEINER ZEIT

1 Den Tag für die Zubereitung der Grundzutaten festlegen: Es ist unerlässlich, sich Zeit zu nehmen, damit das nicht zur lästigen Pflicht wird! Dieser Tag kann Ihr freier Tag sein, der Sonntag oder auch ein Feierabend, wenn Sie nicht zu spät nach Hause kommen.

2 Das Essen für die ganze Woche festlegen: Das können Sie selbst machen oder auch ein spezielles Buch dafür zu Hilfe nehmen. Dann müssen Sie die Rezepte nur noch an die Zahl der zu versorgenden Personen, der Gäste, ihrer Vorlieben sowie an die Jahreszeit etc. anpassen.

3 Einkaufen gehen: natürlich mit Einkaufsliste! Sortieren Sie die Einkäufe darauf, um Zeit zu sparen: Obst und Gemüse, Gewürze, Milchprodukte etc. Am besten kauft man am Vorabend oder am Tag der Zubereitung selber ein, damit die Zutaten möglichst frisch sind.

4 Grundzutaten zubereiten: Rechnen Sie mit 2 bis 3 Stunden, um Gemüse zu schälen und klein zu schneiden und Fleisch vorzubereiten, Hülsenfrüchte zu kochen, Tarteböden zu backen, Marinaden und Saucen zuzubereiten etc.

5 Jeden Abend eine Mahlzeit zusammenstellen: Dafür müssen Sie nur noch bestimmte Zubereitungen erwärmen, in die Pfanne oder den Topf geben, Gewürze und frische Kräuter hinzufügen etc.

UND WAS HEIßT DAS KONKRET?

Bereiten Sie im Herbst für eine Woche einen Tarteteig, Lauchgemüse, Backofen-Kürbis, gebratenen Speck, gedünstete Pilze, angebratenes Hackfleisch und gekochten Weizen vor, waschen Sie noch etwas Salat.

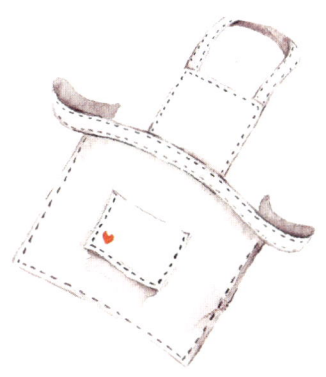

Zum Genießen
Wraps mit Hackfleisch und Salatblättern, Weizenrisotto mit Pilzen und Kürbis, Quiche mit Lauch und knusprigem Speck …

Aufs Fahrrad

Ein Fahrrad zu besitzen, das ist gut. Noch besser, ein paar Accessoires für das Rad zu haben! Mit diesen beiden einfachen und genialen Tutorials können Sie den Fahrradstellplatz optimieren und Ihren treuen Begleiter aufmöbeln!

PALETTEN-
FAHRRADSTÄNDER

Machen Sie aus einer einfachen Holzpalette einen hübschen Ständer, damit Sie Ihr Rad nicht mehr an eine Wand lehnen müssen. So geben Sie ihm einen Platz, den es wirklich verdient!

MATERIAL
- Holzpalette
- 2 Winkel
- Plane
- Sprühfarbe in beliebiger Farbe
- Akkuschrauber
- 2 Kunststoff-Blumentöpfe
- Holzschrauben

1. Die Winkel auf beiden Seiten unten an die Palette schrauben.

2. Die Arbeitsfläche mit einer Plane auslegen und in einer gut belüfteten Umgebung arbeiten. Die Palette und die Winkel mit Farbe besprühen und trocknen lassen.

3. Die Blumentöpfe mit dem Akkuschrauber oben an die Seiten der Palette schrauben.

Tipp: Wenn mehrere Personen die Palette benutzen, können Sie die Latten in verschiedenen Farben besprühen oder mithilfe einer Schablone die Namen auftragen.

TOP-CASE

Mit diesem Vintage-Fahrradkorb können Sie Ihre Lieblingssachen überall hin mitnehmen! Diese recycelte Weinkiste hat die ideale Größe für ein sommerliches Picknick und wird daher zu einem unerlässlichen Begleiter für Ihre Aktivitäten an der frischen Luft.

MATERIAL

- Weinkiste aus Holz
- 1 Holzlatte (in doppelter Breite der Kiste)
- 1 Stück Leder
- 2 Magnete
- 1 Kuli
- 4 Klemmschellen
- Holzkleber
- Hammer
- Nägel

1. Die Holzlatte in der Mitte durchsägen, sodass 2 Latten in der Breite der Kiste entstehen.

2. Die Kiste auf die linke Seite des Leders und die beiden Holzlatten stellen. Mit dem Kuli die Konturen auf dem Leder aufzeichnen und dann ausschneiden.

3. Auf beide Seiten des Lederrechtecks die Holzlatten aufkleben und trocknen lassen.

4. Eine der Latten oben an die Kiste nageln und das Leder über die Kiste legen. Einen Magnetverschluss anfertigen und dafür einen Magneten auf die Rückseite des Leders und den anderen auf die Seite der Holzkiste kleben.

5. Für die Befestigung den Gepäckträger des Fahrrads ausmessen und die Maße auf die Unterseite des Top-Case übertragen. Die Klemmschellen daran befestigen, das Top-Case auf den Gepäckträger setzen und die Klemmschellen schließen.

Färben mit PFLANZENFARBE

Dafür braucht man nicht das Arsenal eines Chemiekastens und muss sich auch nicht in Unkosten stürzen. Begeben Sie sich zum Färben mit Pflanzenfarbe gleich in die Küche! Haben Sie noch ein paar Zwiebelschalen, etwas Avocadoschale oder Rotkohl? Sie enthalten Farbstoffe, mit denen man Stoff färben kann. Mit Pflanzenfarben kann man viele wunderschöne Farben in unterschiedlichen Nuancen, von ganz zarten bis hin zu intensiven, herstellen.

MATERIAL

• Pflanzen zum Färben • Stoff aus rein pflanzlichem Material • großer Kochtopf (aus rostfreiem Edelstahl und groß und tief genug für den Stoff) • Edelstahlschüssel • Holzlöffel (ausschließlich zum Färben) • Handschuhe

SO WIRD'S GEMACHT

1. Stoff auskochen

Durch diese Behandlung können die Fasern die Pigmente aufnehmen und die Farbe annehmen.

Den Topf zu ¾ mit Wasser füllen und 1 EL Sodapulver und 1 EL Späne von Bio-Seife oder flüssiges Spülmittel hinzufügen. Zum Kochen bringen und den Stoff hineinlegen. 2 Std. sanft köcheln lassen, bis das Wasser gelb wird. Den Stoff in klarem Wasser sorgfältig auswaschen. Empfindlichere Stoffe über Nacht einweichen.

2. Alaun-Beize

Dabei werden mithilfe von Alaunpulver die Fasern freigelegt, damit die Farbe dauerhaft bleibt.

Die Alaun-Mischung wie folgt zubereiten, dabei muss das Pulver 5 % des Gewichts des trockenen Stoffs haben. Mit anderen Worten: Gewicht ÷ 100 x 5. Das Pulver in die Schüssel geben (Achtung, nicht einatmen), mit kochendem Wasser bedecken und umrühren, bis es sich darin vollständig aufgelöst hat. Den Kochtopf erneut mit Wasser füllen und zum Köcheln bringen. Die Alaun-Mischung hinzufügen und den feuchten Stoff hineinlegen. 1 Std. köcheln lassen, dabei von Zeit zu Zeit umrühren.

Den Herd ausschalten und den Stoff über Nacht in der Mischung liegen lassen. Mit klarem Wasser auswaschen und trocknen lassen.

3. Farbbad

Den Topf zu ¾ mit Wasser füllen und die Färbepflanzen hineingeben. Den Deckel auflegen und zum Köcheln bringen, dann je nach gewünschter Farbintensität 1 bis 2 Std. sanft köcheln lassen. Die Flüssigkeit durch ein mit einem Moltontuch ausgelegtes Sieb filtern und wieder erhitzen. Den feuchten Stoff hineinlegen. Bei niedriger Hitze 1 Std. köcheln lassen, von Zeit zu Zeit umrühren, damit sich die Farbe gleichmäßig auf dem Stoff verteilt. Über Nacht oder mehrere Tage lang im Farbbad liegen lassen. Beim Pflanzenfärben gibt es nur eine Regel: Je länger der Stoff einweicht, desto intensiver wird die Farbe!

Den Stoff sorgfältig in klarem Wasser auswaschen, anschließend am besten von Hand oder auf niedriger Schleuderstufe in der Maschine waschen. Ohne Sonneneinstrahlung trocknen lassen.

Gut zu wissen

Man kann ein Farbbad mehrmals verwenden, allerdings wird die Farbe zunehmend heller.

PALETTE DER PFLANZENFARBEN

GELBE ZWIEBELSCHALEN:
OCKER

Für das Farbbad braucht man eine große Menge an Schalen, weil sie nur wenig Farbpigmente enthalten. Rechnen Sie mit demselben Gewicht wie das des Stoffes.

ROTE ZWIEBELSCHALEN:
SENFGELB, ROSTBRAUN, HELLBRAUN ODER KHAKIGRÜN

Diese Schalen werden nicht so oft verwendet, aber es lohnt sich, denn die Farbe ist einzigartig. Je nach Zwiebelsorte entsteht im Farbbad ein Rostbraun oder Khakigrün. Nehmen Sie immer eine große Menge an Schalen.

KAFFEESATZ:
DUNKELBRAUN

Der Kaffeesatz im Filter enthält viele natürliche Tannine. Wenn Sie keinen Kaffee trinken, fragen Sie in einem Café in der Nähe, ob man Ihnen die Abfälle eines Tages zurücklegt. Dann haben Sie natürlich mehr als für ein Farbbad – fünf gut gefüllte Filter reichen dafür aus.

ROTKOHL:
EISBLAU BIS VIOLETT

Rotkohl macht überall Flecken, an den Händen, auf dem Schneidebrett, das haben Sie sicher schon festgestellt! Hacken Sie 1 Kohl (200 g für 3 bis 4 l Wasser) und lassen Sie ihn bei niedriger Hitze köcheln. Das Wasser dann gleich zum Färben nehmen, weil es sonst unangenehm riecht. Aber das ist nur ein geringer Nachteil in Anbetracht

der wunderschönen Farbe! Waschen Sie den Stoff mit Kernseife, wenn die blaue Farbe noch intensiver werden soll; für ein Rosa-Violett verwenden Sie hellen Essig.

AVOCADOSCHALE:
ZARTROSA
KERN:
ROSA-ORANGE

Schale und Kern enthalten kraftvolle rosa Pigmente, die sich in Wasser freisetzen. Die Schale und den Kern unbedingt vor der Verwendung waschen, damit das Farbbad klar wird. Man benötigt mindestens 8 Avocados dafür.

Gut geplant

Kaufen Sie weiße Tischwäsche und Handtücher, wenn sie im Sonderangebot sind. Oder färben Sie ältere Wäsche oder weiße Kleidungsstücke neu ein. Aber bedenken Sie, dass Flecken durch die Farbe nicht überdeckt werden.

OKTOBER

Feier im Herbst: DER FURCHT ZU EHREN

Bei Herbst denkt man an Ockertöne, fallende Blätter und Halloween! Setzen Sie für eine besondere Atmosphäre bei der Dekoration und den Speisen auf den Kürbis und die emblematische Figur des Geistes und lassen Sie sich mitreißen!

HORROR-CRACKER

- 80 g Frischkäse
- 160 g Mehl
- 2 EL Sesamsamen
- 30 ml Olivenöl
- ca. 20 Salzstangen
- ca. 20 Rosinen

1. Den Backofen auf 180 °C vorheizen. Mehl mit etwas Salz, Pfeffer und Sesamsamen mischen. Öl und 750 ml Wasser dazugießen und alles zu einem glatten Teig verarbeiten. Wenn er zu sehr klebt, noch etwas Mehl zugeben, oder etwas Wasser, falls er zu trocken ist.

2. Den Teig 3–4 mm dick auf einer bemehlten Fläche ausrollen. Mit einem Ausstecher (ø 5 cm) etwa 20 Kreise ausstechen und diese auf ein mit Backpapier belegtes Backblech legen. 15 Min. backen.

3. Die Hälfte der Cracker mit Frischkäse bestreichen. Die Salzstangen in 4 Stücke brechen und als Füße jeweils 8 Stück auf die Cracker legen. Einen zweiten Cracker darauflegen. Für die Augen jeweils 2 Rosinen mit etwas Frischkäse oben auf den Cracker kleben.

SCHAUER-DEKO

MATERIAL

- löslicher Markierstift
- weißer Filz
- schwarzer Filz
- Sticknadel
- schwarzes Stickgarn
- Füllwatte
- Kleber

1. Ähnlich wie auf dem Foto mit dem Markierstift zwei identische Gespensterformen in beliebiger Größe auf den weißen Filz zeichnen. Diese ausschneiden und auf eine das Gesicht aufzeichnen.

2. Aus dem schwarzen Filz für die Augen kleine Kreise ausschneiden und mit einem Tupfer Kleber aufkleben.

3. Mit dem schwarzen Garn im Rückstich ein Lächeln unter die Augen sticken (siehe dazu S. 172). Den Faden am Anfang und Ende auf der Rückseite jeweils mit einem Knoten sichern. Zusätzlich diesen noch mit etwas Kleber auf der Rückseite fixieren. Trocknen lassen.

4. Das Gespenst mit dem Gesicht auf ein weißes legen und rundum mit dem Festonstich zusammennähen. Mit etwas Füllwatte ausstopfen und die Naht beenden.

5. Für die Aufhängung einen 20 cm langen Faden oben durch die Naht ziehen und die Enden verknoten. Fertigen Sie mehrere Gespenster mit unterschiedlichen Gesichtsausdrücken an.

GESPENSTER-BECHER

An Halloween jagt man sich gerne mal gegenseitig einen Schrecken ein, da kann man auch einmal das Geschirr an diese Praktiken anpassen. Wussten Sie, dass man es nur in den Ofen stellen muss?

Einen weißen Becher spülen und die Stelle, die bemalt werden soll, mit Alkohol abwischen. Wie auf dem Foto mit schwarzem Porzellanstift ein Gesicht aufmalen. Die Konturen nachzeichnen und die Augen und den Mund ausmalen. Den Herstellerhinweisen folgend zum Fixieren der Farbe den Becher in den Ofen stellen.

BEMALTER KÜRBIS

Wählen Sie einen Text oder ein Bild aus und drucken es aus – ein Wort in kalligrafischer Schrift, ein Blatt, Gespenster-Auge und -Mund. Übertragen Sie es dann auf kariertes Papier und anschließend mit Bleistift auf den Kürbis. Fahren Sie die Linien mit schwarzem Markierstift nach und malen Sie die Innenflächen mit goldener Acrylfarbe aus.

Ein Tag zum Relaxen
EIN TAG FÜR DETOX

Nehmen Sie sich Zeit zum Entspannen, Relaxen und zur Pflege … Starten Sie mit ein paar Übungen und wohltuenden Getränken in einen entspannten Tag!

SELBST GEMACHTES YOGA-TUCH

Verwenden Sie dieses Tuch als Auflage für eine Yoga-Matte, auf der Sie Ihre Übungen machen. Sie können es auch zu einem weichen Kissen falten. Sind Sie bereit für einen Augenblick der Entspannung?

MATERIAL

- 2 Stoffstücke mit aufgedruckter Botschaft zur Dekoration
- 2 Stoffstücke, 50 x 100 cm
- dicker Moltonstoff, 46 x 96 cm
- dünne Hanfschnur
- 4 große Holzperlen
- 4 Quasten
- Stecknadeln, Nähnadeln in verschiedenen Stärken
- Nähmaschine
- Bügeleisen
- Schere

1. Die Stoffstücke mit der aufgedruckten Botschaft rundum 1 cm nach innen falten, damit ein schöner Rand entsteht, und auf die großen Rechtecke legen, feststecken und annähen.

2. Die großen Rechtecke rechts auf rechts legen und mit einer Nahtzugabe von 1 cm zusammennähen, dabei unten eine Wendeöffnung lassen.

3. Die Nahtzugaben an den Ecken zurückschneiden und die Nähte auseinanderbügeln. Das Tuch auf rechts wenden.

4. Das Moltontuch hineinlegen. Die offene Naht mit der Nähmaschine oder von Hand schließen.

5. Das Tuch von unten nach oben in 3 gleich große Teile falten und die Falten mit dem Bügeleisen markieren.

6. Auf den Markierungen jeweils 15 cm neben den Kanten mit 2 großen Stichen die Stofflagen fixieren.

7. Mit der Hanfschnur eine Holzperle mit einer Quaste an jede Ecke nähen.

DETOX-**TEE**

Einfach nur etwas Tee, Schalen von Zitrusfrüchten oder getrockneten Früchten, 1 Liter heißes Wasser 12 Stunden lang im Kühlschrank ziehen lassen!

• 1 EL Darjeelingtee in ein Teeei geben + 4 zerstoßene Gewürznelken + 1 kleines Stück Mandarinenschale + 2 Mandarinenscheiben

• 1 EL grüner Tee in ein Teeei geben + das Fruchtfleisch von 2 Orangen und 1 Zitrone (ohne Trennhäute) + 1 kleines Stück Orangen- und Zitronenschale + etwas Honig (nach Belieben)

• 1 EL Earl-Grey-Tee ein Teeei geben + 65 g Maulbeeren + etwas Zitronensaft

INFO ZUR
Maulbeere

Sie ist eine echte Powerfrucht, jedenfalls die getrocknete Frucht der weißen Maulbeere.

Diese enthält viel Eisen und Vitamin C. Man bekommt sie gut in Bio-Läden. Alternativ kann man für das Detox-Wasser auch Rosinen nehmen.

ETWAS FÜR DIE ENTSPANNUNG TUN

Diese ganz einfachen Übungen macht man schon sehr bald automatisch jeden Morgen. Betrachten Sie diese morgendlichen Augenblicke der Aufmerksamkeit für Ihren Körper als gute Voraussetzung zum Wohlbefinden, die Sie auf keinen Fall auslassen sollten.

Entspannen Sie sich am Morgen noch im Bett und achten Sie auf Ihre Atmung. **Atmen Sie ganz bewusst** und nehmen Sie Ihr ganzes Körpergewicht wahr, von den Zehen bis zum Kopf. Atmen Sie tief und lang ein. Sie werden spüren, dass sich Ihr Körper mit **frischer, wohltuender Luft** füllt. Atmen Sie lange aus und stellen Sie sich vor, dass Ihre Rest-Müdigkeit in der Matratze verschwindet oder aus Ihren Fußsohlen entweicht. Jetzt kann Ihr **Körper aufwachen**! Gähnen Sie herzhaft, immer noch im Bett, und öffnen Sie dabei den Mund weit. Strecken und recken Sie sich, an Beinen und Armen zugleich. Stehen Sie dann auf und stellen Sie die Füße schulterbreit fest auf den Boden. Richten Sie sich gerade auf und atmen Sie tief durch. Jetzt sind Sie bereit für den Tag!

Neues für die
KÜCHE

Gefallen Ihnen moderne und funktionell eingerichtete Küchen, in denen man sich gerne aufhält, sowohl morgens als auch abends, um den Tag mit der Familie ausklingen zu lassen? Erneuern Sie Ihre Deko ganz nach Lust und Laune!

REGAL AUS HOLZ UND KORK

Das kleine Regal mit den „Röhrchen-Vasen" kann wunderbar etwas Gemütlichkeit in Ihre Küche bringen.

MATERIAL

- 1 Regalbrett aus Holz, 1,20 m x 15 cm
- Korkplatte
- Lineal
- Säge
- Schere oder Cutter
- Schmirgelpapier
- Bohrmaschine
- Holzbohrer, ø 18 mm
- Schraubendreher
- 5 Schrauben, ø 4 mm, 25 mm lang
- Bleistift
- Wandaufhängung für Bilder
- 3 Glasröhrchen, ø 18 mm
- Holzkleber

1. Das Holzbrett zu zwei 60 cm langen Rechtecken zurechtsägen. Die Schnittstellen mit Schmirgelpapier glatt schleifen.

2. Mit der Bohrmaschine und dem Holzbohrer auf einer Seite in eines der Bretter im Abstand von 5 cm 3 Löcher bohren.

3. Die beiden Bretter im rechten Winkel aneinander befestigen, dafür Löcher bohren und die Bretter miteinander verschrauben.

4. Die Korkplatte in den Maßen des nicht durchbohrten Holzbrettes zuschneiden und die Kanten glatt schmirgeln. Dann auf die Korkplatte aufkleben, trocknen lassen.

5. Die Wandaufhängung für Bilder auf die Rückseite des Brettes mit der Korkplatte schrauben und das Regal damit an der Wand anbringen. Die Glasröhrchen in die Löcher stecken und Blumen hineinstellen!

VINTAGE UND RECYCLING

Flohmarkt-Fans (siehe S. 144–145) können aus alten Küchenutensilien wunderbaren „Shabby chic" kreieren!

SCHRANK-GRIFFE
BESTECK

MATERIAL

• Bohrmaschine
• kleiner Metallbohrer
• kleiner Holzbohrer
• Silberbesteck
• Schrauben
• Schraubendreher

Die Besteckteile reinigen und mit der Bohrmaschine und dem Metallbohrer an den Enden jeweils ein Loch bohren. Die Griffe etwas biegen, damit sie die Form von Schrankgriffen erhalten. Die Stellen für die Schrauben an der gewünschten Höhe auf die Schranktür übertragen und mit einem Holzbohrer ein Loch bohren. Die Griffe an die Schranktür schrauben.

LAMPENSCHIRM
KUCHENFORM

MATERIAL

• geschlossene, tiefe Kuchenform (z. B. für Gugelhupf) aus hellem Eisen mit Patina
• Lampenfassung mit Kabel
• passende Glühbirne
• Metalllack
• Bleistift
• Hammer
• 1 dicker Nagel
• Schraubendreher

1. Die Form reinigen und zum Schutz rundum mit Lack besprühen. Vollständig trocknen lassen.

2. Die Fassung in die Mitte der Form legen und die Umrisse aufzeichnen. Dann mit dem Hammer und dicken Nagel dicht nebeneinander auf der aufgezeichneten Linie Löcher in die Form schlagen.

3. Mit dem Schraubendreher und Hammer diese perforierte Linie ganz ausschneiden.

4. Die Fassung gemäß den Herstellerangaben auseinandernehmen, in die Form legen und den Ring von der anderen Seite festdrehen. Die Glühbirne einsetzen, die Lampe anschließen und einschalten!

BILDERRAHMEN
TARTELETTEFORMEN

MATERIAL

• Tarteletteformen aus hellem Eisen mit Patina
• Fotos
• Schere
• doppelseitige Klebepunkte
• Magnete oder Aufhänger zum Anklebenr

Die Form sorgfältig reinigen. Ein Foto in der Größe des Bodens ausschneiden und auf der Rückseite doppelseitige Klebepunkte anbringen. Für die Aufhängung an der Wand den Aufhänger auf den Formboden kleben, dann das Foto hineinkleben, dabei die Richtung beachten. Für die Befestigung am Kühlschrank einfach einen Magneten auf dem Formboden anbringen, bevor das Foto aufgeklebt wird.

WENIG FARBE BRINGT GROSSE VERÄNDERUNG!

Für eine Erneuerung der Küche muss man nicht viel auseinandernehmen oder große Arbeiten durchführen, es gibt auch andere Möglichkeiten!

Graue Tafelfarbe
Das macht Spaß und bietet die Möglichkeit, die **Dekoration ganz nach Lust und Laune zu verändern**, außerdem kann man wichtige Einkäufe darauf notieren! Spielen Sie mit den Formen und zeichnen Sie ein paar umgedrehte Gläser unter ein Regal, eine Uhr, die immer Mittag anzeigt, eine Pfanne mit einem brutzelnden Gericht etc. Nehmen Sie am besten eine Spezialfarbe, die man feucht abwischen kann und die lange hält. Für die Wandkacheln und Schranktüren empfiehlt sich eine geeignete Farbe auf Harzbasis.

Wandkacheln zum Aufkleben
Solche aufklebbaren Kacheln, die man über der Arbeitsfläche anbringt, sind **praktisch und hübsch** zugleich. Sie lassen sich leicht abwischen und man kann sie in den gewünschten Maßen zuschneiden. Zudem sind sie in vielen Dekors erhältlich, als Mosaik, Marmorimitation, mit Holzeffekt oder in Metall. Darauf kann man prima Fotos oder Postkarten an-heften – und die Kühlschranktür entlasten!

Ein hübscher Kleiderschrank

Einen schön dekorierten Kleiderschrank öffnet man viel lieber!
Seien Sie kreativ und funktional und spielen Sie mit Formen,
Material und Farben. Gestalten Sie sich einen
Ort nach Ihrem eigenen Geschmack.

SCHMUCKSTÄNDER AUS TREIBHOLZ

MATERIAL

• 3 Holzstücke
• 6 Schraubhaken
• Kordel oder Band
• V-förmige und gerade Nägel
• Säge
• Holzbrett, ca. 1,5 cm dick
• Hammer
• Holzfarbe mit Patina-Effekt
• Pinsel
• buntes Masking Tape

1. Vier Schraubhaken in gleichmäßigem Abstand an ein Holzstück schrauben, je 1 Haken an jede Seite. An diese zum Aufhängen eine Kordel oder ein Band knoten.

2. Die V-Nägel in die beiden anderen Holzstücke nageln. Jeweils ein Ende absägen und mit den geraden Nägeln auf dem Holzbrett befestigen.

3. Die 3 Schmuckständer anmalen und zum Verschönern mit Masking Tape bekleben.

GARDEROBENHAKEN IN **GEOMETRISCHER FORM**

MATERIAL

- 1 kleines Holzbrett
- Schmirgelpapier oder Feile
- Laubsäge
- Borstenpinsel
- Farbe
- Masking Tape oder Klebeband
- 1 Stück Messingblech
- Markierstift
- Drahtzange
- Kleber
- glatter Holzdübel, ø 22 cm
- runde Holzstange
- Akkuschrauber
- 3 Schrauben, 3,5 x 35 mm

1. Aus dem Holzbrett ein 9 x 9 x 7 cm großes Dreieck aussägen und die Kanten glatt schmirgeln.

2. Für den Kreis aus der Holzstange ein 1 cm breites Stück absägen und rundum glatt schmirgeln. Die Hälfte anmalen, dafür die andere Hälfte mit Masking Tape oder Klebeband abdecken. Die Farbe trocknen lassen.

3. Das Holzdreieck auf das Blech legen und die Umrisse mit dem Markierstift nachziehen, dann mit der Kneifzange ausschneiden. Mit Schmirgelpapier oder der Feile die Kanten des Blechdreiecks glätten. Den Kreis auf dem Dreieck befestigen.

4. Vom Holzdübel ein 2 cm langes Stück abschneiden und glatt schmirgeln. Die Schraube 15 mm tief hineinbohren und das überstehende Stück abschneiden. Den Dübel hinten auf dem Dreieck ankleben und den Haken an der Wand befestigen.

VERSCHÖNERTE KLEIDERBÜGEL

Aus Pappe Schablonen für Zahlen und Buchstaben (zum Beispiel die Initialen Ihres Namens) oder ein anderes Motiv aufzeichnen und mit einem Cutter ausschneiden. Auf die Kleiderbügel übertragen und mit Acrylfarbe aufmalen. Die Farbe gemäß den Herstellerangaben trocknen lassen.

Verschönern Sie Ihre Kleiderbügel auch mit bunten Bändern. Diese etwa auf 30 cm zuschneiden und zu einer hübschen Schleife binden. Man kann die Bügel auch anders nutzen: etwa zum Aufhängen von Gürteln, Tüchern und Ketten. Um Platz zu sparen, hängen Sie mehrere von ihnen übereinander oder an einer quer aufgehängten Kette auf, sodass die Kleidung übereinander hängt und nicht nebeneinander.

Regentag

Kennen Sie den Spruch „Kein Regen, keine Ernte"? Lassen Sie sich nicht von ein paar Tropfen abhalten und sehen Sie das Gute am Regen, mit Stil und Farbe!

IN DIE PFÜTZEN SPRINGEN!

Mit diesen tollen herbstlich dekorierten Stiefeln können Sie ohne Angst vor Pfützen spazieren gehen.

MATERIAL

- 1 Paar Gummistiefel
- Aida-Stickstoff, 50 x 50 cm
- roter Stoff, Rest
- passendes Nähgarn
- verzwirntes Stickgarn Farben siehe Foto oder nach Belieben
- löslicher Filzstift
- Stoffkleber oder Heißkleber

1. Den Umfang von der Oberkante an den Gummistiefeln ausmessen und die Höhe des Stoffstücks festlegen. Dann aus dem Stoff 2 Streifen in diesen Maßen zuzüglich 1 cm Nahtzugabe ausschneiden.

2. Das Muster auf S. 210 gemäß den Angaben kopieren und das Stickmotiv mit dem löslichen Stift oder mit Schneiderkreide auf den Stoff übertragen.

3. Die Umrisse auf den roten Stoff übertragen (auf der Zeichnung farbig gedruckt), dabei rundum 0,5 cm hinzufügen. Die Stücke ausschneiden, an den entsprechenden Stellen auf den Stoff stecken und mit dem Festonstich annähen.

4. Dann die Motive sticken. Die jeweiligen Stiche sind auf der Zeichnung angegeben, die Zahl der Fäden stehen in Klammern.

5. Dann die Streifen rechts auf rechts falten und mit einer Nahtzugabe von 1 cm zusammennähen. Wenden, die Unterkante nach innen legen und festnähen. Die Oberkante umbügeln und mit Stoffkleber oder Heißkleber auf den Innenrand des Stiefels kleben.

Mit beschichtetem STOFF NÄHEN

Wenn Sie dafür keinen speziellen Nähmaschinenfuß haben, legen Sie vor dem Nähen ein Stück Seidenpapier auf den Stoff. Dafür reicht ein schmaler Streifen. Außerdem sollte man anstelle von Stecknadeln, die Löcher im Stoff hinterlassen, kleine Klammern, Büroklammern oder Masking Tape nehmen, um die Stoffschichten während des Nähens zusammenzuhalten. Dafür gibt es auch eine gute Nachricht: Beschichteten Stoff muss man nicht versäubern, weil er nicht ausfranst!

WASSERFESTER **SATTELSCHUTZ**

Dank dieses selbst genähten Sattelschutzes kommt kein Regentropfen mehr an Ihren Sattel!

MATERIAL

- Wachstuch
- Kordel oder Band, 1 m
- passendes Nähgarn
- Maßband
- Nähmaschine
- kleine Sicherheitsnadel
- 2 große Perlen

1. Den Sattel umgedreht auf ein Stück Papier legen und die Umrisse aufzeichnen, dabei den Stift schön grade halten. Die Vorlage ausschneiden. Das ist das Schnittteil (A), für die Oberseite des Sattelschutzes.

2. Mit dem Maßband den Umfang der Vorlage ausmessen, ebenso an der höchsten Stelle die Höhe des Sattels. Aus diesen beiden Maßen ein Rechteck ausschneiden, das Schnittteil (B) für die Seite.

3. Schnittteil (A) auf die Rückseite des Wachstuchs übertragen, dann rundum 1 cm Nahtzugabe aufzeichnen. Ebenso das Schnittteil (B) mit einer Nahtzugabe von 1 cm aufzeichnen. Beide Teile ausschneiden.

4. Die Kanten von Teil (B) 1 cm nach innen umschlagen und festnähen. Teil (B) mit einer Nahtzugabe von 1 cm rundum rechts auf rechts an Teil (A) befestigen und festnähen. Den Sattelschutz auf rechts wenden.

5. An der Kante von Teil (B) einen Tunnel anfertigen. Dafür diese 1,5 cm nach innen umschlagen und mit der Nähmaschine festnähen. Am Ende der Kordel eine Sicherheitsnadel anbringen und durch den Tunnel ziehen. An die Kordelenden jeweils eine Perle knoten.

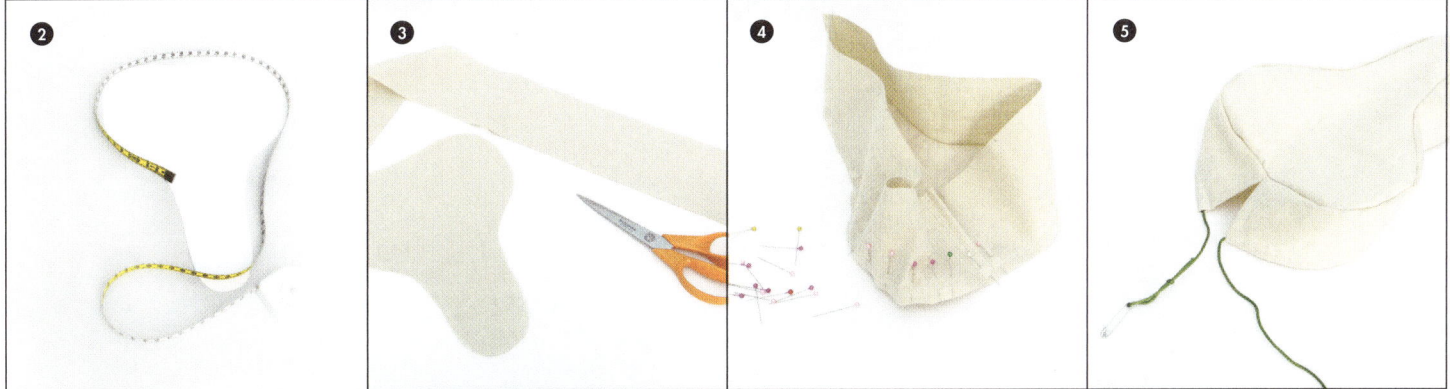

Verstecktes Gemüse

Murren Ihre Kinder oder Ihre Familienmitglieder bei dem Gedanken an Gemüse? Dann lassen Sie sich etwas einfallen! Verstecken Sie es, lassen Sie es unsichtbar werden oder präsentieren Sie es auf witzige Weise! Mit diesem klugen Schachzug können Sie neue Rezepte ausprobieren und eine tolle Zeit in der Küche verbringen.

ERBSEN-GNOCCHI MIT CREMIGER SAUCE

Unsichtbares Gemüse, das ist die beste Möglichkeit, ohne große Anstrengung auf seine Linie zu achten!

———

FÜR 4 PERSONEN
ZUBEREITUNG: 40 MIN.
KOCHZEIT: 55 MIN.

- 150 g Kartoffeln
- 250 g Erbsen
- 2 EL geriebener Parmesan
- 1 Eigelb
- 80 g Mehl

Für die Sauce
- 30 g Butter
- 100 g Crème fraîche
- 50 ml Milch
- 20 g geriebener Parmesan

1. Kartoffeln schälen, in Würfel schneiden und 20 Min. in Wasser kochen. Die Erbsen 5 Min. vor Ende der Kochzeit hinzufügen. Das Gemüse abgießen und durch eine Kartoffelpresse drücken. In einen Topf geben und 5 Min. bei mittlerer Hitze austrocknen lassen, nicht umrühren. Den Topf vom Herd nehmen, Parmesan, Eigelb und 60 g Mehl unterrühren. Mit Salz und Pfeffer würzen.

2. Mit bemehlten Händen aus dem Kartoffelteig walnussgroße Stücke abtrennen und zu Kugeln rollen. Diese mit dem Griff eines Holzlöffels flach drücken und mit der Gabel Rillen hineindrücken.

3. Für die Sauce die Butter in einem kleinen Topf zerlassen, Crème fraîche und Milch unterrühren und bei niedriger Hitze 4 Min. köcheln lassen. Parmesan hinzufügen und rühren, bis er geschmolzen ist. Mit Salz und Pfeffer abschmecken und warm halten.

4. Die Gnocchi in zwei Portionen in einem großen Topf mit kochendem Salzwasser kochen. Es dauert etwa 5 Min., bis sie zur Oberfläche aufsteigen. Mit der Sauce servieren.

PILZ-CAPPUCCINO

Dieses Süppchen wird mit einer Schaumschicht wie ein Cappuccino serviert, den man wie die Erwachsenen aus der Tasse genießen kann – mit abgestrecktem Finger!

FÜR 4 PERSONEN
ZUBEREITUNG: 20 MIN.
KOCHZEIT: 25 MIN.

- 250 g Champignons
- 1 Zwiebel
- 1 Kartoffel
- 1 Würfel Hühnerbrühe (instant)
- 200 ml Sahne
- 100 ml Milch
- 30 g geriebenen Parmesan
- 1 Prise Muskat

1. Champignons und Zwiebel in dünne Scheiben schneiden, Kartoffeln schälen und würfeln. Zusammen mit dem Brühwürfel und Wasser 20 Min. kochen.

Abgießen, mit einem Stabmixer pürieren und die Sahne nach und nach hinzufügen, bis eine samtige Textur entsteht.

2. In einem anderen Topf die Milch mit dem Parmesan aufkochen und mit dem Stabmixer aufschäumen.

3. Das Pilzsüppchen auf kleine Tassen oder Gläser verteilen und den Milchschaum daraufgeben. Mit Muskat bestreuen – das wirkt wie das Kakaopulver auf dem Cappuccino!

Das ungeliebte Gemüse für die Kinder kochen

Beginnen Sie mit **mildem und süßlichem Gemüse**, wie Zucchini, Süßkartoffeln, Karotten etc.

Bereiten Sie es auf unterschiedliche Arten zu: als Suppe, Smoothie (klappt gut mit Gurken und Spinat, vermischt mit Obst), Püree, salzige Tartes etc. Spielen Sie auch mit den Formen, denn Gemüsenudeln sind viel interessanter als gewürfeltes Gemüse.

Tricksen Sie beim Anrichten: Der Vulkan aus Püree ist das Muss, aber es gibt noch viel mehr Möglichkeiten. Zaubern Sie rosa Mäuse, indem Sie aus Radieschen kleine Scheiben für die Ohren und Streifen für die Schwänze schneiden; setzen Sie Karotten- oder Zucchinistangen in einen Frischkäseaufstrich, den

Sie in einem hübschen kleinen Blumentopf-ähnlichen Topf füllen.

Verändern Sie das Aussehen von Gemüse: mit Zucchinispaghetti können Sie ohne Zweifel großen Eindruck schinden, ebenso mit ausgebackenen Zucchiniblüten, die überraschend fein schmecken!

Nehmen Sie die Kinder mit zum Markt: Das Flair, die Farben und die verschiedenen Stände werden sie beeindrucken. Sprechen Sie mit ihnen über die Sorten, die Sie dort zusammen sehen, von denen die Kinder aber noch nicht wissen, wie man sie zubereitet, erklären Sie ihnen die saisonalen Unterschiede etc. Dabei entwickelt sich ein Lernprozess und eine Vertrautheit mit den Gemüsesorten.

Kochen Sie zusammen! Lassen Sie zu, dass sie sich beim Schälen, Schneiden, Anrichten etc. die Hände schmutzig machen. Wenn man versteht, wie ein Gericht hergestellt wird und welche Arbeit es erfordert, ist das der beste Weg, es zu schätzen!

Der eigenen Kreativität
FREIEN LAUF LASSEN!

Sie halten sich für einen hoffnungslosen Fall beim Zeichnen und Basteln?
Überwinden Sie dieses Gefühl und probieren Sie Techniken aus, bei denen
Sie Kreativität mit Unterhaltung und Erholung mischen können!

WEISS FREILEGEN

Drehen Sie den Prozess um und steigern Sie Ihre Kreativität nach und nach. Wenn Sie ein Poster anfertigen, arbeiten Sie um die Sache „herum", damit das Kunstwerk sichtbar wird.

MATERIAL

- Papier mit einem in dicken Lettern geschriebenen Wort
- weißes Blatt Papier
- Bleistift, HB
- schwarzer Filzstift

1. Das Blatt mit dem Wort unter das weiße Blatt Papier legen und die Umrisse der Lettern mit dem Bleistift durchpausen. Das geht leichter, wenn Sie die Papiere an ein Fenster halten.

2. Um das Wort herum kleine Filzstiftpunkte aufmalen. Sie sollten um das Wort herum sehr dicht sein und mit zunehmender Entfernung größere Abstände dazwischen haben. So wirkt die Anordnung lockerer und lebendiger.

Mit Aquarellfarben

MATERIAL
- Maskierflüssigkeit auf Latex-Basis (drawing gum)
- 1 Zahnstocher • 1 Bogen Aquarellpapier
- Aquarellpinsel
- Aquarellfarben

Manche Materialien können allergische Reaktionen auslösen.
Daher sollte man sie zuerst testen und mindestens 48 Stunden warten,
um festzustellen, ob eine Reaktion vorliegt, bevor man weiterarbeitet.

1

Den Zahnstocher in die Maskierflüssigkeit tauchen und wie einen Stift
benutzen. Damit ein Wort in die Blattmitte schreiben oder ein beliebiges Motiv
zeichnen. Trocknen lassen und ein Glas mit sauberem Wasser bereitstellen.

2

Das Papier mit Masking Tape rundum auf der Arbeitsfläche fixieren.
Breite Streifen in verschiedenen Farben übereinander aufmalen.
Dabei ruhig über die zuvor „maskierten" Stellen malen.
Die Farbe gut trocknen lassen.

3

Mit dem Finger die Schicht der getrockneten Maskierflüssigkeit
entfernen und so die Partien freilegen.

KÜNSTLERISCHE COLLAGE

Viele bekannte Künstler, von Matisse bis zu Picasso, haben ihrer Kreativität durch Collagen Ausdruck verliehen. Jetzt sind Sie dran!

MATERIAL

• 1 Block dickes, hochwertiges Papier
• Aquarell- oder Gouachefarben
• Nach Belieben: Buntstifte, Zahnstocher, Wachsmalstifte u. a.
• Schere
• Papierkleber oder doppelseitiger Klebestreifen
• Buntpapier
• Filzstift

Figürliche Collage

1. Das Motiv aufzeichnen oder grob von einer Vorlage übertragen, zum Beispiel einen Vogel auf einem Zweig oder eine Landschaft. Dabei die Umrisse vereinfachen und nur grobe Details aufzeichnen.

2. Die Formen als Vorlagen ausschneiden, auf Buntpapier übertragen und ausschneiden. Dann auf einem Bogen weißes Papier anordnen und das gewählte Motiv nachbilden. Eventuell noch einmal nachbessern, dann die Teile aufkleben.

3. Kleinere Details aus Buntpapier ausschneiden und aufkleben, zum Beispiel die Federn der Vögel, einen Kamin für ein Haus etc. Oder weitere Einzelheiten mit dem Filzstift aufmalen.

Papier selber färben

Besorgen Sie sich einen Block mit hochwertigem Papier, damit die Arbeit nicht zu mühsam wird und Sie nicht zu viel Papier verschwenden. Malen Sie mehrere Blätter komplett an. Dafür können Sie verschiedene Aquarelltechniken testen (siehe Vorschläge auf S. 58 bis 60). Probieren Sie unterschiedliche Techniken aus und mischen Sie sie, variieren Sie die Farbtöne und -intensitäten (hell oder dunkel), mischen Sie Aquarellfarben mit Wachsmalstiften, lassen Sie noch feuchte Farben ineinander verlaufen oder malen Sie nach dem Trocknen mit einer anderen Farbe über eine Farbschicht. Es gibt nur eine Devise: sich überraschen lassen

Tipp: Bestreuen Sie Aquarelle mit feinem Salz. Die dadurch erzielte Oberflächentextur wird Sie überraschen!

Papier zu einer abstrakten Collage zusammensetzen

Schneiden oder reißen Sie identische Formen aus dem Papier. Fertigen Sie eine Art Puzzle an, ein Formenalphabet … Kleben Sie dann diese Elemente wie gewünscht auf: übereinander oder auch überlappend. Mit identischen Formen kann man interessante Effekte und unerwartete Wirkungen erzielen. Aber Sie können natürlich auch die Blätter wie zufällig zerreißen.

Bunte MILCHSTRASSE

Diese additive Technik macht Spaß und bringt wunderbare Ergebnisse. Legen Sie sich viele Papierbögen bereit, damit Sie unterschiedliche Farbkombinationen testen können.

• alte Zahnbürste
• Gouache- oder Aquarellfarben
• dickes Papier
• goldfarbener Filzstift

Decken Sie die Arbeitsfläche mit Zeitungspapier ab. Tauchen Sie die Zahnbürste in ein Wasserglas, sodass sie gut durchfeuchtet ist. Ziehen Sie sie dann durch die gewünschte Farbe und streichen Sie etwas Flüssigkeit ab, damit Sie nicht zu dicke Tropfen erhalten. Streichen Sie dann mit dem Daumen von vorne nach hinten über die Zahnbürste und halten Sie diese dabei über das Papier. Lassen Sie die Farbe trocknen und zeichnen Sie mit dem Filzstift ein paar goldene Punkte für die Sterne auf.

Tipp: Probieren Sie einen anderen Effekt aus und fixieren Sie Papier auf ein Brett, sodass es gespannt. Befeuchten Sie es dann mit einem nassen Schwamm.

Winter

Auf dem Trödelmarkt:
LIEBE ZUM VINTAGE-STIL

Auf Antiquitäten-, Trödel- und Flohmärkten – überall
kann man Altes kaufen oder seiner Passion
für den Vintage-Stil frönen, an Auswahl fehlt es nicht.
Auch bei Ihnen in der Nähe gibt es sicher die Möglichkeit!

Kunst des Trödelns

Wo?

Antiquitäten-, Trödel- und Flohmärkte sind unerlässlich, wenn man alte
oder gebrauchte Gegenstände sucht. Viele finden im Frühjahr statt,
die Termine in Ihrer Region finden Sie im Internet. Ansonsten können
Sie das ganze Jahr über in Antiquitäten- oder Secondhandläden
stöbern, wo man Vintage-Kleidung und -Gegenstände aller Art findet.

Wie?

Erstellen Sie zunächst eine Liste mit den Gegenständen, die Sie suchen.
Aber gehen Sie nicht mit einer ganz präzisen Vorstellung von dem,
was Sie haben möchten, los, um nicht enttäuscht zu sein, wenn Sie
nicht fündig werden. Seien Sie offen, fragen Sie Händler nach Tipps,
kramen Sie in Schachteln und Dosen. Wenn Sie Zeit haben und es die
Größe des Marktes zulässt, gehen Sie zweimal zu jedem Stand.

Was kostet das?

Es ist Usus, den Preis zu verhandeln, wobei man immer korrekt
und mit Respekt vorgehen sollte. Man kann also je nach Qualität,
Seltenheitswert und Zustand eines bestimmten Objekts dieses um 10
bis 30 % herunterhandeln. Halten Sie immer Bargeld, auch Kleingeld,
bereit, Schecks werden selten akzeptiert. Prüfen Sie die Qualität und den
Zustand eines Objekts. Bei kleineren Fehlern lässt sich leichter handeln.

ERSTANDENE SCHÄTZE
REINIGEN

Viele Trödelobjekte brauchen eine gründliche Reinigung.

———

Gerüche entfernen: Das Objekt reinigen und so lange wie nötig in der prallen Sonne trocknen lassen.

Rostflecken entfernen: Worauf sie auch immer sind, am besten die Flecken mit etwas Oxalsäure, pur oder mit Wasser verdünnt, einreiben. Den Vorgang wiederholen, bis die Flecken verschwunden sind.

Geschirr und Gläser reinigen: Allzweckreiniger in heißes Wasser geben, Geschirr und Gläser darin spülen und mit klarem Wasser abwaschen. Bei Kalkflecken auf Gläsern etwas hellen Essig in heißes Wasser geben und 20–30 Min. einwirken lassen, dann abspülen. Falls nötig, den Vorgang wiederholen. Den Boden einer Karaffe oder eines Flacons reinigt man am besten, indem man flüssiges Spülmittel und grobes Salz hineingibt und die Mischung gut umrührt.

Gegenstände aus Holz reinigen: In einer Mischung aus heißem Wasser mit Waschsoda waschen. Das Wasser gut abwaschen und das Holz mehrere Tage an der Sonne trocknen. Wenn man es nicht in Wasser tauchen kann, den Staub absaugen und das Holz mit einem Schwamm reinigen. Nach Belieben anschließend eine Schicht Wachs oder Farbe auftragen.

Stoff reinigen: Leinen, Baumwolle, Hanf oder auch Mischgewebe lassen sich gut in der Maschine bei 95 °C waschen. Weißes Leinen in einem Bad aus sehr heißem Wasser mit etwas Natriumpercarbonat bleichen. Dafür mindestens 1 Woche darin einweichen. Anschließend nochmals in der Maschine kochen und möglichst an der Sonne trocknen lassen. Empfindliche Stücke (Borten und Spitzen etc.) in heißem Wasser von Hand waschen und flach liegend trocknen lassen.

SELBST GEMACHTES REINIGUNGS-MITTEL

Eine leere **Glasflasche** mit 1,5 l Fassungsvermögen bereitstellen. 500 ml Wasser zum Kochen bringen. Inzwischen **8 gehäufte EL Kernseifenspäne** und **1 EL Natron** in einem großen Glas mischen. **1 EL weißen Essig** und das kochende Wasser hinzufügen und vorsichtig verrühren, bis sich die Seife aufgelöst hat. Die Mischung abkühlen lassen und **8 Tropfen ätherisches Lavendelöl** hinzufügen. In die Flasche gießen und diese mit Wasser auffüllen. Vor jeder Verwendung das Reinigungsmittel umrühren. Wie klassischen Reiniger benutzen.

HOLZPOLITUR FÜR UNBEHANDELTES HOLZ

Im Wasserbad ½ Glas Bienenwachs-Granulat (oder geriebenen Bienenwachs) schmelzen. Vom Herd nehmen und 100 ml Leinöl, anschließend 100 ml Terpentin unterrühren. Abkühlen lassen und dann das zuvor gereinigte Holz damit einreiben.

Nicht wegwerfen!

Verhelfen Sie Ihrer abgenutzten Kleidung zu einem neuen Leben!
Mit ein paar Handgriffen können Sie Ihre Lieblingsteile, Hosen,
Röcke, Jeans und Schuhe in supermodische Stücke verwandeln.

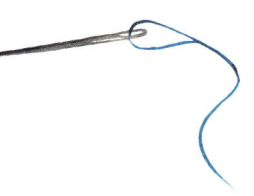

TOTAL
INDIGO

*Sashiko ist eine traditionelle japanische
Sticktechnik. Fertigen Sie in Verbindung
mit der Patchworktechnik damit
eine ganz individuelle Jeans!*

MATERIAL

- Jeans mit Löchern
- passende Stoffstücke
- doppelseitiges Klebevlies
- passendes Nähgarn
- kontrastierendes Stickgarn
- Nähnadel
- Sticknadel
- Bügeleisen
- Stoffschere
- kleine Stickschere

1. Aus den Stoffstücken Rechtecke
zuschneiden, die die Löcher in
der Jeans bedecken. Für die
Nahtzugabe 1 cm hinzufügen.

2. Die Nahtzugaben jeweils mit dem
Bügeleisen umbügeln. Um zu dicke
Stofflagen zu vermeiden, mit der
Stickschere die Ecken der Nahtzugaben
jeweils 1 mm schräg abschneiden.

ERNEUERUNG FÜR DAS LEDER

Diese Lotion ist kein Wundermittel, aber es ist wie immer: Mit natürlichen Mitteln pflegt und schützt man das Leder. Sie können es auch gut für Ihre Schuhe oder Jacken oder auch Sessel verwenden und sie damit erneuern.

3. Aus dem Vlies Rechtecke in denselben Maßen wie aus den Stoffen zuschneiden und auf die Rückseiten bügeln. Dann das Trägerpapier abziehen.

4. Ein Rechteck auf ein Loch in der Jeans legen und mit dem Bügeleisen fixieren.

5. Den Vorgang mit den anderen Rechtecken wiederholen. Nach Belieben können sich die Rechtecke überlappen, allerdings sollte man mehrere Überlappungen meiden, weil das Vlies den Jeansstoff dann zu sehr verstärkt

6. Die Rechtecke mit einem unsichtbaren Stich annähen.

7. Anschließend die Jeans mit Sashiko-Stichen verschönern. Dafür die Nadel in gleichmäßigen Abständen nebeneinander einstechen und mehrere parallele Reihen sticken. Für eine neue Reihe die Nadel diagonal führen, dabei die Stiche versetzt zur ersten Reihe anordnen.

8. Sind ausreichend Reihen gestickt, die Richtung wechseln und auf dieselbe Weise weiterarbeiten, sodass kleine Kreuze entstehen. Den Faden unsichtbar auf der Rückseite verknoten und abschneiden.

- leere Sprühflasche
- heller Essig
- Jojoba-Öl (hat eine starke Wirkung)
- Karité-Butter
- Weizenkeimöl
- Baumwollchiffon
- kleines Gefäß

1. Die Flasche bis zur Hälfte mit Essig füllen.

2. In einem kleinen Gefäß 1 TL Karité-Butter im Wasserbad schmelzen.

3. Die geschmolzene Butter zum Essig geben. Das Jojoba-Öl und anschließend 10 Tropfen Weizenkeimöl hinzufügen.

4. Vor dem Verwenden die Lotion schütteln. Das Leder, etwa einen Schuh, damit einsprühen und mit einem Chiffontuch verreiben.

GESCHIRR REPARIEREN MIT KINTSUGI

Erwecken Sie Ihr beschädigtes oder zerbrochenes Geschirr mit einer anderen berühmten japanischen Technik wieder zum Leben, mit Kintsugi! Es gibt nichts Einfacheres: Mischen Sie Epoxidharz mit etwas goldfarbenem Pulver. Tragen Sie die Mischung vorsichtig auf die Bruchstellen auf, lassen Sie sie trocknen und fügen Sie die Stücke zusammen. Achtung: Ein auf diese Weise repariertes Geschirrstück kann nicht für Lebensmittel verwendet werden. Benutzen Sie Ihre Schalen und Tassen fortan als hübsche Ablage!

Warten auf Weihnachten

Erfinden Sie den traditionellen Adventskalender ganz neu – er gehört zum Monat Dezember unbedingt dazu. Machen Sie ein echtes Deko-Objekt daraus, das jeden Tag eine kleine Freude hervorbringt.

Sternenübersät

Rollen Sie mit einer **Teigrolle lufthärtende Modelliermasse** in Weiß 5 mm dick aus und stechen Sie mit einem Ausstecher 24 Sterne daraus aus. Durchbohren Sie sie mit einem Strohhalm, damit Sie durch das Loch später ein **Bändchen** führen können, mit dem die Päckchen verschnürt werden. Wenn die Masse getrocknet ist, schreiben Sie mit **Farbe oder einem Markierstift** die Zahlen auf die Sterne. Diese kleinen selbst gemachten Schildchen wirken auf dem Adventskalender wunderhübsch!

WEIHNACHTSDORF AUS PAPIER

Kopieren Sie die Hausvorlage in unterschiedlichen Größen und übertragen Sie sie auf festes Papier, sodass Sie 24 verschiedene Häuser erhalten. Stecken Sie die Häuschen zusammen und legen Sie in jedes vor dem Verschließen eine kleine Überraschung. Stellen Sie sie auf dem Kamin oder einem Möbelstück zu einem Weihnachtsdorf zusammen. Für einen Tannenwald können Sie noch grüne und weiße Halbkreise aus festem Papier ausschneiden, diese zu Kegeln zusammenrollen und anschließend mit Sternen, Pailletten und selbstklebenden Motiven verzieren.

ADVENTSKALENDER ZUM FESTKLEMMEN

MATERIAL

• Holzlatte oder Stück Holz
• 24 Wäscheklammern aus Holz
• Acrylfarbe in Weiß und Rot
• Masking Tape
• Alleskleber
• Zahlenschablonen
• Bohrmaschine
• Schnur

1. Die Holzlatte und einen Teil der Wäscheklammern in Weiß, die anderen Klammern in Rot anmalen. Die Wäscheklammern mit Masking Tape verzieren und dann mit etwas Abstand längs auf der Latte festkleben. Mithilfe der Schablonen die Zahlen von 1 bis 24 über die Klammern auf die Latte malen.

2. In die beiden oberen Ecken ein Loch durch die Latte bohren und die Schnur zum Aufhängen hindurchziehen. Die Päckchen mit Schnur verschnüren und an den Klammern befestigen.

Tipp

Sie können die Päckchen auch an eine Girlande hängen, die Sie ganz nach Belieben mit Weihnachtskugeln und Zweigen dekorieren und an der Wand anbringen können.

Überraschungen für den Adventskalender

Für Kinder: kleine Spielzeuge von Playmobil, Lego, kleine Autos, Tierfiguren. Auch Holzbauklötze oder Puzzleteile eignen sich gut, denn Sie können sie über die Tage verteilen, sodass sie am Ende komplett sind.

Für Jugendliche: Bücher, Comics, Socken, Kerzen, selbstgenähte Täschchen oder Umhängetasche, kleine Grünpflanzen, Gesellschaftsspiel, hübsche Brosche oder Anstecker, Polaroid-Fotos, hübsche Botschaften auf Papier.

Für Erwachsene: Gestalten Sie einen Themen-Adventskalender passend zu einem Hobby, etwa zum Thema Backen, Kreativität, Garten, Musik, Tee. Dann kann man täglich ein Päckchen mit alten Blumensamen oder Teebeuteln öffnen und hat zum Schluss eine schöne Sammlung.

Für alle: Süßes und Kekse, „Gutscheine für": einen Kuss, eine Geschichte, einen Kinobesuch mit Familie oder Freunden, eine Fahrradtour, einen Film- oder Spieleabend, ein Waldpicknick, einen Nachmittagskaffee.

WIEDERVERWERTEN

Alte Bücher, Kataloge, Geschenkpapier etc. kann man gut recyceln und daraus hübsche Verpackungen anfertigen. Nehmen Sie einen Bogen, der halb so groß wie ein DIN-A4-Blatt ist, und Masking Tape. Falten Sie das Papier zu einer kleinen Tasche. Schreiben und drucken Sie auf unterschiedliche Weise Zahlen des Adventskalenders auf ein Stück Papier (mit Stempeln, Schablonen) und heften Sie es mit Büroklammern fest. Legen Sie die Päckchen dann in ein großes Glas oder befestigen Sie sie an einer Holzlatte oder an der Wand.

Weihnachtliche DEKO

Die Schaufenster leuchten, eine sanfte Weihnachtsmusik erklingt – das ist der Augenblick, das Haus zu dekorieren!

DEKORATION FÜR (FAST) 0 EURO

Dieselbe Deko wie jedes Jahr ist langweilig! Wenn Sie sie ändern möchten, ohne viel Geld auszugeben, halten Sie ein paar Grundzutaten bereit: eine Lichterkette (am besten mit warmem LED-Licht) und ein paar unzerbrechliche Kugeln in neutralen Farben, etwa in Gold, Silber oder Weiß. Lassen Sie sich dann von den folgenden Vorschlägen inspirieren, mit denen Sie die Deko ändern können, ohne alles austauschen zu müssen.

Ein Farbtupfer

Gold und Grün, Silber und Blau etc. Oft folgt die Weihnachtsbaumdeko einem bestimmten Schema. Dabei kann man die Themen und Farben der Anhänger erneuern. Malen Sie sie mit einem **Borstenpinsel** und **spezieller Kalkfarbe** an. Tragen Sie zuerst eine dünne Schicht auf, lassen Sie sie gut trocknen und tragen Sie dann eine zweite, dickere Schicht auf. Stecken Sie die Kugeln zum Trocknen auf einen **Holzspieß**, den Sie auf zwei Gläser legen.

Individuelle Deko

Natürliche Deko, leckeres Naschwerk, kleine Waldtierchen … Besorgen Sie sich für eine besondere Deko, die Sie jedes Jahr ändern können, **durchsichtige Kugeln in einem Bastelmark**t. Sie lassen sich praktischerweise öffnen und Sie müssen nur noch **kleine Figürchen, einen Tannenzapfen, etwas Schokolade** oder was auch immer zu Ihrem Thema passt hineinlegen. Hängen Sie sie an einem Faden auf. Und die Kleinsten? Diese Kugeln sind auch ein sehr hübsches Geschenk. Am Tag X können sie Groß und Klein öffnen und die Überraschungen herausnehmen.

Tannenbaum oder nicht?

Eine echte oder künstliche Tanne? Jedes Jahr ist die Diskussion dieselbe. Hier finden Sie ein paar hübsche Alternativen.

Masking Tape: Bringen Sie direkt auf der Wand einen Tannenbaum an, indem Sie lange Streifen aus Masking Tape aufkleben. Sie lassen sich nach dem Fest rückstandslos entfernen. Oder kleben Sie nur die Konturen auf und verbinden Sie die Kanten mit Girlanden aus durchsichtigem Klebestreifen, an denen Kugeln befestigt werden.

Aufgehängt: Befestigen Sie mit einem Nylonfaden drei oder vier Tannenzweige der Größe nach in „Etagen" auf dem Boden. Hängen Sie die Kugeln daran und schließen Sie oben mit einem Stern ab.

Spielerisch: Lassen Sie die Kinder auf großen Blättern einen Tannenbaum zeichnen und hängen Sie ihn mit selbstklebenden Klebestreifen an die Wand. In der Adventszeit können die Kinder dann nach und nach die Dekoration hinzufügen.

WINTERLICHER **KRANZ**

*Erneuern Sie diesen Klassiker, indem
Sie den traditionellen Pflanzen
wie Tanne und Eukalyptus bunte,
exotische Blumen hinzufügen.*

MATERIAL

• Gartenschere
• Zange
• dünner Draht
• Band
• 10 Stängel Korkenzieherweide
• 2 Tannenzweige
• 3 Stängel Ruscus
• 2 Stängel Eukalyptus
• 2 Stängel Woll-Zieste
• 2 Stängel Disteln
• 1 Protea
• 2 Stängel Schleierkraut
• 2 Stängel Kalanchoe
• 2 Stängel Klebsamen

1. Die Pflanzen in verschiedenen Größen
und ein paar Drahtstücke zurechtschneiden.

2. Die Stängel der Korkenzieherweide
zu einem Kranz legen. Dafür 5 Stängel
zusammenfassen und in der Mitte mit Draht
zusammenbinden, ebenso die Enden. Dasselbe
mit den anderen 5 Stängeln wiederholen.
Mit dem 1. Gebinde einen Bogen formen
und diesen an dem 2. befestigen. Das
2. Gebinde ebenfalls zu einem Bogen
legen, am offenen Ende des 1. Gebindes
befestigen und so den Kranz schließen.

3. Mit Draht die Tannenstücke daran
befestigen. Nach und nach den ganzen
Kranz bedecken, dabei immer abwechselnd
verschiedene Pflanzen anbringen,
sodass sich die Materialien und die
Dichte der Pflanzen abwechseln.

4. Mit dieser Technik die Stängel
mit den verschiedenen Blättern
über den Kranz verteilen.

5. Auf dieselbe Weise auch die Blüten
anbringen. Zuletzt ein paar zuvor mit goldener
Farbe besprühte Trockenblumen befestigen.

6. Zum Schluss für die Aufhängung
ein Band durch den Kranz ziehen.

Weihnachtliche LECKEREIEN

Was für eine Freude, wenn man seine Lieben mit diesen selbst gemachten köstlichen Geschenken verwöhnen kann! So wird die weihnachtliche Dekoration sehr individuell und verströmt zudem einen herrlichen Duft im ganzen Haus.

CREMIGE HEISSE SCHOKOLADE

FÜR 2 TASSEN
ZUBEREITUNG: 15 MIN.

- 2 TL ungesüßtes Kakaopulver + etwas zum Dekorieren
- 2 EL Maisstärke
- 2 EL Zucker
- 1 Päckchen Vanillezucker
- 800 ml Milch
- 150 g dunkle Schokolade

In einem Topf Kakaopulver, Maisstärke und beide Zuckersorten mit etwas kalter Milch glatt rühren. Die restliche Milch dazugießen und unter ständigem Rühren 2 Min. köcheln lassen, bis die Masse dicklich wird. Den Topf vom Herd nehmen und die Schokoladenstücke hinzufügen. Vorsichtig rühren, bis sie schmelzen. Mit einem Schneebesen cremig rühren und gleich servieren.

Für die Deko

Aus festem Papier die Umrisse eines Hirschs ausschneiden. Diese Schablone auf die Tasse legen und Kakaopulver durch ein Sieb darüberstreuen.

Süße Geschenke zum Knabbern

Backen Sie dickere Plätzchen, etwa solche Lebkuchen wie hier zu sehen, stecken Sie sie auf Holzspieße und verpacken Sie sie mit einem goldenen Bändchen in Klarsichtfolie: Diese Lutscher werden die Kleinen begeistern!

•

Legen Sie ihre Plätzchen in eine **hübsche Schale** und bestreuen Sie sie mit **Zuckerperlen**. Fügen Sie noch ein hübsch beschriftetes Etikett mit dem Namen des Beschenkten bei.

•

Vergessen Sie beim Dekorieren die **Glasur** nicht. Die einfachsten Rezepte sind für Sterne, Tannenbäume, Häuschen und Lebkuchenmänner geeignet.

•

Stechen Sie vor dem Backen ein Loch in die Plätzchen, damit Sie sie **aufhängen** können, oder legen Sie mehrere übereinander und **wickeln Sie ein hübsches Band darum**. Legen Sie sie auf den gedeckten Weihnachtstisch als kleines Geschenk neben jeden Teller.

KLEINE LEBKUCHENMÄNNER

FÜR 30 STÜCK
ZUBEREITUNG: 15 MIN.
RUHEZEIT: 1 STD.
BACKZEIT: 15 MIN.

• 250 g flüssiger Honig
• 250 g Mehl
• ½ Päckchen Backpulver
• 5 g Anissamen
• 3 g Zimtpulver
• 3 g gemahlene Gewürznelken
• abgeriebene Schale von ¼ Orange
• 1 Ei

Zum Dekorieren
• 1 Eiweiß
• 220 g Puderzucker
• ½ Zitrone
• Bonbons, Zuckerperlen etc.

1. Den Honig in einem Topf zum Kochen bringen. In einer Schüssel Mehl und Honig vermischen. Den Teig zu einer Kugel formen, in ein Tuch wickeln und bei Zimmertemperatur 1 Std. ruhen lassen.

2. Backpulver unterkneten, dabei den Teig feste kneten und nach und nach die Gewürze und Orangenschale hinzufügen.

3. Den Backofen auf 170 °C vorheizen. Den Teig 5 bis 8 mm dick ausrollen und mit einem Ausstecher Figuren ausstechen. Diese auf ein Backblech legen, mit verquirltem Ei bestreichen und 15 Min. backen. Auf einem Gitter abkühlen lassen. Mit Glasur und Bonbons, Zuckerperlen etc. dekorieren.

GLASIERTE MARONEN

FÜR 1,2 KG MARONEN
ZUBEREITUNG: 10 MIN.
KOCHZEIT: 10 MIN.
RUHEZEIT: 1 NACHT

• 1 kg tiefgefrorene Maronen
• 1,5 kg Zucker
• 1 TL Vanillesamen

1. Am Vorabend die Maronen mit 750 ml kaltem Wasser in einen Topf geben und zum Kochen bringen. Zucker und Vanillesamen hinzufügen.

2. 20 Min. kochen lassen, dann 2 Std. im Sirup ziehen lassen und anschließend nochmals 5 Min. kochen. Über Nacht im Sirup ruhen lassen.

3. Am nächsten Tag alles nochmals aufkochen und dann die Maronen auf einem Backblech trocknen lassen.

Leckere Ideen

Bewahren Sie gebrochene Maronen und Splitter davon zum Dekorieren von weihnachtlichen Desserts auf. Der Sirup ergibt auch eine hervorragende Glasur für einen weihnachtlichen Gewürzkuchen.

Die schönsten GESCHENKE

Das vielversprechende, das vollkommen mysteriöse, das wunderliche …
unter dem Tannenbaum häufen sich unterschiedliche Geschenke, deren
Verpackungen nichts verraten. Sie können sie ganz nach Belieben herstellen und
zauberhafte Verpackungen aus Papier, Bändern und Gold anfertigen.

SELBST GEMACHT

Wickeln Sie die Geschenke in weißes Papier oder Packpapier und dekorieren Sie sie mit Schildern und Aufklebern und
bemalen Sie sie mit festlichen Motiven, mit Tannenbäumen, Punkten, Kränzen etc. Verdünnen Sie die Farbe etwas, damit
sich das Papier nicht wellt und die Muster einen Aquarelleffekt erhalten. Lassen Sie die Farbe trocknen, bevor Sie einige
Stellen mit Markierstift bemalen. Schreiben Sie auch in Schönschrift Botschaften über die ganze Fläche des Päckchens
darauf. Bedenken Sie, man kann hier nichts falsch machen, Unregelmäßigkeiten machen den besonderen Stil aus!

Kleines Set für besondere Geschenkverpackungen

einfarbiges Packpapier, weiß oder farbig

•

weiße Papiertüten

•

Schilder oder festes Papier

•

Acrylfarbe und Pinsel

•

Markierstifte in Gold, Silber oder Weiß, mit dünner und dicker Spitze

•

Klebeband, hübsches Masking Tape und goldene Aufkleber

•

Schnüre und Bänder

•

Schere

•

Locher

SCHILDER IN SCHÖNSCHRIFT

Es ist wunderbar, eine kleine besondere Botschaft mit einem Geschenk überreicht zu bekommen! Hier wird erklärt, wie man sie in besonders schöner Schrift gestalten kann.

Für breite und dünne Buchstaben ist der **Druck**, den Sie mit Ihrer Hand ausüben, entscheidend. Üben Sie mehr Druck aus, wenn Sie eine Linie nach unten ziehen und verringern Sie ihn, wenn Sie sie nach oben ziehen.

Üben Sie mit einem Bleistift, dann mit einem Pinselstift oder goldenen Markierstift, und fahren Sie die Linien nach unten nach, um sie zu verbreitern. Das Ziel ist, **flüssig** schreiben zu können und die Form der Buchstaben zu verändern, um ihnen einen gewissen Stil zu verleihen.

Dann können Sie noch mit den **Verbindungslinien** zwischen den Buchstaben und den **Zwischenräumen** zwischen den Wörtern spielen. So wirkt Ihre Schrift eleganter und harmonischer. Verzieren Sie auch noch die Buchstaben mit **Ornamenten** und **Bordüren** und geben Sie Ihnen damit eine ganz besondere persönliche Note. Extra für Sie: Üben Sie, indem Sie die eleganten Botschaften links und oben nachschreiben. Nach und nach wird Ihre Hand geschmeidiger und sie gleitet leichter über das Papier, sodass Sie Ihre eigenen Botschaften wunderschön übermitteln können.

FÜR WEN IST DAS?

Schneiden Sie aus Packpapier ein **Schild** in Form eines Tannenbaums oder einer Christbaumkugel aus. Fahren Sie die Konturen mit einem Filzstift oder in Silber nach und schreiben Sie den **Vornamen** darauf. Stanzen Sie ein Loch hinein und binden Sie die Etiketten mit einem hübschen Band oder einer Schnur an die Geschenke. Befestigen Sie zur zusätzlichen Dekoration noch ein Stück **schönes Juteband** oder einen **Tannenzweig** an dem Geschenk.

Perfektes Silvester

Sind Sie bereit, den Countdown zum neuen Jahr anzustimmen? Hier finden Sie wunderschöne Ideen für die Silvesterfeier, sowohl für die Kleidung als auch für das Essen. Ein guter Vorsatz: Das nächste Jahr wird kreativ – und ich beginne schon heute damit!

CHAMPAGNER MIT MANDELKEKSEN UND MANDARINE

FÜR 4 PERSONEN
ZUBEREITUNG: 10 MIN.

• 2 kandierte Mandarinen
• 500 ml Champagner
• 3 EL Zuckersirup
• 4 Kugeln Mandeleis
• 4 Mandelkekse (französische Calissons)

1. Die Mandarinen vierteln und in die Gläser geben.

2. Zur Hälfte mit Champagner auffüllen, Zuckersirup dazugießen und vorsichtig die Eiskugeln daraufgeben.

3. Sehr vorsichtig den restlichen Champagner dazugießen.

4. Je einen Mandelkeks auf einen Holzspieß stecken und in die Gläser stellen.

Tipp

Wenn Sie kein Mandeleis bekommen, ersetzen Sie es durch Vanilleeis und geben Sie ein paar Tropfen Bittermandelöl hinzu.

KASTANIENSUPPE MIT GÄNSELEBERPASTETE

FÜR 6 PERSONEN | **ZUBEREITUNG: 15 MIN** | **GEFRIERZEIT: 30 MIN.**
KOCHZEIT: 25 MIN.

• 100 g rohe Gänseleberpastete • 1 kleine Zwiebel • 1 EL Olivenöl
• 600 ml Milch • 400 g naturbelassene Esskastanien
• 1 Würfel Geflügelbrühe • 200 ml Sahne

1. Die Gänseleberpastete für 30 Min. in das Gefrierfach legen.

2. In der Zwischenzeit die Zwiebel hacken und im Öl dünsten. Mit Milch ablöschen, die Kastanien hinzufügen und den Brühwürfel in der Flüssigkeit auflösen. Mit Salz und nach Belieben mit Pfeffer würzen. Bei niedriger Hitze ungefähr 20 Min. kochen lassen. Dann mit dem Stabmixer fein pürieren und die Sahne hinzufügen. Falls nötig, noch Milch dazugießen.

3. Die Gänseleberpastete mit der Maschine oder einem kleinen Messer in Späne hobeln.

4. Die sehr heiße Suppe in kleine Schalen füllen und mit Gänseleberpastete, Fleur de sel und Pfeffer bestreuen.

MASKULINER CHIC

MATERIAL

- Fester, glänzender Stoff, 50 x 50 cm
- Aufbügelbares Saumvlies, 50 x 50 cm
- schwarzes Klettband, 4 cm
- Nähmaschine
- Nähnadel
- Nähgarn
- Schere

1. Für die Schleife ein 24 x 14 cm großes Rechteck aus dem Stoff zurechtschneiden und längs der Mitte nach rechts auf rechts falten. Mit einer Nahtzugabe von 1 cm an den Längsseiten zusammennähen und wenden. Dabei so legen, dass die Naht in der Mitte liegt. Die Seiten nach innen einschlagen und bügeln. Von Hand festnähen.

2. Für das mittige Band ein 10 x 7 cm großes Rechteck aus dem Stoff zurechtschneiden und wie in Schritt 1 zusammennähen.

3. Für das Halsband einen 42 x 8 cm breiten Streifen mittig falten und bügeln. Die Falte wieder öffnen, die Kanten zur mittleren Falz legen und bügeln. Das Vlies darauflegen und ohne Dampf aufbügeln.

Frage der Haltung

Mit dieser Fliege kann man auch den Rückenausschnitt sehr stilvoll betonen! Entfernen Sie das Halsband und schieben Sie stattdessen die Fliege über den BH-Träger, der bei tief ausgeschnittenen Kleidern im Rücken sichtbar ist.

4. Die Mitte der Schleife in Form legen und das kleinere Band zur Befestigung darumwickeln. Auf der Rückseite mit ein paar Handstichen fixieren. Das Halsband unter das mittlere Band schieben und auf beiden Enden einen kleinen Saum nähen. Das Klettband daraufnähen, auf eine Seite die Haken- und auf die andere die Flauschseite.

UNKONVENTIONELLES KLEINES SCHWARZES

MATERIAL

- schwarzes, ärmelloses Kleid
- Bügeleisen
- 1 Bogen Bügeltransferfolie in Gold
- Geodreieck
- Backpapier
- Schere
- schwarzer Kugelschreiber

1. Auf der Rückseite der Folie Quadrate mit einer Seitenlänge von 2,5 cm nebeneinander aufzeichnen. Diese durch eine Mittellinie halbieren und anschließend jedes Quadrat diagonal durchteilen, sodass Dreiecke entstehen. Diese ausschneiden.

Pflege

Das Kleid von links waschen; die Bügelfolie kann in der Maschine bei bis zu 40 °C gewaschen werden.

2. Einen Bogen Backpapier in den Armausschnitt des Kleids schieben. Die Dreiecke in waagerechten Reihen nebeneinander neben die Armausschnitte legen.

3. Mit einem heißen Bügeleisen ohne Dampf 30 Sekunden lang fixieren. Überschüssige Folie abschneiden.

Grundbegriffe
des Strickens und Häkelns

ABNEHMEN:
die Maschenzahl verringern.

ABKETTEN:
ein Strickstück beenden, indem die Maschen stillgelegt werden, sodass sie sich nicht auflösen können.

ANSCHLAGEN:
Maschen zu Beginn auf die linke Nadel aufnehmen.

ARBEIT WENDEN:
die Arbeit von der rechten auf die linke Seite oder umgekehrt drehen.

HILFSNADEL:
Synonym zu Zopfnadel.

JACQUARDMUSTER:
farbiges Muster mit sich wiederholenden Motiven.

KLAMMERN:
wie die Sternchen werden sie ebenso dafür verwendet, um eine sich wiederholende Maschenfolge anzugeben.

KNÄUEL:
Menge an Wolle, meist in Gewicht und Lauflänge angegeben

LUFTMASCHENKETTE:
Grundlage für alle Maschen beim Häkeln; die Kette besteht aus mehreren Luftmaschen.

MASCHE AUFHEBEN:
eine stillgelegte oder versehentlich aufgelöste Masche wieder aufnehmen.

MASCHENGLIED:
Beim Häkeln besteht eine Masche aus zwei Teilen, dem nach vorne zeigenden „vorderen Maschenglied" und dem hinten liegenden „hinteren Maschenglied".

MASCHENPROBE:
kleines gestricktes Quadrat, das vor dem endgültigen Strickstück angefertigt wird, um die in der Anleitung angegebene Anzahl der Maschen und Reihen für die eigene Arbeit zu ermitteln.

MOTIV:
Eine sich wiederholende Maschenfolge bildet ein Motiv.

NADELSPIEL:
besteht aus zumeist 5 Stricknadeln, die an beiden Enden spitz sind; sie werden vor allem zum Stricken in Runden verwendet.

RANDMASCHE:
Masche am Anfang und Ende einer Reihe.

REIHE:
Querreihe von gestrickten Maschen. Beim Häkeln eine Maschenfolge auf der Luftmaschenkette.

RIPPEN:
Längsreihe von gestrickten Maschen.

RUNDSTRICKNADEL:
diese hat an beiden Enden eine Stricknadel und einen biegsamen Mittelteil; damit kann man in beide Richtungen stricken.

SCHLAUFE:
langgezogene Masche beim Stricken oder beim Häkeln eine Masche auf der Häkelnadel.

STERNCHEN * *:
Steht eine Maschenfolge zwischen 2 Sternchen, muss sie mehrmals wiederholt werden.

ÜBERSPRINGEN:
eine oder mehrere Maschen der Vorreihe übergehen.

UMSCHLAG:
den aus dem Knäuel kommenden Faden vor dem Stricken der nächsten Masche um die Nadel legen; beim Häkeln den Faden um die Häkelnadel legen, bevor in das nächste Maschenglied eingestochen wird.

WOLLNADEL:
dicke Nähnadel mit abgerundeter Spitze, wird auch zum Zusammennähen von Strickstücken verwendet.

ZOPFNADEL:
kleine, gebogene Stricknadel, mit der man Maschen vor oder hinter einer Arbeit stilllegen kann, um sie dann in derselben Reihe abzustricken, sodass ein Zopfmuster entsteht.

ZUNEHMEN:
Maschen hinzufügen.

ZUSAMMENSTRICKEN:
Maschen abnehmen, indem ein oder zwei Maschen von der rechten auf die linke Nadel geschoben und mit der folgenden Masche zusammengestrickt werden.

Abkürzungen

beim STRICKEN

abk: abketten

abh: abheben

abn: abnehmen

anschl: anschlagen

cm: Zentimeter

glatt re: glatt rechts

Hilfs-Nd: Hilfs- oder Zopfnadel

kraus re: kraus rechts

li: links

M: Masche(n)

Nd: Nadel

R: Reihe(n)

Rd: Runde(n)

re: rechts

str: stricken

U: Umschlag

überz: überziehen

überzusstr: überzogen zusammen-stricken

verschr: verschränken

wdh: wiederholen

zun: zunehmen

zusstr: zusammenstricken

beim HÄKELN

Abn: Abnahme

anschl: anschlagen

cm: Zentimeter

DStb: Doppelstäbchen

fM: feste Masche(n)

Häkel-Nd: Häkelnadel

hint: hintere(s)

hStb: halbe(s) Stäbchen

Km: Kettmasche(n)

Lm: Luftmasche(n)

Lm-Kette: Luftmaschenkette

li: links

M: Masche(n)

M-Glied: Maschenglied

Nd: Nadel

R: Reihe(n)

Rd: Runde(n)

re: rechts

Stb: Stäbchen

überspr: überspringen

vord: vordere(s)

wdh: wiederholen

Zun: Zunahme

zus: zusammen

Schriften

STRICKSCHRIFT

☐ ▯ re M re, li M li str.

⊙ Umschlag

⊠ M re verschr auf re M oder li verschr auf li M

⊠ M li verschr auf re M oder re verschr auf li M

∨ M abh, Faden hinten

⊻ M abh, Faden vorne

╱ ╲ auf re M 2 M re zusstr oder auf li M 2 M li zusstr

╲ ╱ Einfacher Überzug re auf re M, li auf li M

╱ Einfacher Überzug re auf li M

╱ 2 M li zusstr auf re M oder re auf li M

◢ 3 M re zusstr

◣ 3 M li zusstr

⋀ 2 M abn auf re M

◿ M abn, Anzahl wie im Symbol angezeigt

⅄ 1 Zun

⅃ li geneigt zun

⅂ re geneigt zun

∀ M zun, Anzahl wie im Symbol angezeigt

∩ re M in der vorigen R

∩ li M in der vorigen R

▣ Noppe

HÄKELSCHRIFT

o Luftmasche (Lm)

● Kettmasche (Km)

O magischer Ring

x + feste Masche (fM)

⊤ halbes Stäbchen (hStb))

₸ Stäbchen (Stb)

₮ Doppelstäbchen (DStb)

₮ Dreifachstäbchen (DreiStb)

⋁ Zun fM

∨ Zun hStb

⋀ Abn fM

⋀ Abn Stb

⋎ 3 Km aus 1 M

⋎ 3 hStb aus 1 M

⬚ Stb aus 1 M

⬚ zusammengehäkelt

⋀ 1 M in 3 hStb

⅀ 1 M in 3 Km

ℭ Km in vord M-Glied

ℑ Km in hint M-Glied

ℑ hStb in vord M-Glied

ℑ hStb in hint M-Glied

ℑ Stb in vord M-Glied

⌢ hint M-Glied

⌣ vord M-Glied

₸ Relief-M in hint M-Glied

⋓ Muschelmuster

⬭ Picot-M

⬯ Popcorn-M

Häkelmaschen

LUFTMASCHE

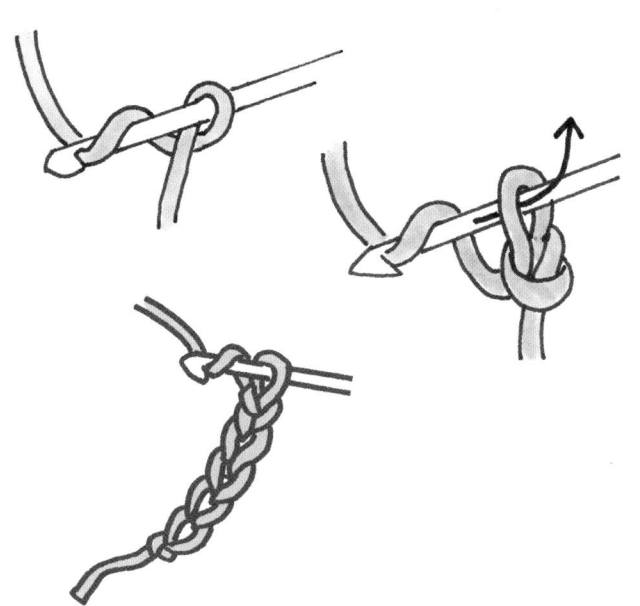

KETTMASCHE

FESTE MASCHE

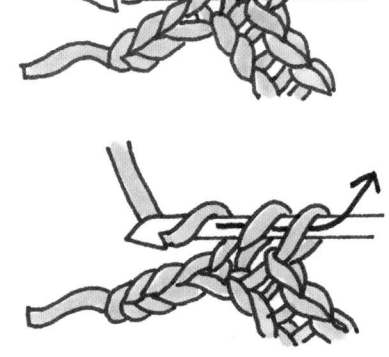

HALBES STÄBCHEN

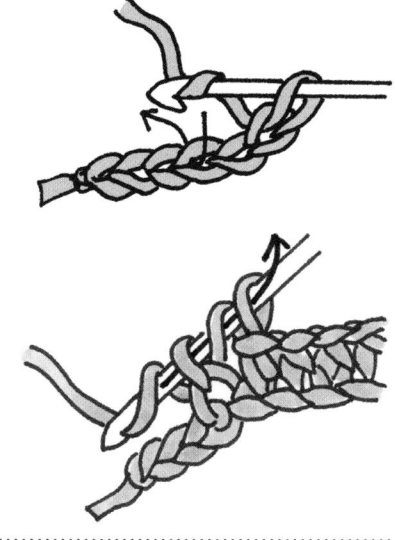

STÄBCHEN

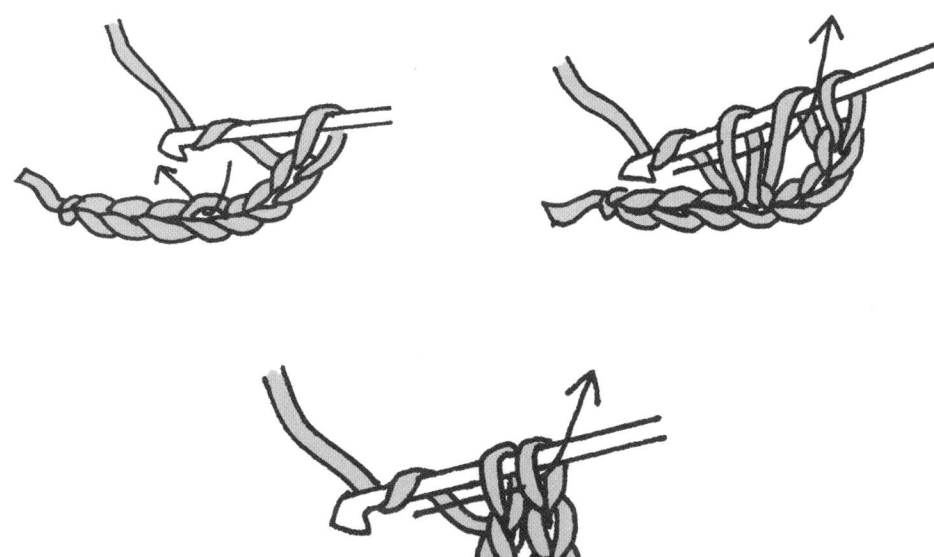

DOPPELSTÄBCHEN

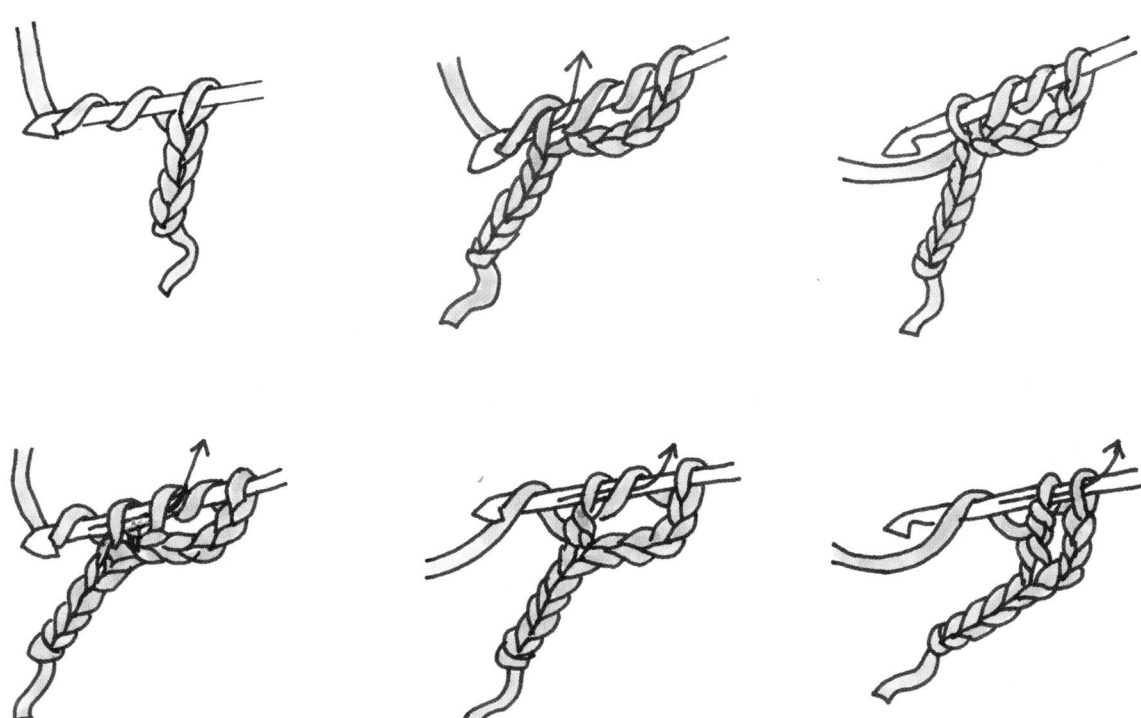

Strickmaschen

KRAUS RECHTS

Alle Reihen rechts stricken.

GLATT RECHTS

Abwechselnd 1 Reihe rechts/1 Reihe links stricken.

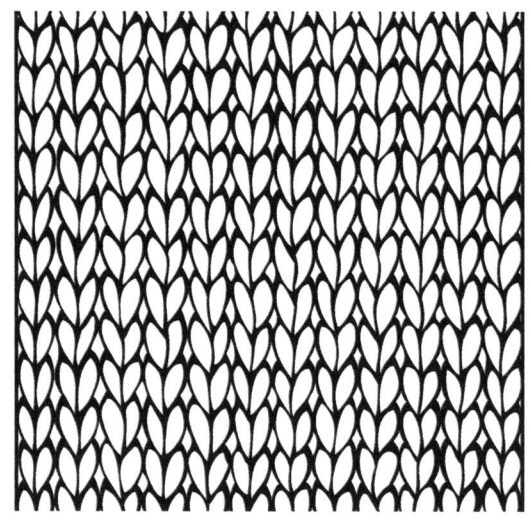

RIPPENMUSTER 1/1

Abwechselnd in jeder Reihe 1 Masche rechts/1 Masche links stricken.

SCHACHBRETTMUSTER

Das entsteht, indem abwechselnd rechte und linke Maschen gestrickt werden, die jeweils kleine Quadrate bilden. Die Maschenzahl muss durch 4 teilbar sein.

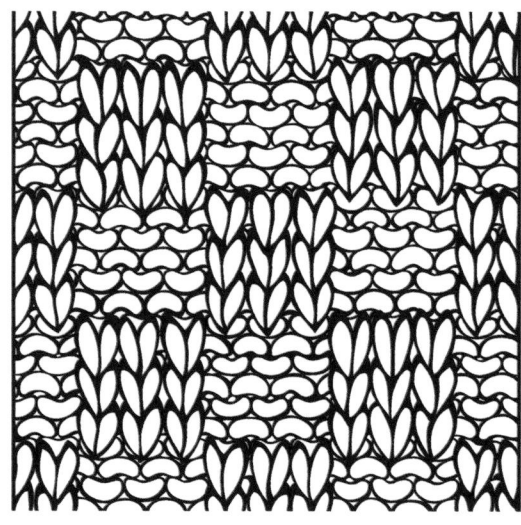

RIPPENMUSTER 2/2

Abwechselnd in jeder Reihe
2 Maschen rechts/2 Maschen links stricken.

Achtung: Die Breite der Rippen kann variiert werden,
indem man die Anzahl der rechten und linken Maschen
in der 1. Reihe verändert.

ZOPFMUSTER

Die Grundtechnik besteht darin, einige Maschen vor oder
hinter der Arbeit stillzulegen, um sie mit anderen
Maschen zu kreuzen. Die Maschen, die hier rechts
aussehen, immer glatt rechts stricken, und die linken links
stricken.

BEISPIEL FÜR MASCHENFOLGE

REIHE 1:
4 Maschen rechts, 4 Maschen links, bis zum Reihenende.

REIHE 2 BIS 4:
Reihe 1 wiederholen.

REIHE 5:
4 Maschen links, 4 Maschen rechts, bis zum Reihenende.

REIHE 6 BIS 8:
Reihe 5 wiederholen.

Die Reihen 1 bis 8 wiederholen.

Grundlagen des STRICKENS

MASCHEN ANSCHLAGEN

1. Eine Schlinge knoten und die Stricknadel durchschieben. Dann den Faden von beiden Seiten nehmen (links den vom Wollknäuel kommenden und rechts das Fadenende).

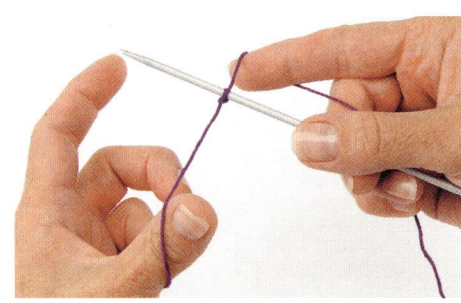

2. Die Stricknadel in die rechte Hand nehmen. Das Fadenende (den kürzeren Faden) greifen und von vorne nach hinten um den Daumen der linken Hand legen. Die Nadelspitze in die so entstandene Schlaufe führen.

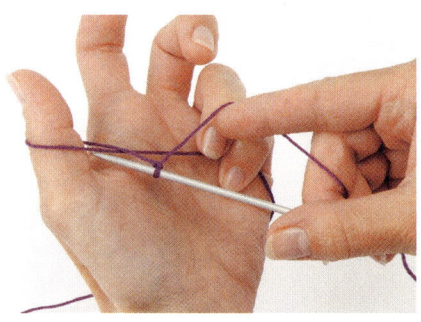 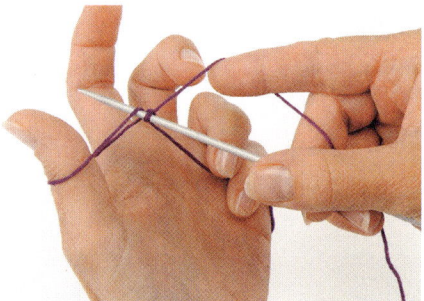

3. Den linken Faden (vom Wollknäuel) von hinten nach vorne um die Nadel führen. Die Nadel mit dem Faden nach vorne ziehen. Sie haben jetzt eine Masche aufgenommen. Diese vorsichtig festziehen. Für jede weitere Masche so fortfahren und alle Maschen so gleichmäßig wie möglich arbeiten.

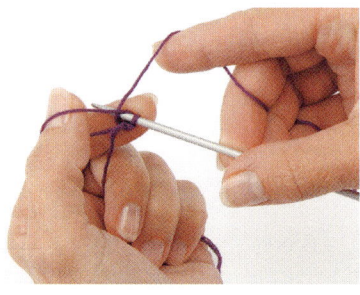 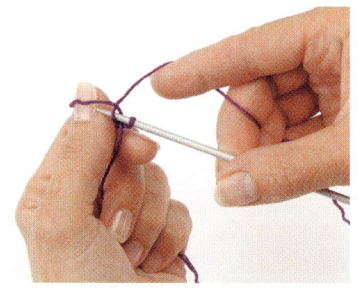 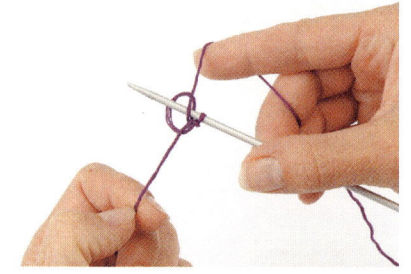

RECHTE MASCHE STRICKEN

Mit der rechten Nadel von vorne nach hinten in die Masche stechen, dabei diese unter der linken Nadel hindurchführen. Den Faden um die rechte Nadel legen und diese durch die Masche ziehen, dabei die Masche von der linken Nadel fallen lassen.

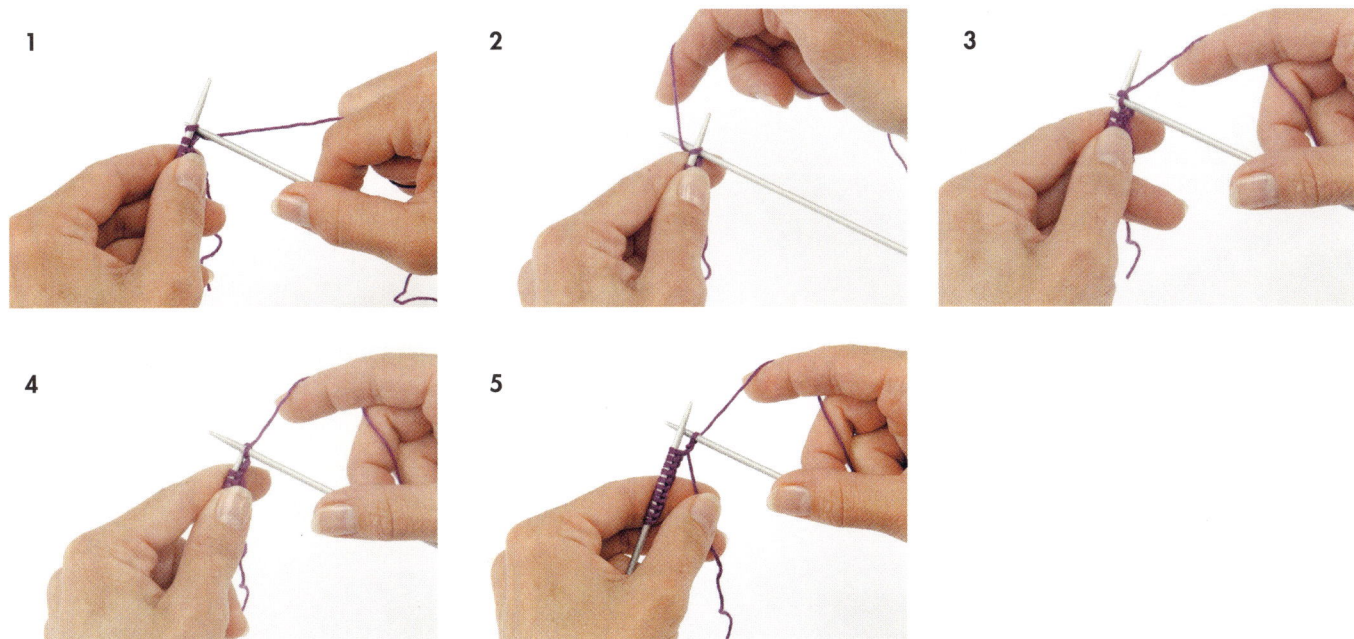

LINKE MASCHE STRICKEN

Mit der rechten Nadel in die Masche stechen, dabei diese vor der linken Nadel von rechts nach links durch die Masche führen. Den Faden um die rechte Nadel legen und diese durch die Masche ziehen, dabei die Masche von der linken Nadel fallen lassen.

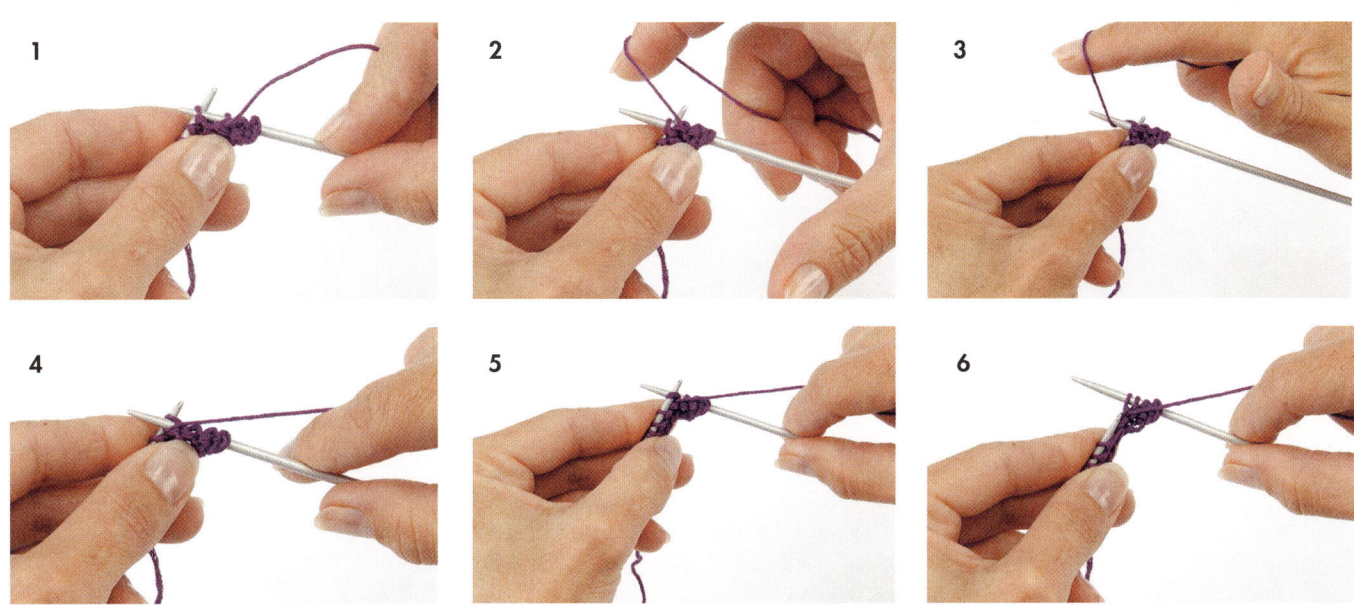

MASCHEN ABKETTEN

Eine Masche stricken, eine zweite Masche stricken, dann die erste Masche auf der rechten Nadel über die zweite heben. Die nächste Masche stricken und die erste Masche über die zweite heben. Man kann die Maschen als rechte oder als linke Maschen abheben, je nach gewünschtem Effekt.

1

2

3

4

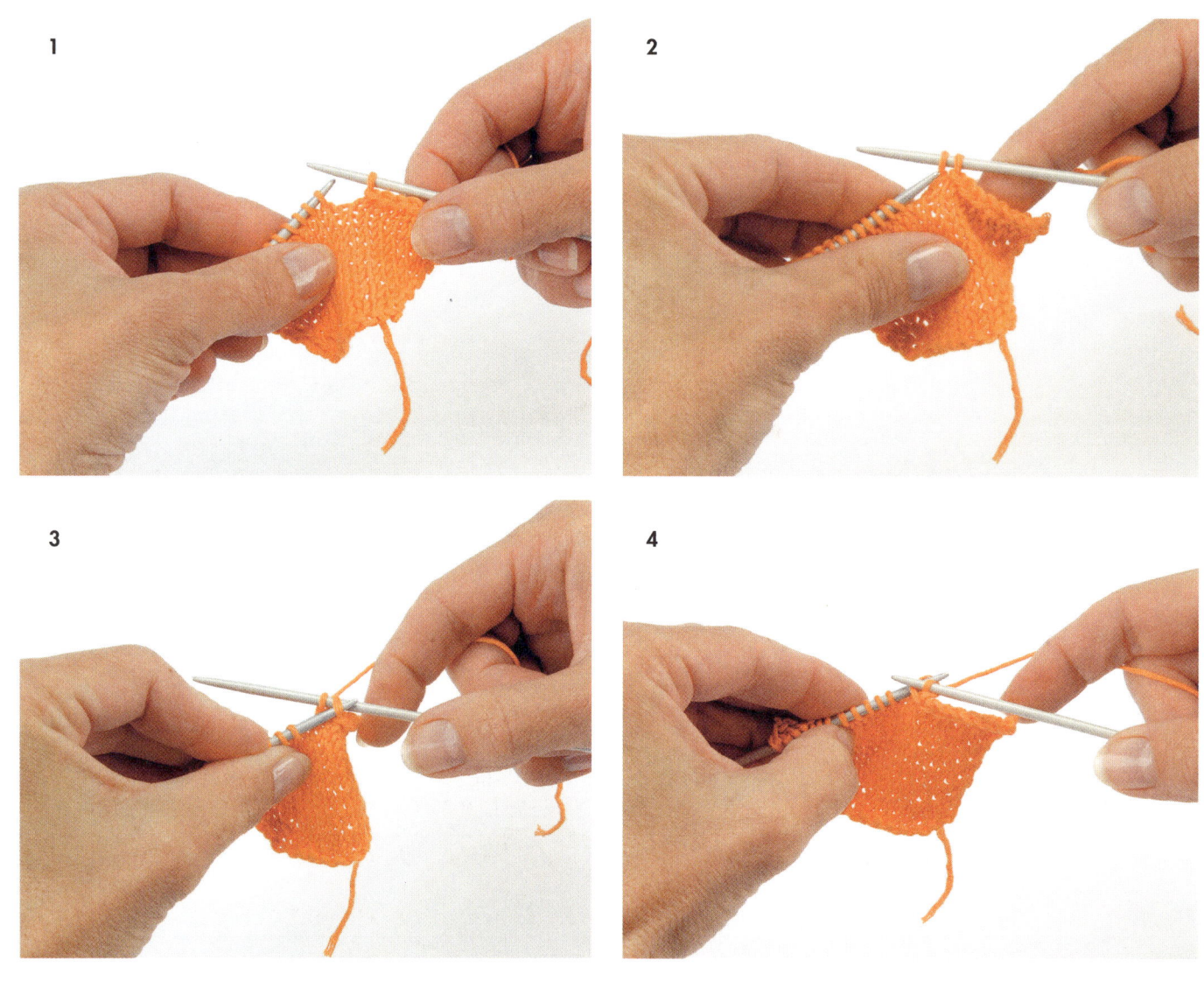

FADEN VERNÄHEN

Mithilfe einer Wollnadel die Fäden ein paar Zentimeter auf der linken Seite des Gestricks vernähen und dann dicht an der Arbeit abschneiden. Zum Einfädeln den Faden mittig falten und zwischen Daumen und Zeigefinger stramm ziehen. Den Abschnitt zwischen den Fingern in das Nadelöhr schieben. So lassen sich Fäden, die dazu tendieren sich aufzulösen, leichter einfädeln.

1

2

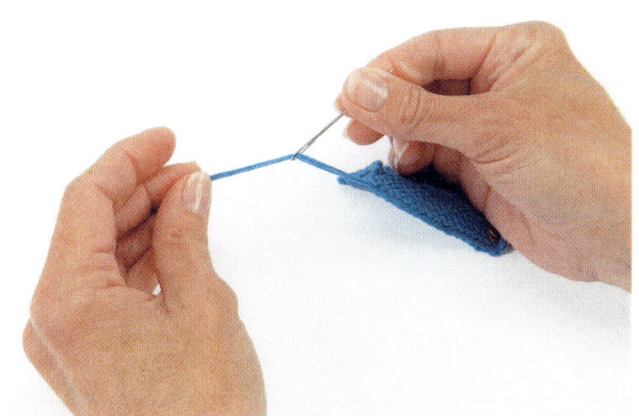

3

Grundbegriffe des NÄHENS

ABNÄHER:
dreieckige oder abgerundete Falte, mit der einem Kleidungsstück Volumen verliehen wird.

AUFBÜGELBARES VLIES:
wird mit dem Bügeleisen auf die Stoffrückseite gebügelt, um zu verhinden, dass der Stoff reißt; gibt es in verschiedenen Stärken und Farben.

FADENLAUF:
auf dem Schnittmuster mit einem Pfeil angezeigt. Er verläuft parallel zur Webkante eines Stoffs; manche Stoffe haben jedoch keinen Fadenlauf.

HEFTEN:
provisorischer Stich von Hand zum Fixieren, bevor der Stoff genäht wird.

IM BRUCH/ STOFFBRUCH:
auf manchen Schnittmustern steht „im Bruch". Sie müssen zum Zuschneiden an der gefalteten Kante des doppelt gelegten Stoffes angelegt werden. Auf diese Weise wird das auseinandergefaltete Stoffteil ganz symmetrisch.

KNIPS:
kleiner gerader oder dreieckiger Schnitt auf der Nahtzugabe. Damit können Markierungen zum Zusammensetzen von Einzelteilen gesetzt werden. Damit schneidet man auch Rundungen vor dem Wenden eines Stoffstücks ein, damit sie sich schöner legen.

KRÄUSELN:
einen Stoff mithilfe von langen Hand- oder Maschinenstichen in kleine Fältchen legen und so die Breite verringern.

MARKIERUNG:
eine Markierung auf dem Schnittmuster muss mit Kreide, einem auswaschbaren Stift oder mithilfe von Stecknadeln auf den Stoff übertragen werden.

MIT ÜBERWENDLINGSSTICH NÄHEN:
zwei Stoffstücke an den Kanten zusammennähen.

NÄHFADEN:
in eine Nadel eingefädelter Faden.

NÄHFUSS:
gleitet beim Nähen über den Stoff.

NÄHFUSSHALTER:
Schaft an der Nähmaschine, an dem der Nähfuß befestigt wird; er hebt und senkt sich bei Nähen.

NAHT AUSEINANDERBÜGELN:
die Nahtzugaben getrennt zur Seite legen und mit dem Bügeleisen von der linken Stoffseite über die Naht fahren.

NAHTTRENNER:
kleines Werkzeug zum Auftrennen einer Naht.

NAHTZUGABE:
bezeichnet den Abstand zwischen Stoffkante und Naht.

SAUM:
genähter oder geklebter Umschlag an der Stoffkannte. Es gibt verschiedene Arten.

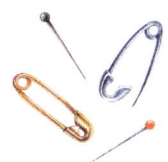

SCHNITTMUSTER:
Papiervorlage, nach der das Nähstück angefertigt wird.

SCHRÄGBAND:
dehnbares Band, mit dem man einen schönen Hals- oder Armausschnitt anfertigen kann.

TUNNELSAUM:
flacher Hohlraum (entstanden durch einen doppelten Einschlag oder ein aufgelegtes Stoffstück), durch den man eine Kordel, ein Band oder Gummiband ziehen kann.

UNTERSPULE:
kleine Fadenspule für den Unterfaden der Nähmaschine.

VERSÄUBERN:
auf einem Stoffrand nähen, damit er nicht ausfranst.

VERSTÄRKEN:
mit dem Bügeleisen ein Vlies zum Verstärken des Stoffs auf dessen Rückseite aufbügeln.

WEBKANTE:
seitlicher Rand eines Stoffs, der nicht ausfransen kann.

ZURÜCKSCHNEIDEN:
überschüssiger Stoff wird auf Nahtzugaben, oft an Ecken und Rundungen, zurückgeschnitten, damit sich eine Ecke oder Rundung nach dem Wenden schön legt.

Nähstiche

VORSTICH

RÜCKSTICH

STEPPSTICH

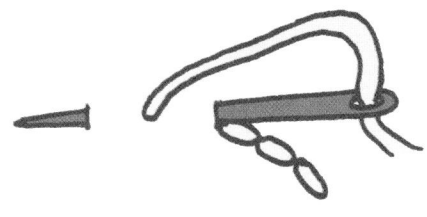

HOHLSAUMSTICH

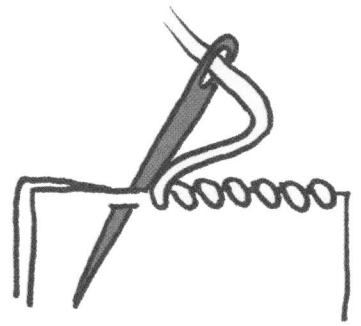

ÜBERWENDLINGSSTICH

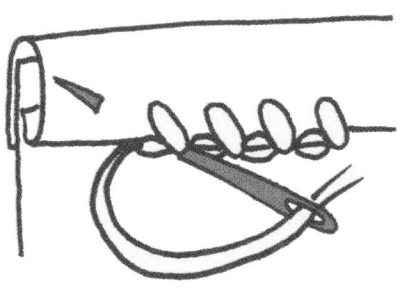

ROLLSAUMSTICH

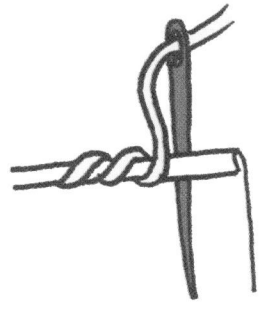

SAUMSTICH

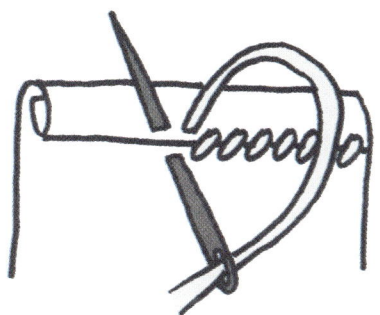

KNOPFLOCHSTICH (ENG)

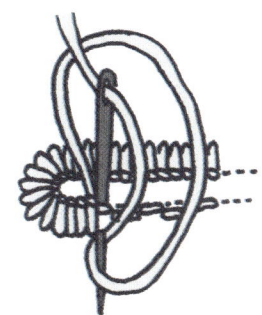

FESTONSTICH

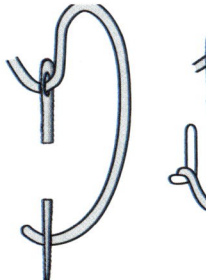 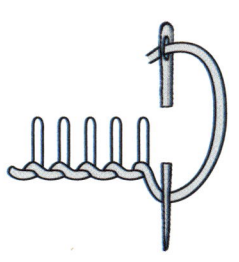

NÄHMASCHINENSTICHE

GERADSTICH

STEP-ZICKZACKSTICH

DREIFACHER ZICKZACKSTICH

BLINDSTICH

ELASTISCHER STICH

ZICKZACKSTICH

OVERLOCKSTICH

GRÄTENMUSTER

Stickstiche

STIELSTICH	RÜCKSTICH
	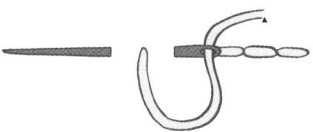
VERSETZTER PLATTSTICH	KNÖTCHENSTICH
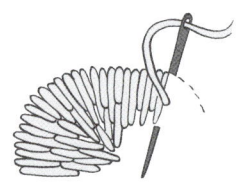	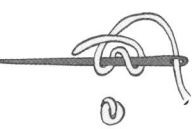
PLATTSTICH	MALTASTICH
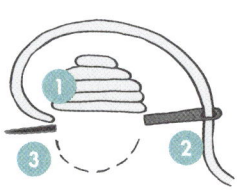	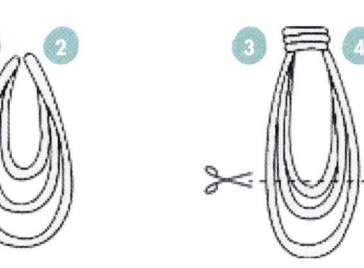
KETTENSTICH	FLIEGENSTICH
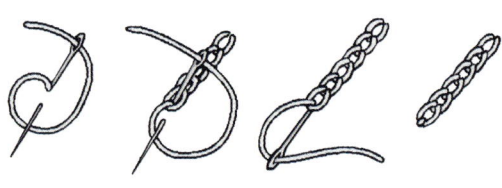	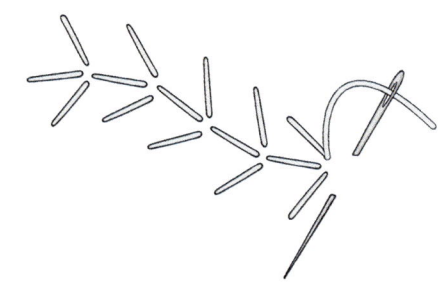

WICKELSTICH

STERNENSTICH

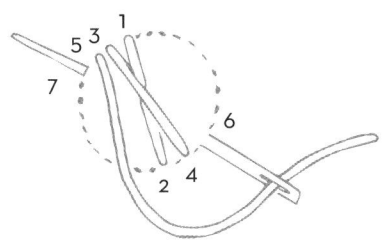

FEDERSTICH

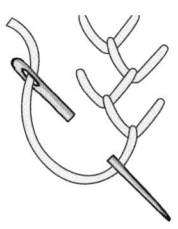

VORSTICH

STERN AUS VORSTICHEN

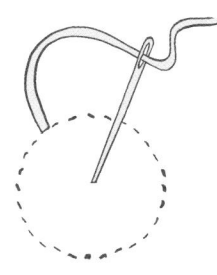

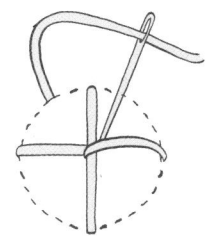

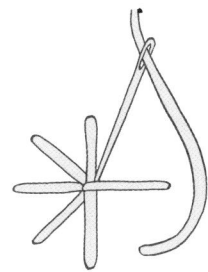

SCHLINGENSTICH

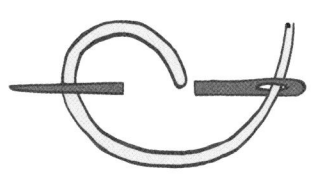

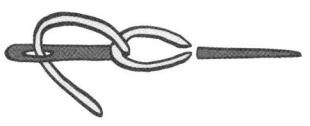

Perlen
WEBEN

BRICK STITCH

1. Für die 1. Reihe 2 Perlen auf den Fäden fädeln und nochmals durch die 1. Perle ziehen.

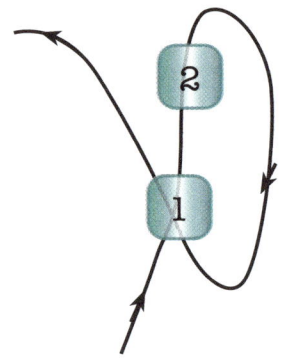

2. Festziehen, sodass die Perlen nebeneinanderliegen. Den Faden nochmals durch die 2. Perle ziehen und dabei schön festziehen.

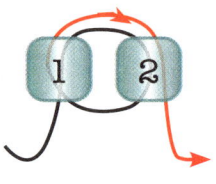

3. Eine 3. Perle auffädeln und den Faden durch die 2. Perle und anschließend wieder durch die 3. ziehen.

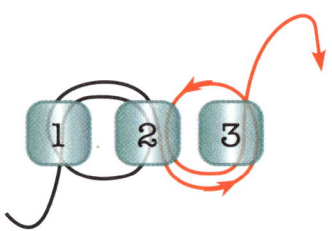

4. Auf diese Weise bis zum Ende der ersten Reihe fortfahren. Dann 2 neue Perlen auffädeln.

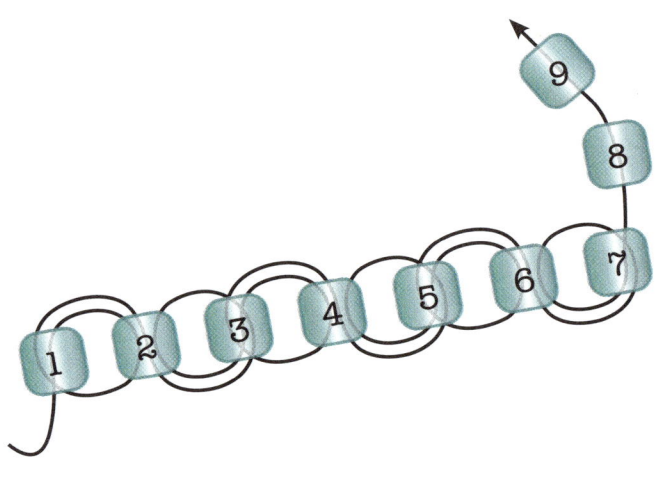

5. Die Nadel durch den darunterliegenden Faden zwischen der 6. und 7. Perle führen, um die zweite Reihe mit der ersten zu verbinden. Durch die 9. Perle ziehen, dabei festziehen, damit die Reihen dicht aneinanderliegen.

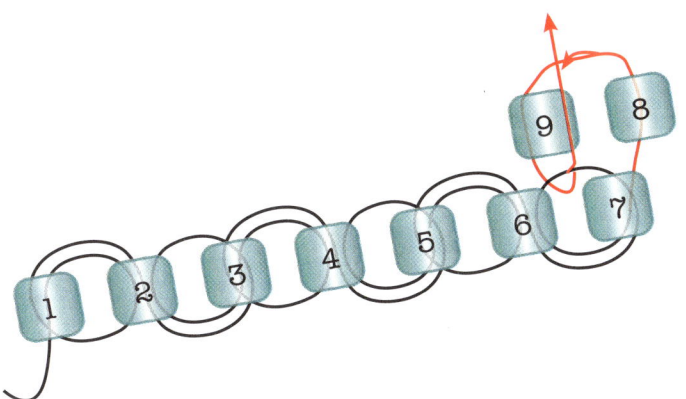

6. Eine neue Perle auffädeln, den Faden zwischen die Perlen der vorherigen Reihe führen und wieder durch die 10. Perle ziehen.

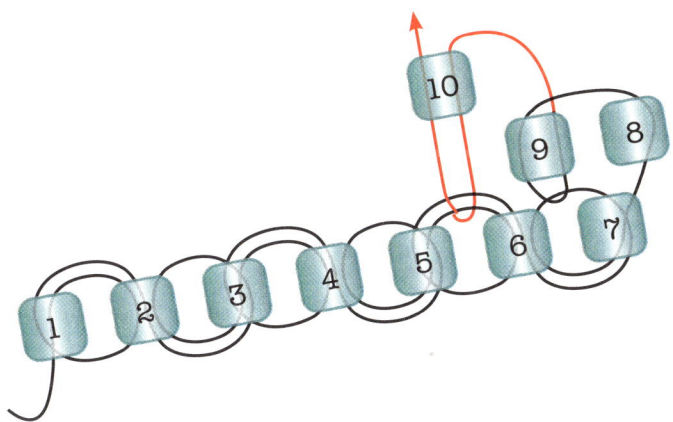

7. Den Vorgang wiederholen, bis die Anzahl von Perlen der Vorlage entspricht, dann zur nächsten Reihe übergehen. So fortfahren, bis die gewünschte Anzahl von Reihen gefertigt ist.

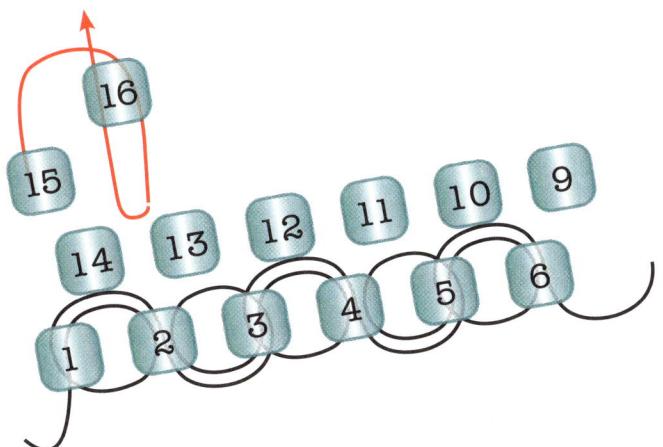

ABNAHMEN UND ZUNAHMEN

Je nach Vorlage müssen am Anfang oder Ende einer Reihe Zu- oder Abnahmen gearbeitet werden. Für ein sauberes Aussehen am besten die Technik des unsichtbaren Fadens anwenden. Das ist ganz einfach! Für eine Zu- oder Abnahme am Reihenanfang müssen Sie anstatt einer zwei Perlen auffädeln. Arbeiten Sie für ein perfektes Ergebnis nach den folgenden Anleitungen.

Zunahme am Reihenanfang

1. Die 2 ersten Perlen der folgenden Reihe auffädeln. Den Faden unter den zwischen den beiden ersten Perlen der vorherigen Reihe führen.

2. Dann den Faden durch die zweite Perle der zweiten Reihe fädeln und festziehen, um die beiden Reihen miteinander zu verbinden.

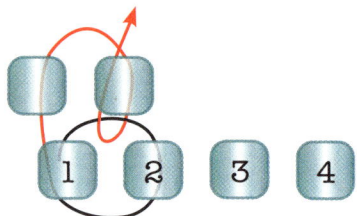

Zunahme am Reihenende

1. Die letzte Perle der zweiten Reihe auffädeln und den Faden unter dem Faden zwischen den beiden letzten Perlen der vorherigen Reihe hindurchführen.

2. Dann den Faden durch die letzte Perle ziehen und zum Fixieren festziehen.

Abnahme am Reihenanfang

Den Faden durch die 6. und dann durch die 5. Perle führen. Anschließend durch die Fäden, die die 5. und 6. Perle verbinden und die 2 Perlen der folgenden Reihe auffädeln. Den Faden festziehen, um die Reihen miteinander zu verbinden.

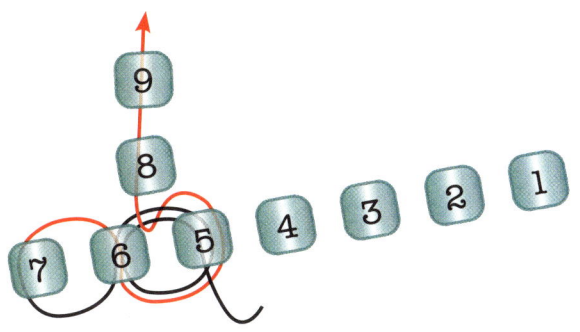

Abnahme am Reihenende

Dafür muss einfach eine Perle weniger gewebt werden oder die für das Modell in dieser Reihe nötige Anzahl.

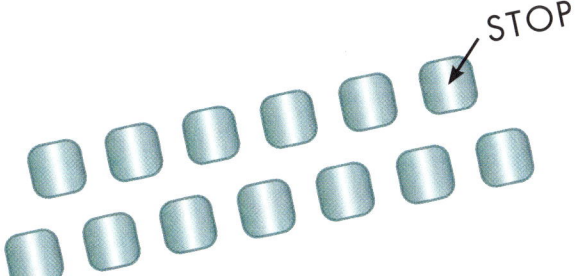

TIPP

Wenn bei den Zu- oder Abnahmen die erste Perle absteht, gehen Sie noch einmal zur ersten Perle zurück, um sie fest mit den anderen zu verbinden.

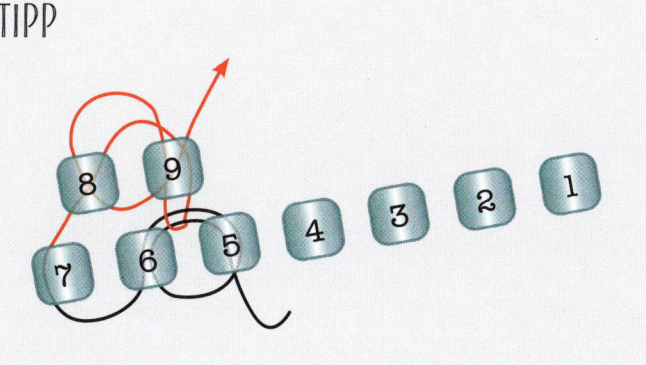

Nützliche Information zum KOCHEN

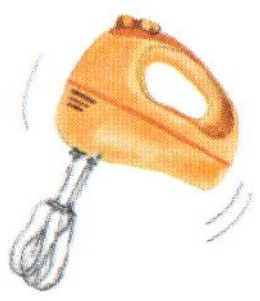

MAßEINHEITEN

Maße		Gewicht
1 TL	5 ml	3 g Speisestärke / 5 g Salz oder Zucker
1 EL	15 ml	5 g geriebener Käse / 8 g Kakaopulver, Kaffee oder Semmelbrösel / 12 g Mehl, Reis, Gries, Crème fraîche oder Öl / 15 g Salz, Zucker oder Butter
1 Schale	350 ml	225 g Mehl / 260 g Kakaopulver oder Rosinen / 300 g Reis / 320 g Zucker
1 großes Glas	250 ml	150 g Mehl / 170 g Kakaopulver / 190 g Gries / 200 g Reis / 220 g Zucker

1 Teelöffel = 10 ml
1 Kaffeetasse = 100 ml
1 Teetasse = 120 bis 150 ml

1 Likörglas = 25 bis 30 ml
1 Weinglas = 100 bis 120 ml
1 Weinflasche = 750 ml

TEMPERATUR UND THERMOSTAT

Grad Celsius	30 °C	60 °C	90 °C	120 °C	150 °C	180 °C	210 °C	240 °C	270 °C
Thermostat	1	2	3	4	5	6	7	8	9

Küchenlexikon

ABLÖSCHEN: Die Säfte auf dem Boden eines Behälters, der zum Braten, Rühren oder Backen verwendet wurde, mit einer Flüssigkeit (Wein, Crème fraîche etc.) auflösen und daraus einen Saft oder eine Sauce herstellen.

ANSCHWITZEN: Meist zerkleinertes Gemüse (ein oder mehrere Sorten) sanft in wenig Fett bei geringer Hitze kurz garen, damit das Wasser austritt und sich die Süße im Fett entfaltet.

AUSKLEIDEN: Boden und/oder Rand einer Backform mit einer dicken Schicht eines bestimmten Lebensmittels bestreuen.

AUSROLLEN: Eine Teigkugel mit einer Teigrolle zu einem Boden flach rollen.

BINDEN: Einem Gericht am Ende des Kochvorgangs beispielsweise mithilfe von Mehl, Eigelb oder Crème fraîche eine dickliche Konsistenz verleihen.

BLANCHIEREN: Ungekochte Lebensmittel kurz in kochendes Wasser geben, abschrecken und abtropfen lassen, bevor sie weiterverarbeitet werden.

BLIND BACKEN: Den Boden eines Kuchens ohne Garnitur vorbacken.

EINSTECHEN: Einen Teigboden mit einer Gabel einstechen, damit er sich beim Backen nicht wölbt, sondern an die Backform anlegt.

ENTSALZEN: Im Lebensmittel, wie zum Beispiel im Dorsch, enthaltenes Salz unter fließendem Wasser abspülen.

HÄUTEN: Mit einem spitzen Messer die Haut von einer Frucht (Mandel, Pfirsich, Tomate) entfernen, die zuvor ein paar Sekunden in kochendes Wasser gelegt wurde.

KLÄREN: Dabei werden Trübstoffe aus einer Brühe, einem Sirup oder Gelee herausgefiltert, sodass sie klar wird.

PASSIEREN: Eine Brühe, Sauce, einen Sirup oder ein Gelee, die sehr klar sein sollen, durch ein feines Sieb filtern.

REDUZIEREN: Die Menge einer Flüssigkeit (Fond, Sauce) durch Verdunstung verringern, indem man sie einkocht.

SCHAUM ABSCHÖPFEN: Mit einer Kelle während des Kochens Schaum, der sich auf der Oberfläche bildet, abschöpfen.

SIEBEN: Mehl, Backpulver oder Zucker durch ein Sieb passieren und auf diese Weise Klümpchen entfernen oder auflösen.

Früchte der Saison

Frucht	Eigenschaften	F	S	H	W
Ananas	Am besten solche Früchte kaufen, die per Flugzeug importiert wurden, weil sie reif geerntet wurden, während die anderen während des Schifftransports reifen.				
Banane	Grün ist sie knackig, gelb fest und gescheckt sehr reif und süß.				
Zitrone (oder Limette)	Runde Limetten mit dünner Schale enthalten mehr Saft. Soll die Schale verwendet werden, Bio-Früchte nehmen.		Das ganze Jahr über erhältlich.		
Passionsfrucht	Die Schale sollte runzelig sein.				
Kokosnuss	Wenn man sie schüttelt, sollte man hören können, wie sich das Wasser im Fruchtfleisch bewegt.				
Pampelmuse	Sie ist fest und schwer und hat eine glänzende Schale, die fest am Fruchtfleisch klebt.				
Apfel	Äpfel bei Zimmertemperatur aufbewahren.				
Aprikose	Reift nach der Ernte nicht nach, daher reif ernten.		X		
Avocado	Wenn sie weich ist, sofort verzehren, ansonsten noch liegen lassen.	X		X	X
Schwarze Johannisbeere	Insbesondere im Juni und Juli erhältlich.		X		
Kirsche	Sollte schön rot sein, mit grünem Stiel.		X		
Clementine	Sollte sich fest anfühlen und eine gute Farbe haben.			X	X
Feige	Das Fruchtfleisch sollte weich sein.		X	X	
Erdbeere	Sie sollten schön rot sein, der Stielansatz grün.	X	X		
Himbeere	Bis einschließlich Oktober erhältlich. Maximal 36 Stunden im Kühlschrank aufbewahren.		X		
Rote Johannisbeere	Maximal 36 Stunden im Kühlschrank aufbewahren.		X		
Mandarine	Fest, mit dünner, glänzender Schale, die fest am Fruchtfleisch klebt.			X	X
Mango	Weiche Frucht, sollte aber nicht überreif sein.	X			
Melone	Schwer, fest und duftend. Nicht in den Kühlschrank legen, denn dort verliert sie ihr Aroma.		X		
Brombeere	Gezüchtete Brombeeren sind größer und süßer.		X		
Heidelbeere	Gezüchtete Heidelbeeren sind größer und werden nicht fleckig.		X		
Nektarine	Weich, mit glatter und glänzender Schale.		X		
Orange	Fest und schwer.				X
Pfirsich	Weich, mit markantem Duft.		X		
Birne	Reift nach der Ernte nach. Wenn sie fest ist, mit dem Verzehr noch warten.			X	
Pflaume	Frische Pflaumen sind mit einer dünnen weißen Schicht, dem Duftfilm, überzogen.		X		
Traube	Ab August. Gleichmäßig von einem dünnen, weißen Duftfilm überzogen.		X		

F = FRÜHLING   S = SOMMER   H = HERBST   W = WINTER

Gemüse der Saison

Gemüsesorte	Eigenschaften	F	S	H	W
Rote Bete	Wird meist gekocht verzehrt. Hält sich in verschweißter Packung mehrere Monate.				
Karotte	Sollte schön farbig, fest, glänzend und nicht runzelig sein. Ab Mai bis Juli.				
Champignon	Sollte schön fest sein (die braunen Lamellen nicht sichtbar), glatt und ohne Flecken.				
Blumenkohl	Sollte fest sein, mit dichten Röschen und festen, grünen Blättern.				
Fenchel	Weiße Knolle, ohne gelbliche Flecken. Das Kraut darf nicht verwelkt sein. Am besten kleine Knollen verwenden.		Das ganze Jahr über erhältlich.		
Rübe	Ab Sommer, darf keine Flecken haben, die Blätter müssen grün sein. Im übrigen Jahr: fest mit glatter Schale.				
Lauch	Wenn man die Blätter mit den Fingern leicht eindrückt, sollten sie etwas quietschen.				
Kartoffel	Sorte je nach Verwendung auswählen (Püree, Salat etc.).				
Radieschen	Klein und fest, mit schön grünen Blättern.				
Salat	Blätter dürfen nicht welk sein. Der Ansatz wird mit der Zeit grau.				
Artischocke	Gleichmäßige Farbe, ohne braune Flecken.	X	X		
Spargel	Egal ob grüner, weißer oder violetter Spargel, die Stange sollte fest und die Spitze geschlossen sein.	X			
Aubergine	Glatte und glänzende Schale. Nicht zu große Früchte nehmen.		X		
Staudensellerie	Feste Stängel, die an Bruchstellen feucht sind. Blätter dürfen nicht welk sein und sollten eine frische Farbe haben.		X	X	
Knollensellerie	Feste Kugel, aber nicht zu groß, ohne braune Flecken.			X	X
Kohl	Festen Kohl für Salate, weniger festen zum Kochen verwenden.	X		X	X
Gurke	Fest, mit glatter Schale und gleichmäßiger Farbe.	X	X		
Zucchini	Fest und mit regelmäßiger Farbe.	X	X		
Chicorée	Schön weiß und fest geschlossen, ohne welke Blätter.			X	X
Spinat	Feste, schön dunkelgrüne Blätter.	X		X	
Pfifferling	Bis zum Monat Oktober. Am besten junge Pfifferlinge wählen. Die Ränder dürfen nicht welk und dunkel sein.			X	
Bohne	In festen und geschlossenen Schoten, ohne Risse.			X	
Grüne Bohne	Fest, samtiges Aussehen.	X	X		
Feldsalat	Feste, glänzende Blätter.			X	X
Sauerampfer	Schön grüne, feste und glänzende Blätter.	X			
Erbse	Glatte, leuchtend grüne, nicht zu große Schoten.	X	X		
Zuckerschote	Schön grün und flach, schmecken oft süßlich.	X	X		
Paprikaschote	Feste, glatte Haut ohne Flecken.	X	X		
Kürbis	Wird als ganzer oder in Stücken verkauft. Das Fruchtfleisch sollte saftig und von frischer Farbe sein.			X	
Tomate	Fest, gleichmäßig rot und glänzend.	X	X		

F = FRÜHLING   S = SOMMER   H = HERBST   W = WINTER

Das Gartenjahr

Pflanzen wachsen im Rhythmus der Jahreszeiten, manche sind anspruchsvoller als andere. Schlagen Sie hier nach, welche Pflege Ihre Pflanzen während des Jahrs benötigen.

JANUAR

- Rückschnitt der Obstbäume mit Kernobst fortsetzen, der schon im Dezember begonnen wurde (Apfel-, Birnbaum).

- Empfindliche Pflanzen schützen und bei Temperaturen unter -5 °C mit Vlies oder Stroh abdecken.

- Den Schnee von den Zweigen der Koniferen und immergrünen Sträucher abschütteln.

- Gelieferte Pflanzen bei Frost in eine Vertiefung legen und mit dem Einpflanzen auf milderes Wetter warten.

- Um den Fuß von Rosensträuchern 20 cm Erde anhäufen, um die Veredelungsstelle gegen Frost zu schützen.

- Bei mildem Wetter den Winterschutz entfernen, mit dem die Pflanzen bei Frost abgedeckt wurden, und das Gewächshaus und die Veranda so gut wie möglich lüften.

FEBRUAR

- Busch- und Kletterrosen in der zweiten Monatshälfte zurückschneiden, wenn es nicht mehr friert.

- Weinreben bei schönem Wetter schneiden, ebenso Obststräucher (Johannisbeere, Himbeere).

- Stiefmütterchen in Blumenkästen pflanzen.

- Vor dem 15. den Rückschnitt von Obstbäumen beenden.

MÄRZ

- Bauernblumen im Freien in Beeten aussäen (Sommerazalee, Ringelblume, Schwarzkümmel, Kosmee etc.).

- Ins Freiland säen: Spinat, Bohnen, Erbsen.

- Den Rückschnitt von Reben und Obststräuchern beenden.

- Die Gartenpflege fortsetzen.

- Sommerflieder, Geißblatt und Klematis zurückschneiden.

APRIL

- Neuen Rasen aussäen (30 g/m²).

- Rosen mit speziellem Magnesium-Dünger düngen.

- Vertrocknete Zweige aus den Reben entfernen.

- Verblühte Frühlingssträucher zurückschneiden.

- Unkraut entfernen, möglichst von Hand, wenn neue Triebe sichtbar werden.

MAI

- Sommerblumen in Beete setzen.

- Töpfe und Balkonkästen mit Pflanzen der Saison bepflanzen.

- Einmal in der Woche Rasen mähen.

- In milden Gegenden die Hecken am Monatsende gleichmäßig schneiden.

- Obststräucher im Blick behalten.

- Bei Trockenheit alles regelmäßig gießen.

JUNI

- Bei Hitze systematisch gießen.

- In Abständen weiter aussäen.

- Töpfe und Blumenkästen düngen.

- Verblühte Sträucher zurückschneiden, um sie zu verjüngen.

- Zwiebeln von Herbstpflanzen setzen (Herbstzeitlose, Safrankrokus, Alpenveilchen).

- Alle Beete sorgfältig jäten.

OBST   BLUMEN & ROSEN   RASEN   GEMÜSE

JULI

Blumenbeete, kürzlich gepflanzte Bäume und Sträucher gießen, am besten abends. Den Rasen weniger gießen. Wenn er sich gelb färbt, wächst er im September wieder grün nach.

Den Rasen oft schneiden, jedoch nicht zu kurz.

Große Irispflanzen teilen und neu einsetzen.

Auf Wegen und in Beeten sorgfältig Unkraut jäten.

Herbstgemüse ins Beet säen: Spinat, Feldsalat, Rüben, schwarzer Rettich etc.

AUGUST

Jetzt neue Iris-Arten kaufen und einsetzen.

Garten und Balkon täglich gießen, wenn es heißer als 25 °C ist.

Niedrige (alte) Rosen zurückschneiden, die verblühten Triebe um die Hälfte reduzieren.

Am besten jetzt die Hecken gleichmäßig schneiden.

Vor der Abreise in den Urlaub auf dem Balkon ein automatisches Gießsystem (mit Tröpfchen) installieren und auch ein solches im Garten einschalten.

SEPTEMBER

Alten Rasen erneuern (vertikutieren, düngen, belüften) und neue Samen säen.

Verwelkte Sommerblumen durch spätere Arten oder Herbstblumen ersetzen.

Den Garten gründlich pflegen, sorgfältig Unkraut jäten.

Kräftige Bauernpflanzen und zweijährige Blumen pflanzen.

Jetzt beginnt die große Ernte. Den Lagerraum für das Kernobst vorbereiten.

Wenn es kälter wird, das Gießen auf den Morgen vorziehen.

OKTOBER

Frühlingszwiebeln setzen (Tulpen, Narzissen, Krokusse, Hyazinthen, Traubenhyazinthen etc.).

Verwelkte Pflanzen aus den Blumenkästen entfernen und durch Herbstsorten ersetzen.

Sommersträucher leicht zurückschneiden (Caryopteris, Althaea, Fuchsia etc.), damit sie eine schöne Form bilden.

Regelmäßig verwelkte Blätter sammeln und dem Kompost zuführen.

NOVEMBER

Jetzt ist die ideale Zeit zum Pflanzen von Bäumen und Sträuchern.

Alle leeren Beete auflockern und Dünger einbringen.

Abgenutzten Rasen vertikutieren und frische Erde einbringen.

Geranien und empfindliche Pflanzen ins Haus holen.

Verdorbene Früchte ernten und verbrennen.

Feldsalat mit Stroh abdecken, um während des ganzen Winters ernten zu können.

DEZEMBER

Empfindliche Pflanzen mit Stroh, Vlies und Isoliermatten schützen.

Obstbäume mit Kernobst zurückschneiden (dritter Rückschnitt), mit den Birnbäumen beginnen.

Wasserleitungen und Gießanlangen vor Frost schützen.

SCHLAGLICHT AUF STECKLINGSVERMEHRUNG

Damit kann man auf ganz natürliche Weise Pflanzen vermehren.

MATERIAL
- Gartenschere
- Töpfe
- Tonkügelchen
- Pflanzerde
- Plastikhauben

1. Einen gesunden, 5 cm langen Stängel mit 2 oder 3 Knospen (Blattansätzen) auswählen und vorsichtig 2 oder 3 mm unter einer Knospe abschneiden.

2. Einen Topf mit einer Schicht Tonkügelchen und Pflanzerde füllen und den Steckling hineinstecken. Den Topf nach draußen an einen lichtgeschützten Ort stellen und mit einer Plastikhaube abdecken, damit sich Feuchtigkeit darunter bildet. Die Haube zum Belüften einmal täglich abnehmen. Je nach Sorte bilden sich nach 1 bis 2 Monaten Wurzeln.

 PFLEGE & ALLGEMEINE ARBEITEN    BÄUME & STRÄUCHER    TOPFPFLANZEN

Themenregister

KÜCHE

Getränke

KUNST, DESIGN, PAPETERIE

SCHÖNHEIT, WELLNESS

SELBST GEMACHTE GESCHENKE

Technikregister

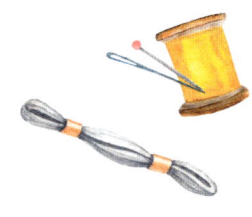

MONSTERA-**KISSEN** (Seite 120)

Fertige Größe: 50 cm Höhe
auf 135 % kopieren

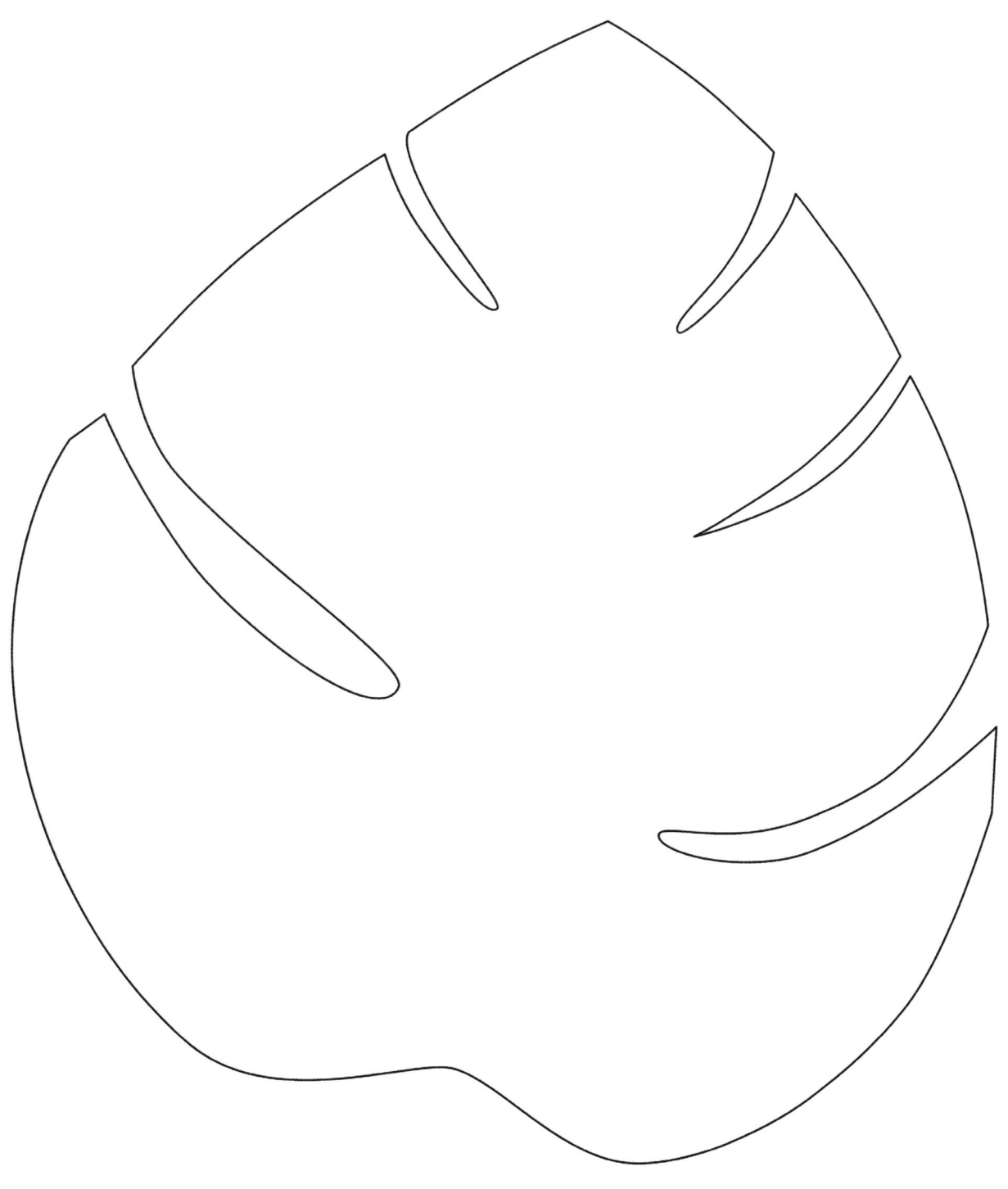

MÜTZCHEN MIT KATZENÖHRCHEN (Seite 10)

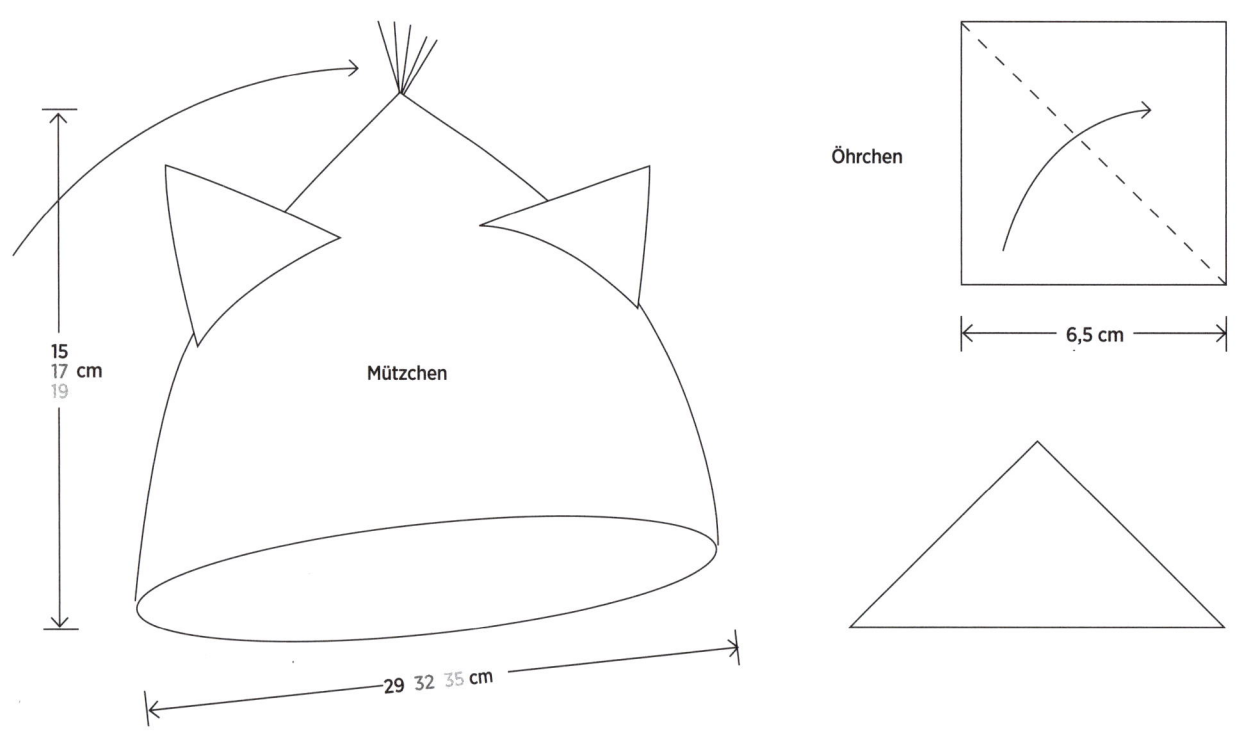

Öhrchen

15
17 cm
19

Mützchen

29 32 35 cm

6,5 cm

ROSENMONTAG (Seite 36)

in Originalgröße kopieren

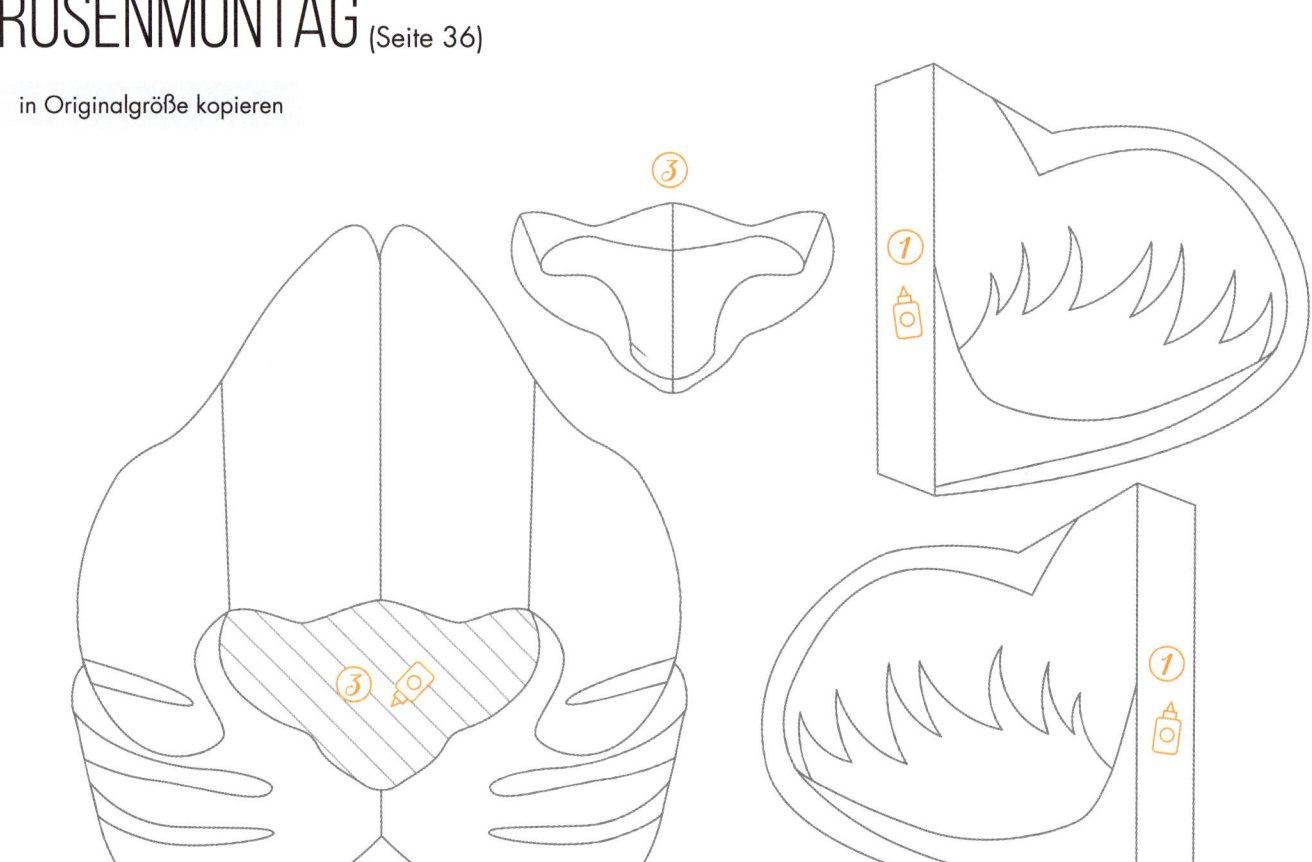

Malen Sie die Maske bunt an, schneiden Sie sie aus und kleben Sie die Einzelteile wie folgt zusammen: Die Ohre (1) hinten an den Kopf, die Nase (2) auf den Kopf, dann die Schnauze (3) an die Nase. Um der Maske Profil zu geben, kleben Sie etwas Pappe zwischen die Einzelteile. Bohren Sie kleine Löcher in die Seiten und ziehen Sie ein Band oder ein Gummi hindurch.

in Originalgröße kopieren

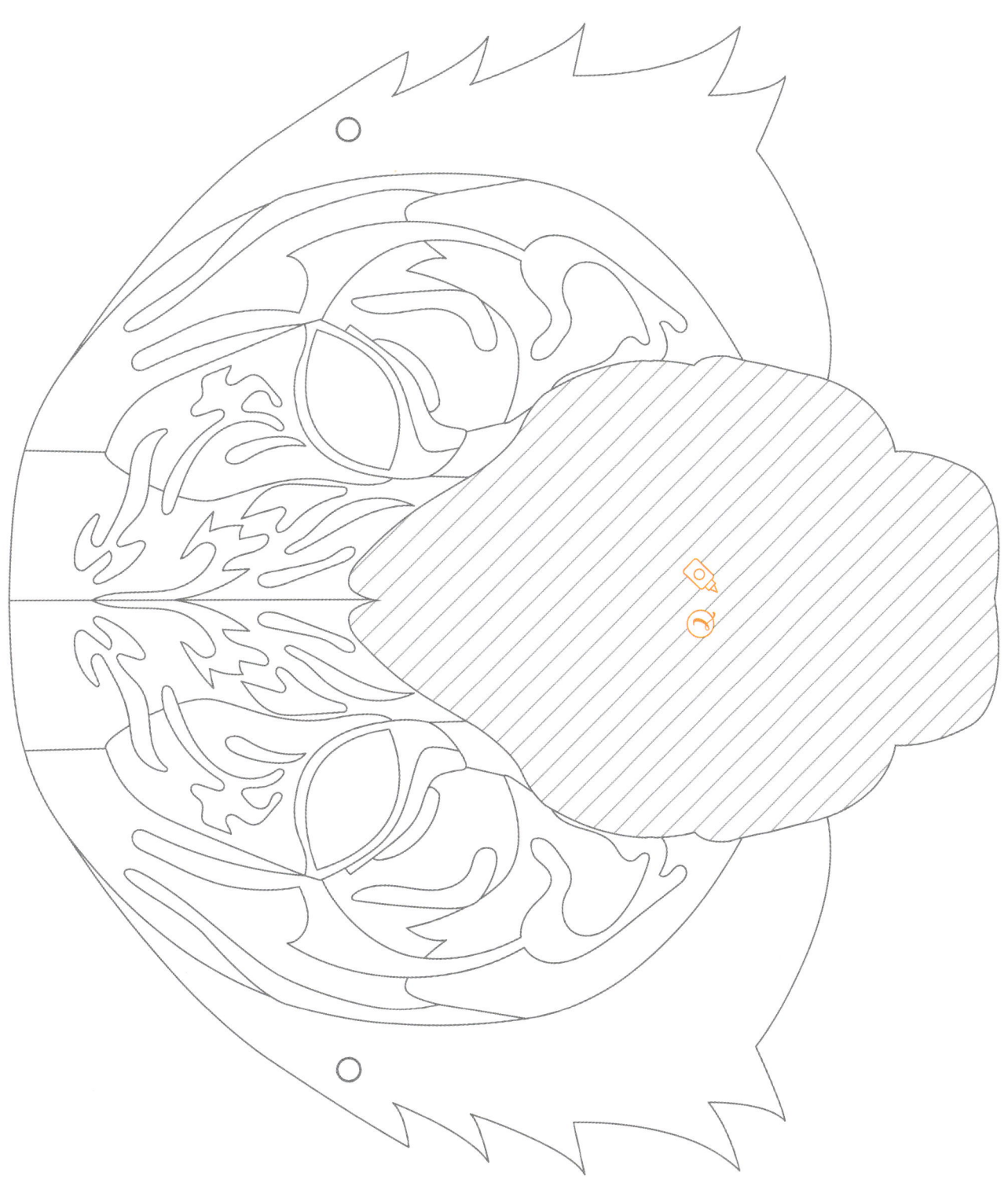

195

KATZEN-**NACHTLICHT** (Seite 11)

Vorlage 1,5x vergrößern.

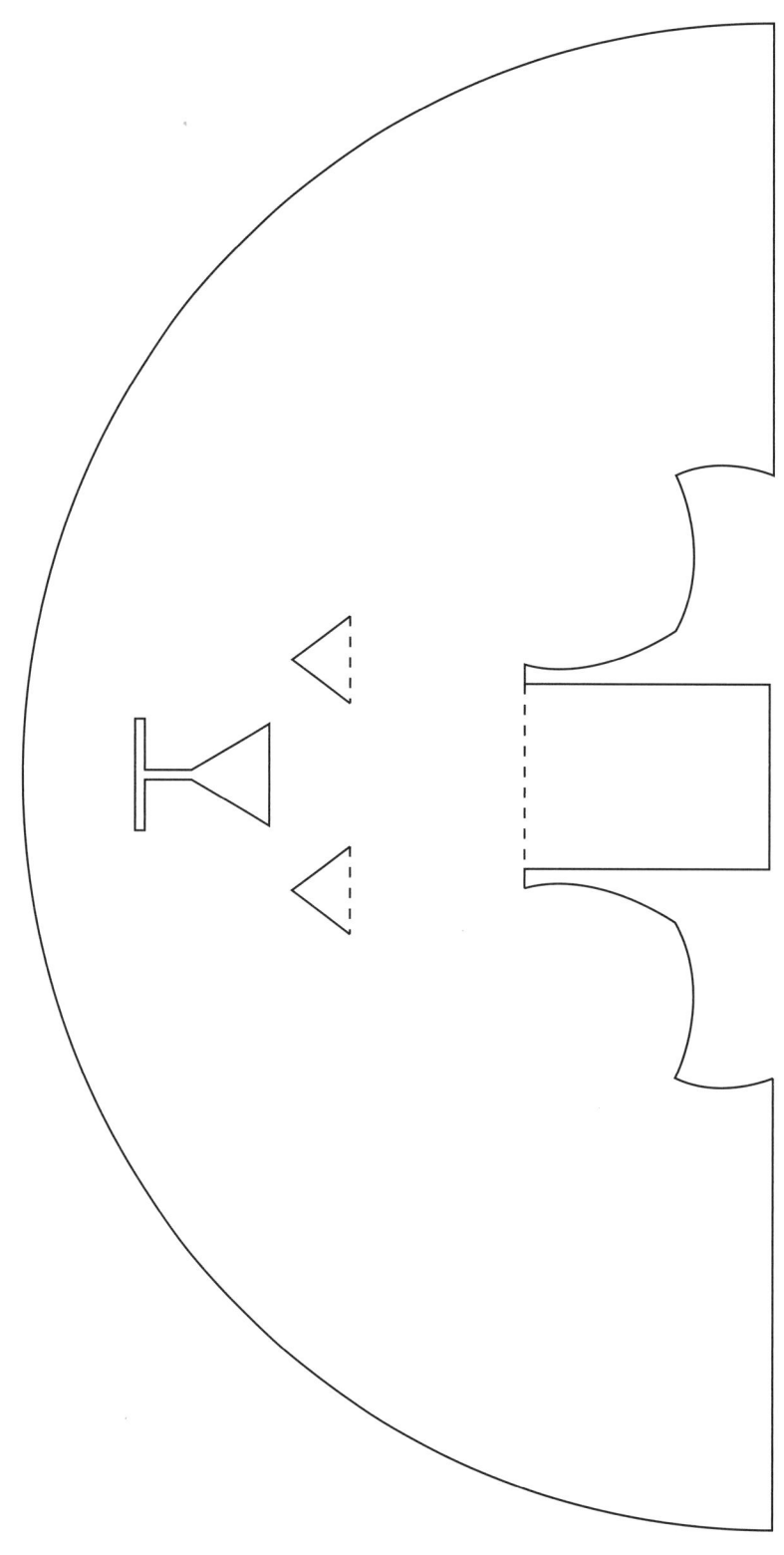

KATZEN-**TAFEL** (Seite 21)

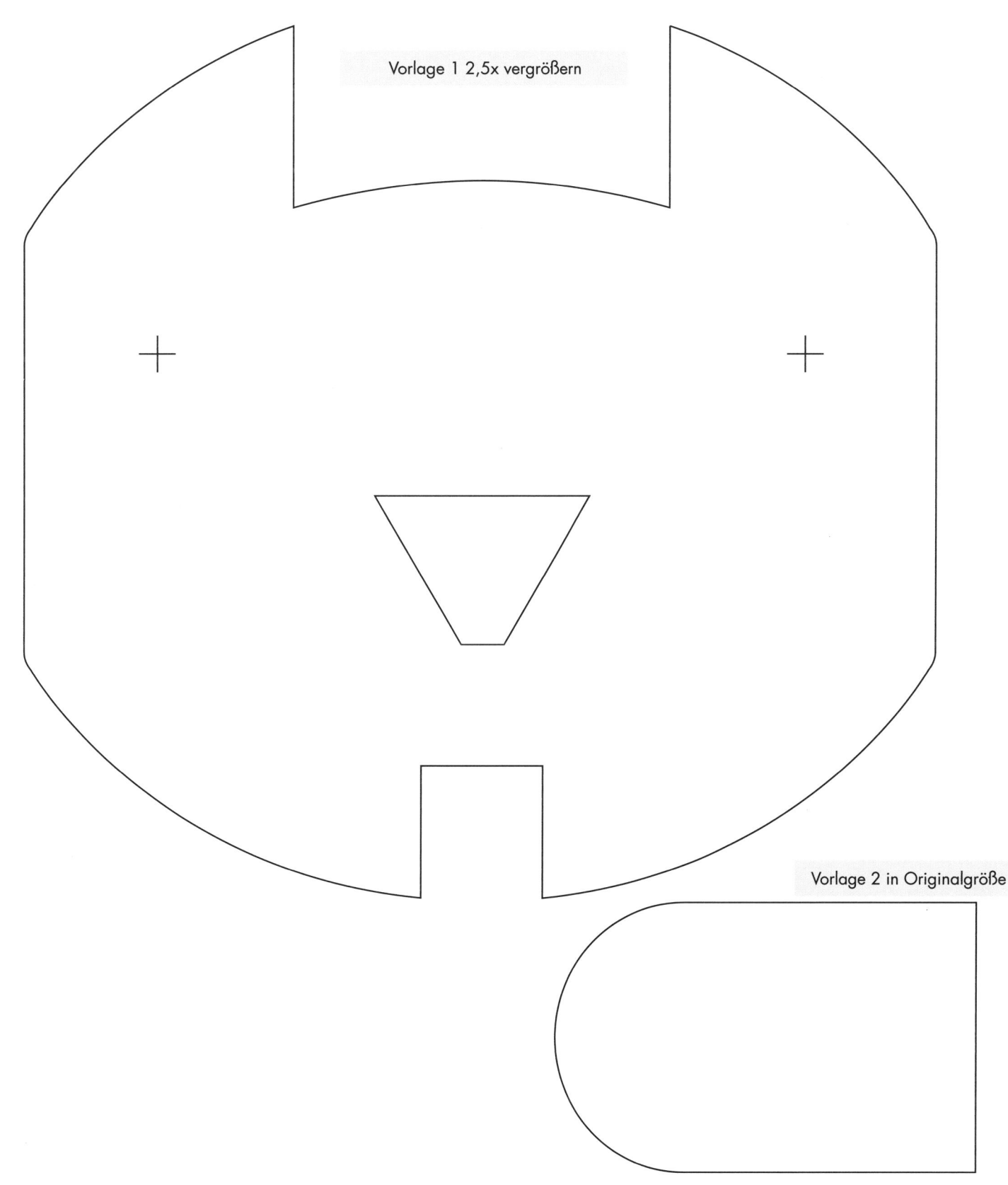

Vorlage 1 2,5x vergrößern

Vorlage 2 in Originalgröße

KAKTUSFEIGE (Seite 49)

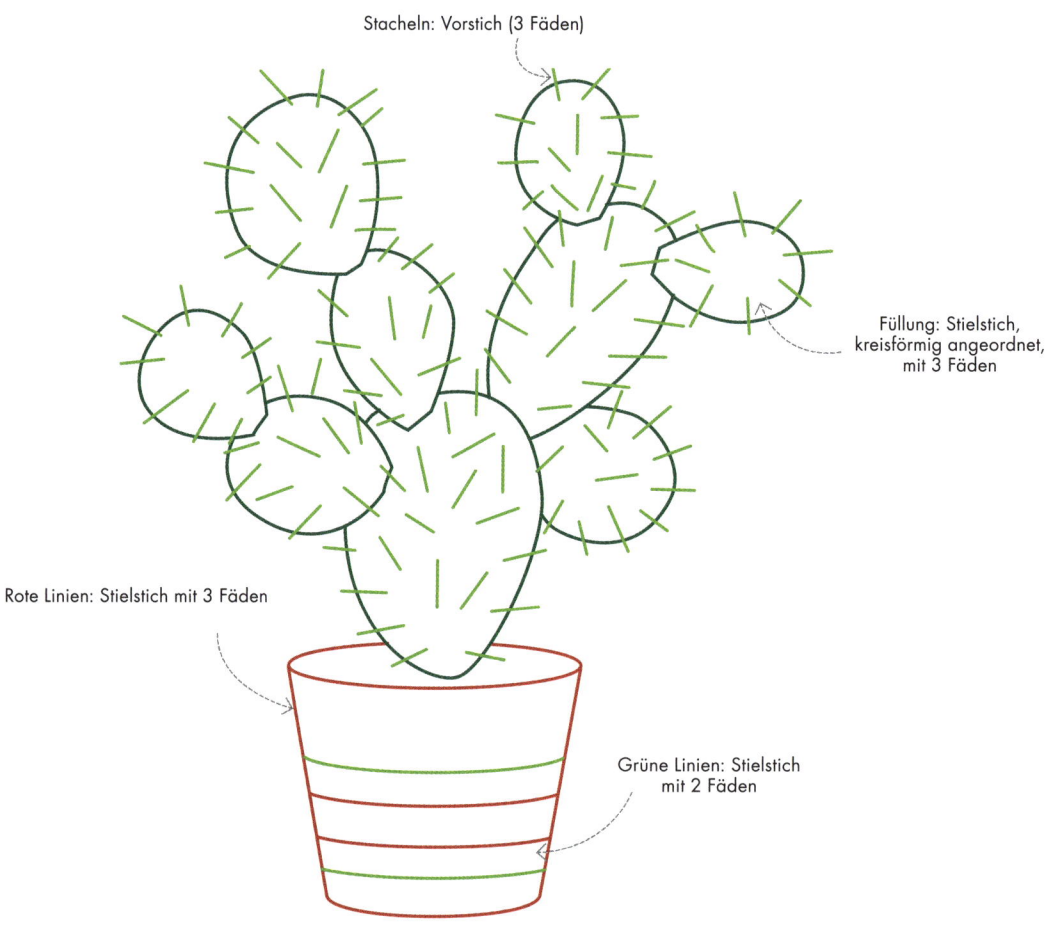

Stacheln: Vorstich (3 Fäden)

Füllung: Stielstich, kreisförmig angeordnet, mit 3 Fäden

Rote Linien: Stielstich mit 3 Fäden

Grüne Linien: Stielstich mit 2 Fäden

BLUMENKIMONO (Seite 62)

Die einzelnen Teile des Kimonos nach dem Schnittplan zuschneiden.

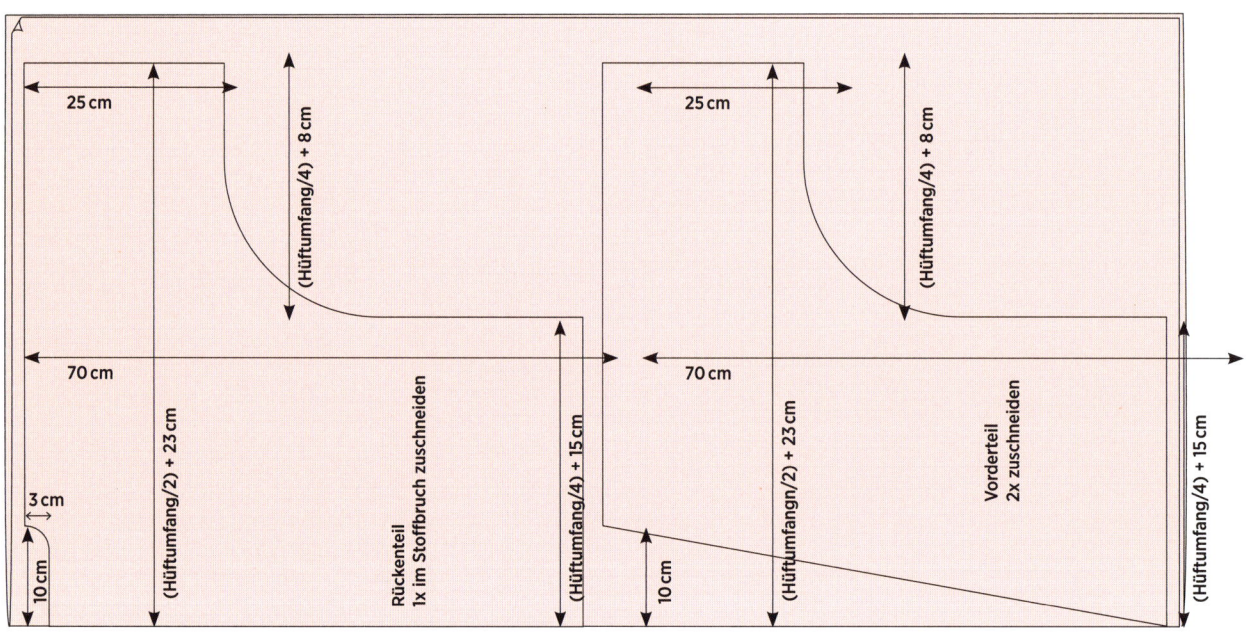

25 cm

(Hüftumfang/4) + 8 cm

70 cm

(Hüftumfang/2) + 23 cm

Rückenteil
1x im Stoffbruch zuschneiden

(Hüftumfang/4) + 15 cm

3 cm

10 cm

25 cm

(Hüftumfang/4) + 8 cm

70 cm

(Hüftumfangn/2) + 23 cm

Vorderteil
2x zuschneiden

10 cm

(Hüftumfang/4) + 15 cm

TERRARIUM (Seite 47)

Diese Seite heraustrennen und die Blütenblätter ausschneiden.

TERRARIUM FORTSETZUNG (Seite 47)

Diese Seite heraustrennen und die Blütenblätter ausschneiden.

POETISCHE **STICKEREI** (Seite 55)

Ein quadratisches Stoffstück ein paar Zentimeter
größer als das Motiv zuschneiden, damit es nicht
aus dem Stickrahmen rutscht.

In Originalgröße kopieren

DAME IM MANTEL (Seite 55)

In Originalgröße kopieren

ORIGAMI-**BROSCHE**

(Seite 53)

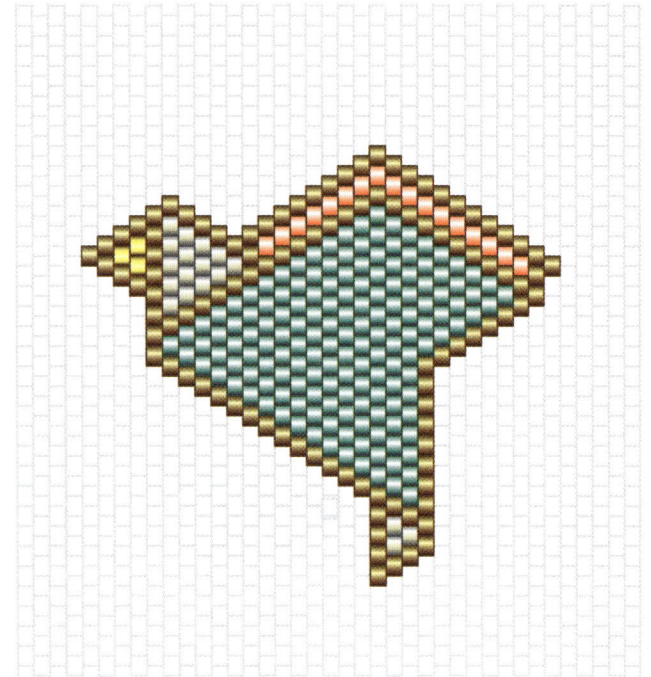

PERLEN**COLLIER**

(Seite 92)

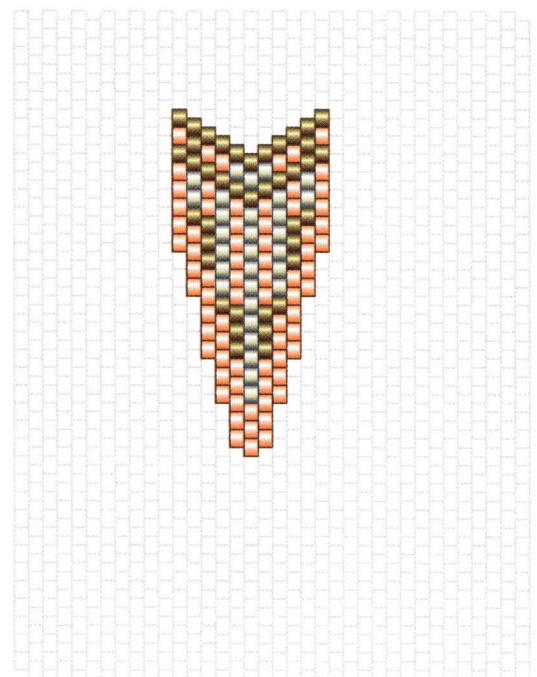

SCHLAF**MASKE** (Seite 77)

Auf 120 % vergrößern

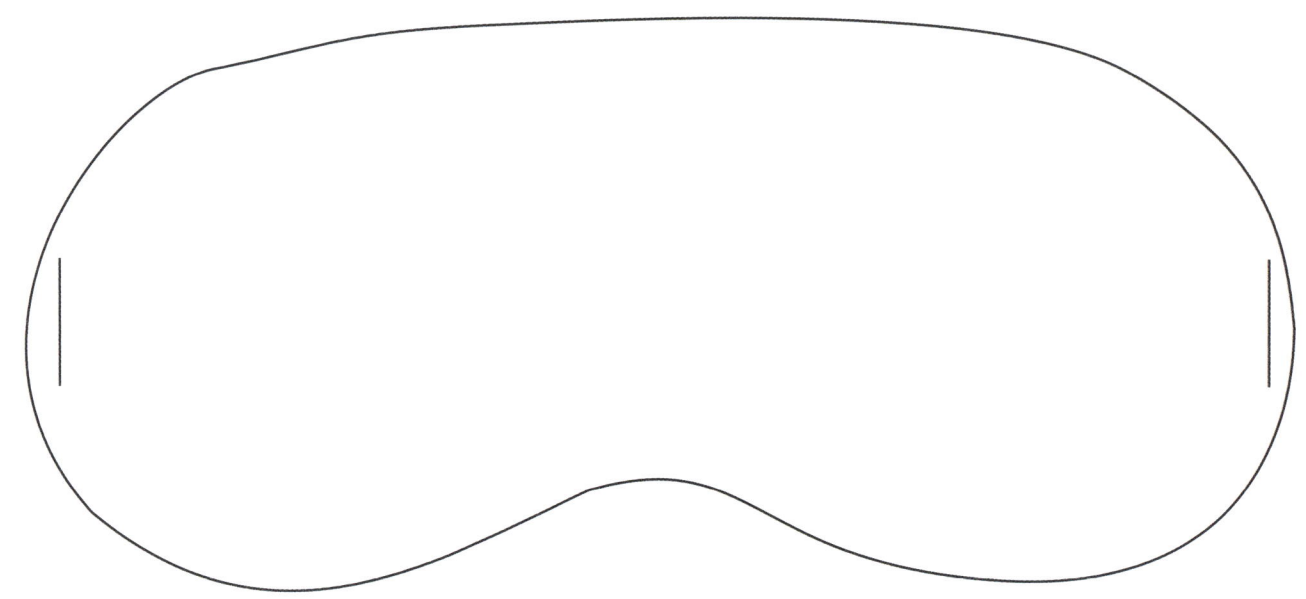

REISE**KISSEN** (Seite 78)

fertige Größe: 34 cm breit
Vorlage um 140 % vergrößern

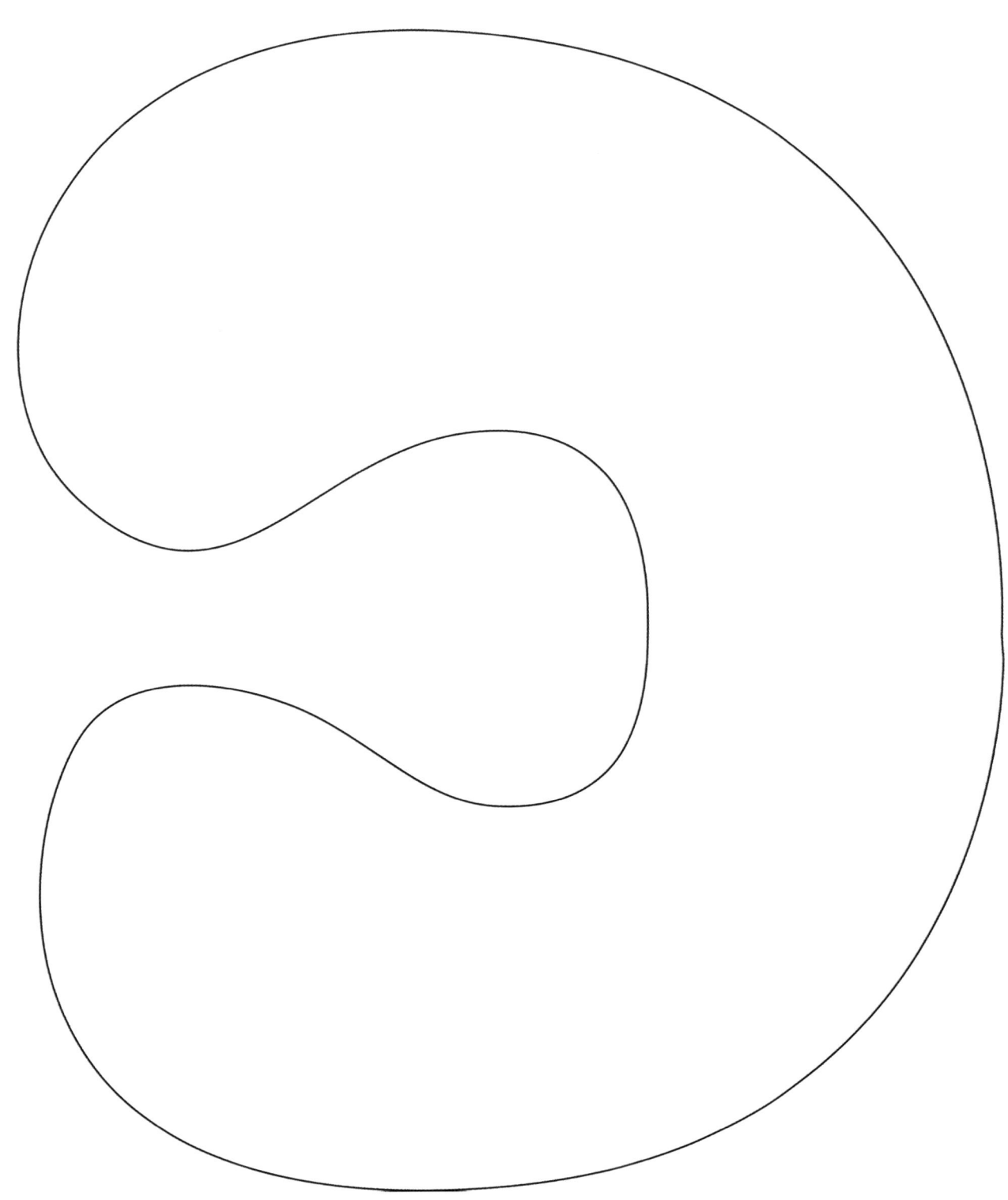

SCHMUSE**KISSEN** (Seite 18)

fertige Breite: 34 cm
Vorlage um 70 % vergrößern

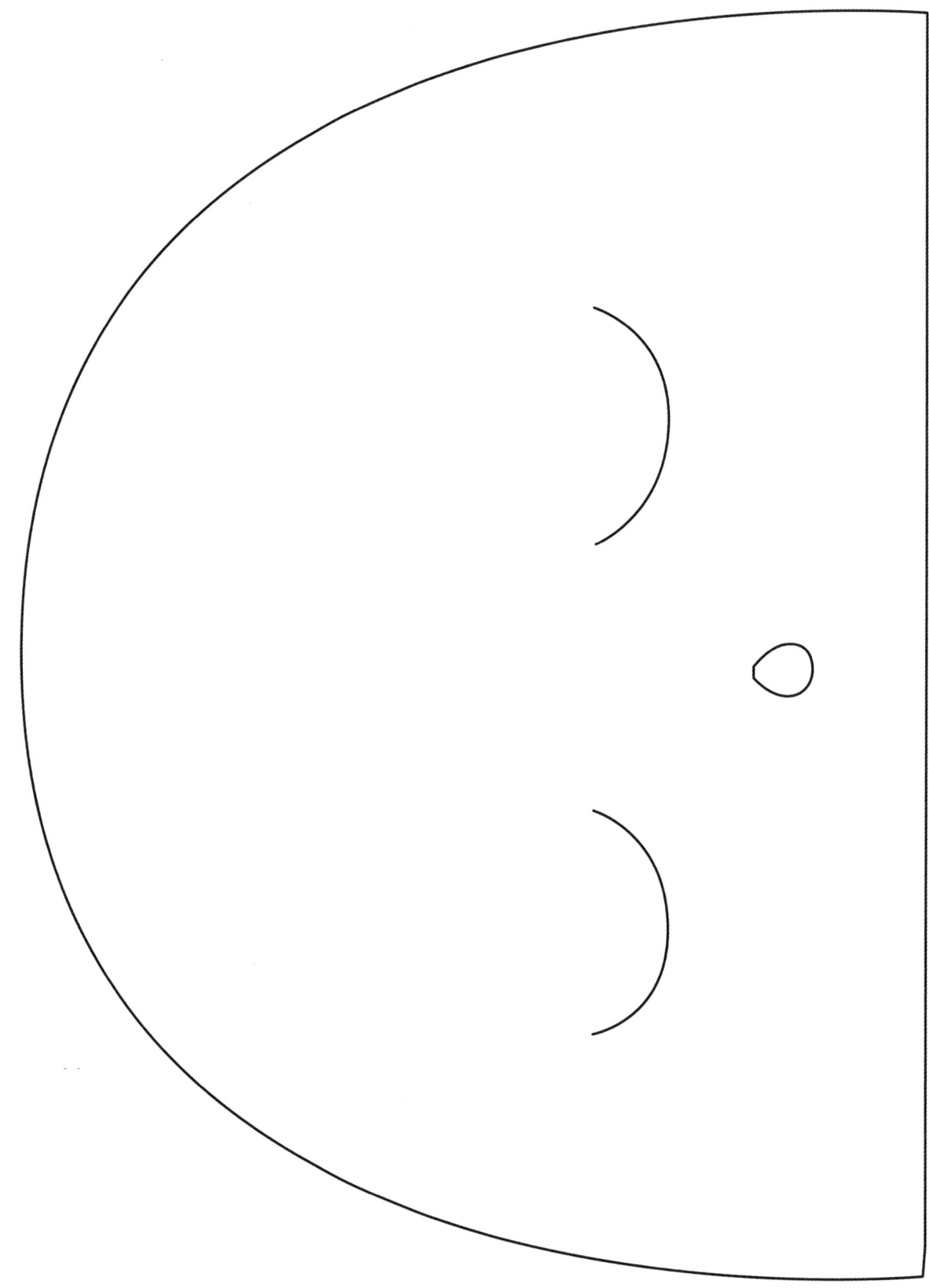

PAPIER**SONNE** (Seite 70)

Schneiden Sie das Papier für die Sonne nach dieser Vorlage aus.
Die durchgezogenen Linien müssen geschnitten,
die gestrichelten gefaltet werden.

1cm

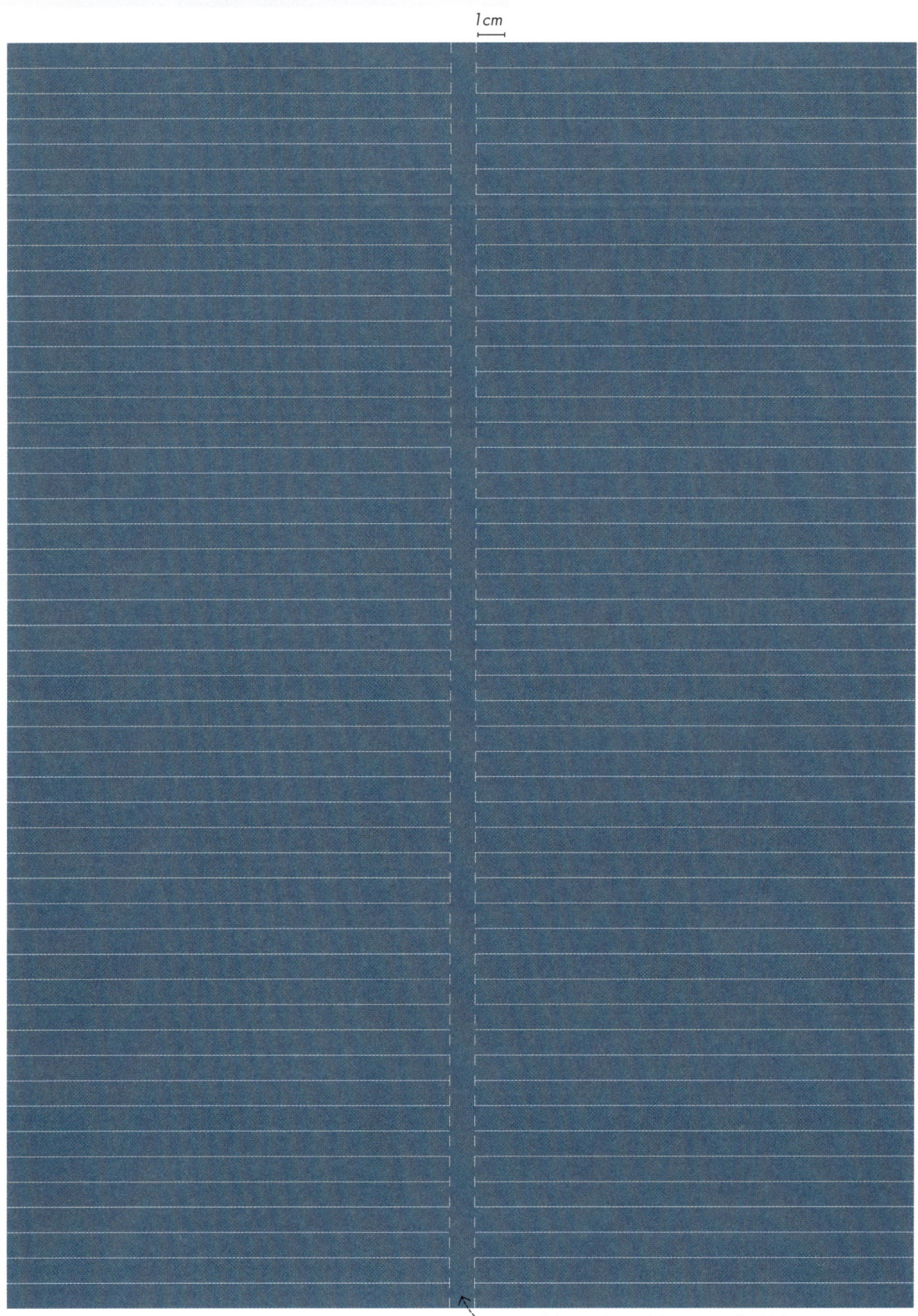

Klebestreifen auf diesen Streifen kleben.

PAPAGEIEN-**TRINKHALM** (Seite 89)

Ⓐ

Ⓑ

Ⓒ

Ⓘ

Ⓕ

Ⓗ

Ⓖ

Ⓔ

Ⓓ

BADE**CAPE** (Seite 82)

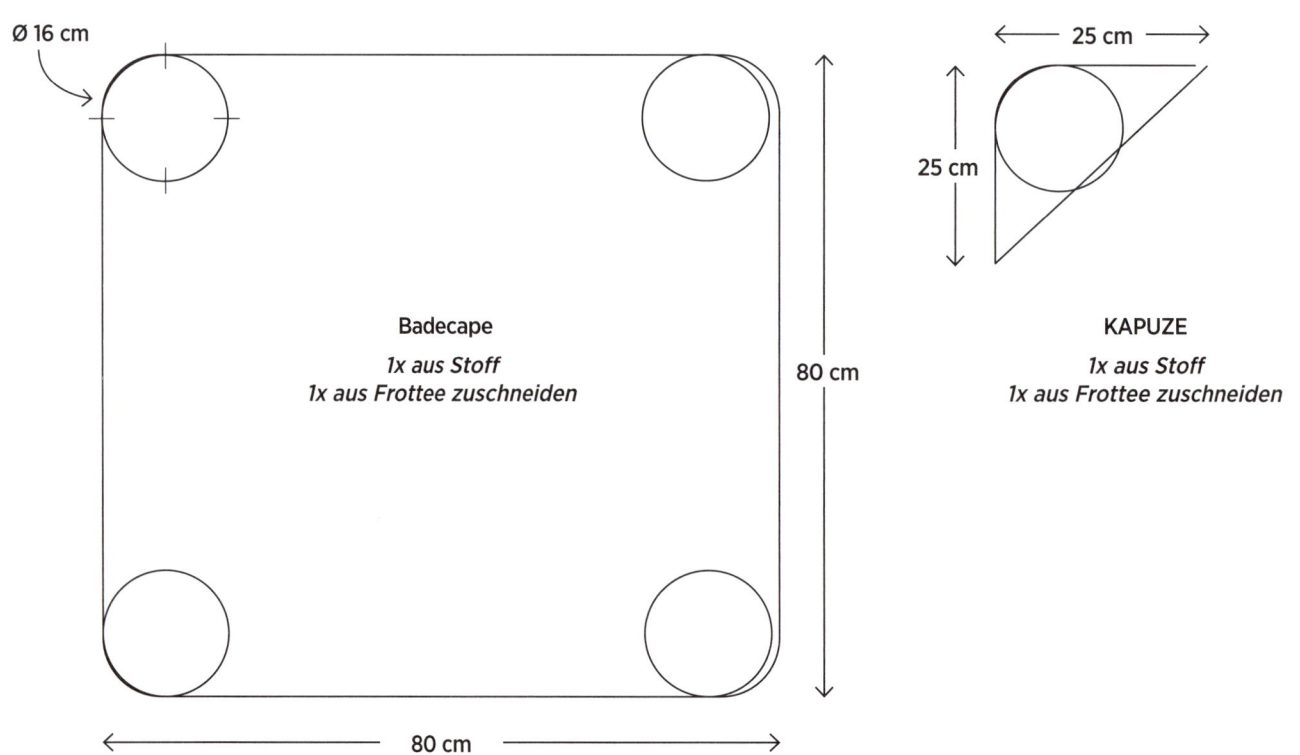

Ø 16 cm

Badecape
*1x aus Stoff
1x aus Frottee zuschneiden*

80 cm

80 cm

25 cm

25 cm

KAPUZE
*1x aus Stoff
1x aus Frottee zuschneiden*

KLINGENDE **SARDINE** (Seite 83)

Vergrößern auf 130 %

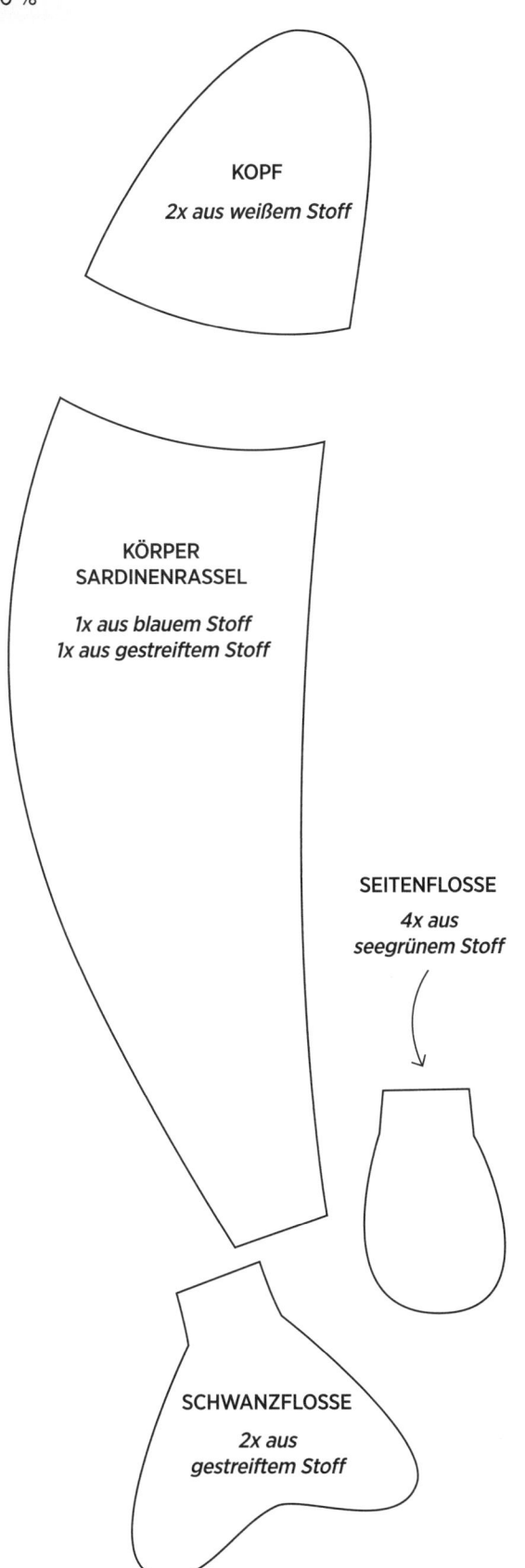

KOPF

2x aus weißem Stoff

KÖRPER
SARDINENRASSEL

1x aus blauem Stoff
1x aus gestreiftem Stoff

SEITENFLOSSE

4x aus
seegrünem Stoff

SCHWANZFLOSSE

2x aus
gestreiftem Stoff

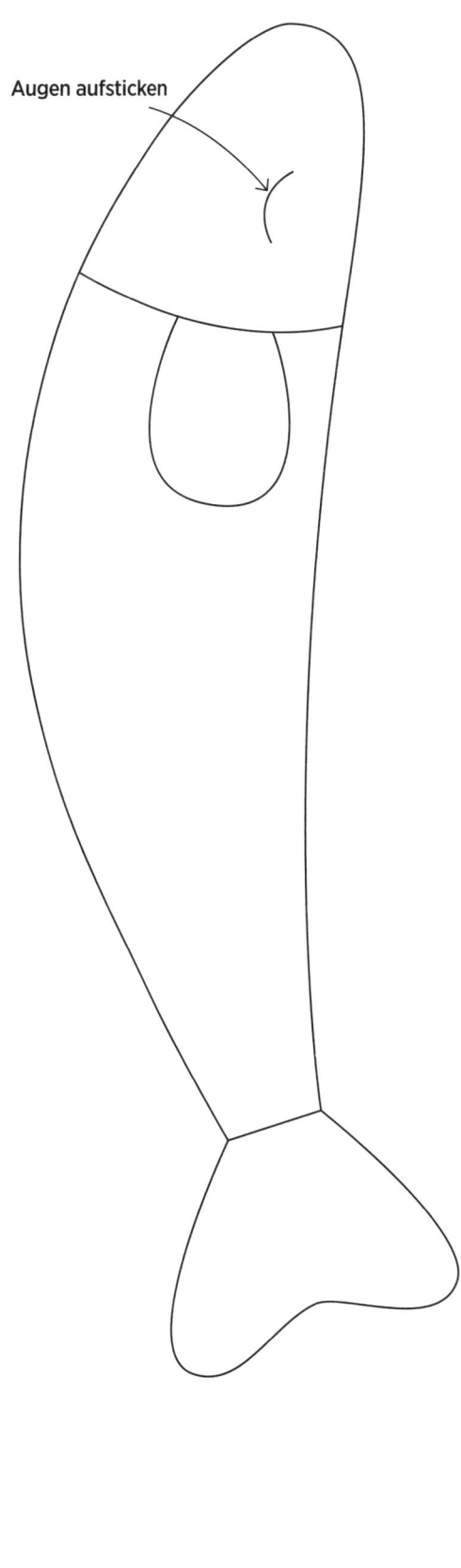

Augen aufsticken

PICKNICK-**PARTY** (Seite 84)

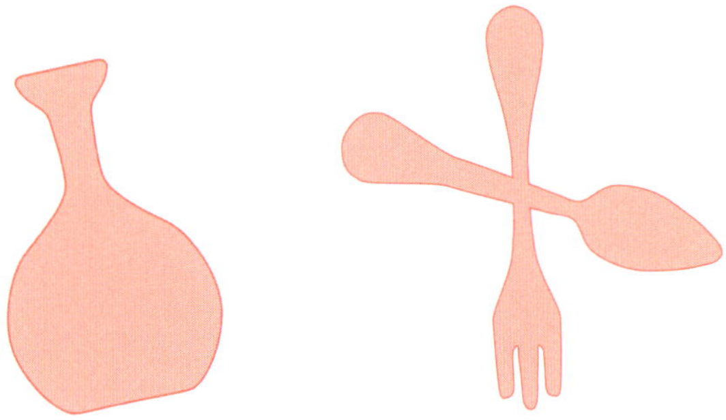

Die Stiche dieser Modelle werden alle mit 2 Fäden gestickt. Dabei werden folgende Sticharten verwendet:

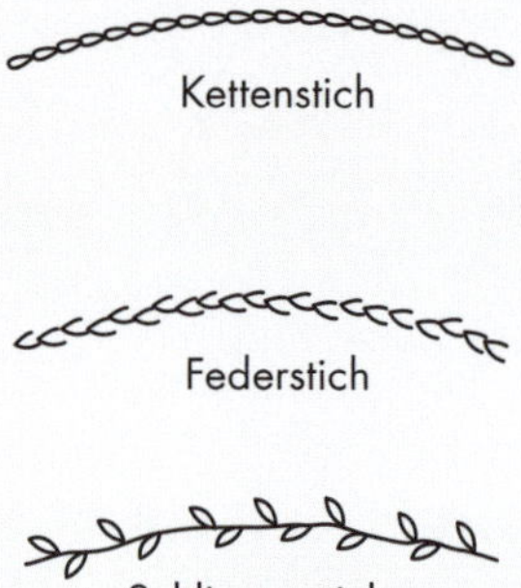

Kettenstich

Federstich

Schlingenstich + Rückstich

IN DIE PFÜTZEN **SPRINGEN!** (Seite 136)

auf 130 % vergrößern

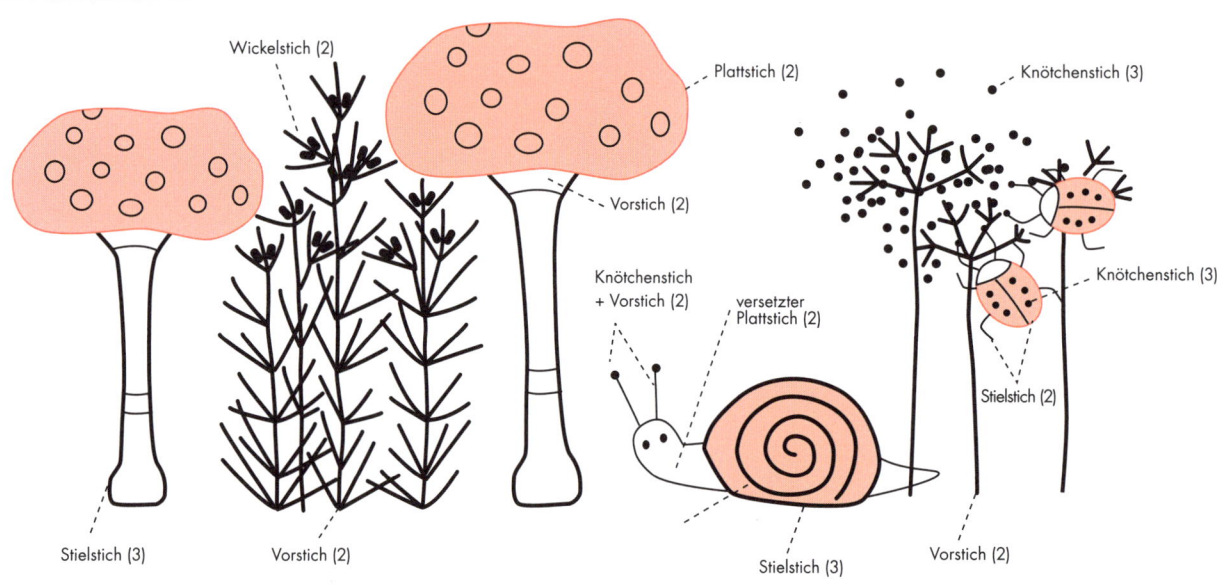

Wickelstich (2)

Plattstich (2)

Knötchenstich (3)

Vorstich (2)

Knötchenstich + Vorstich (2)

versetzter Plattstich (2)

Knötchenstich (3)

Stielstich (2)

Stielstich (3)

Vorstich (2)

Stielstich (3)

Vorstich (2)

SCHÖNE **BOTSCHAFTEN** (Seite 43)

Auf den folgenden Seiten können Sie in den vorgezeichneten Linien einzelne Buchstaben in der Handlettering-Technik ausprobieren. Wenn Sie erst einmal den Dreh raus haben, können Sie ganze Worte schreiben und Ihre Einladungen, Danksagungen, Glückwunschkarten etc. verschönern.

A

B

C

D

E

F

G

H

I

J

K

L

M

N

O

V

P

W

Q

X

R

Y

S

Z

T

?

U

!

SCHÖNE **BOTSCHAFTEN** (Seite 43)

a

b

c

d

e

f

g

h

i

j

k

l

m

n

o

p

q

r

s

t

u

v

w

x

y

3

LAMA **MANIA** (Seite 96)

Bringen Sie mit der Zierde des unschlagbaren Lamas
sanfte Anmut in Ihre Wohnung!

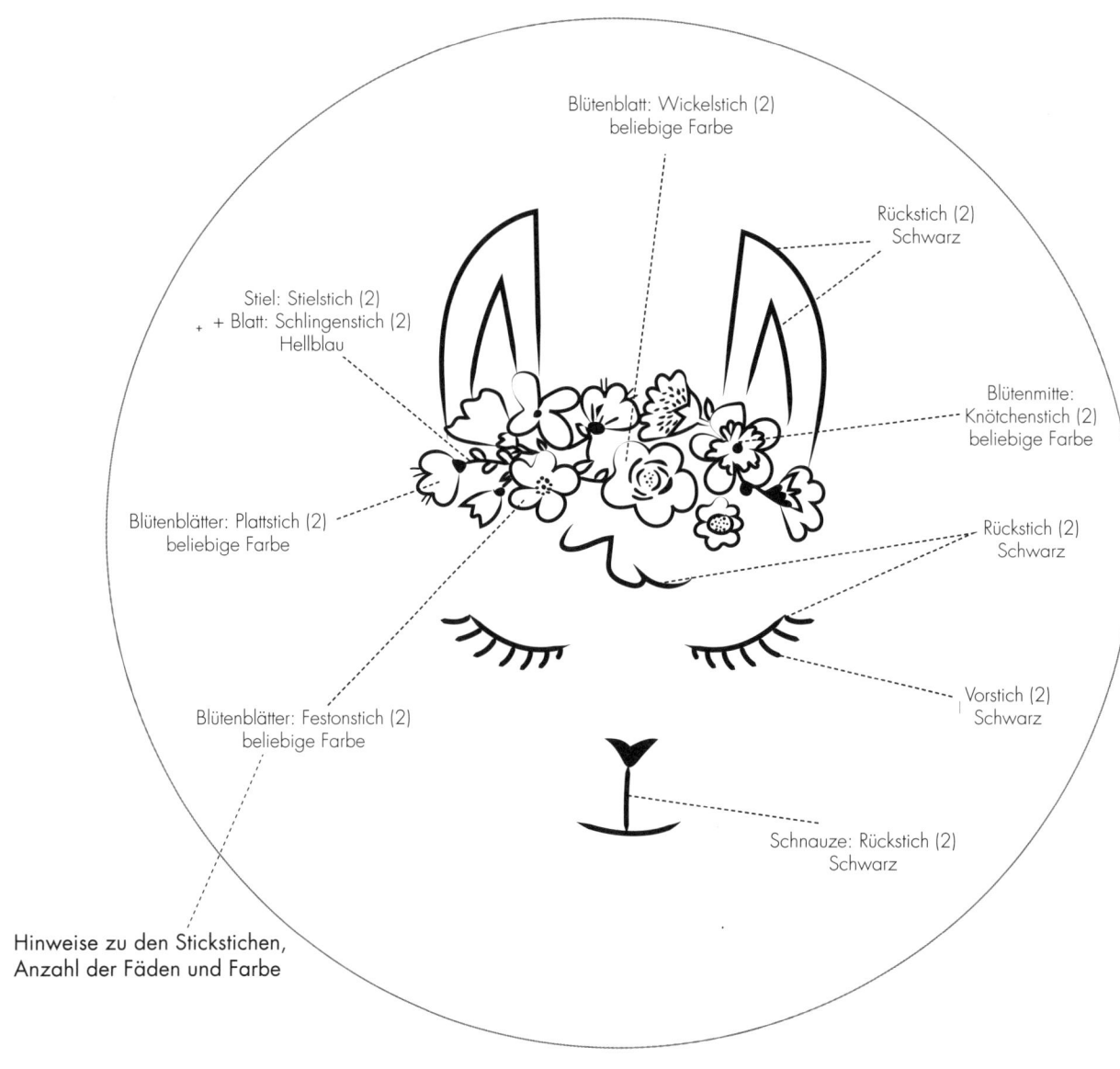

Blütenblatt: Wickelstich (2)
beliebige Farbe

Rückstich (2)
Schwarz

Stiel: Stielstich (2)
+ Blatt: Schlingenstich (2)
Hellblau

Blütenmitte:
Knötchenstich (2)
beliebige Farbe

Blütenblätter: Plattstich (2)
beliebige Farbe

Rückstich (2)
Schwarz

Vorstich (2)
Schwarz

Blütenblätter: Festonstich (2)
beliebige Farbe

Schnauze: Rückstich (2)
Schwarz

Hinweise zu den Stickstichen,
Anzahl der Fäden und Farbe

SOMMERLICHER **KORB** (Seite 95)

In Originalgröße kopieren

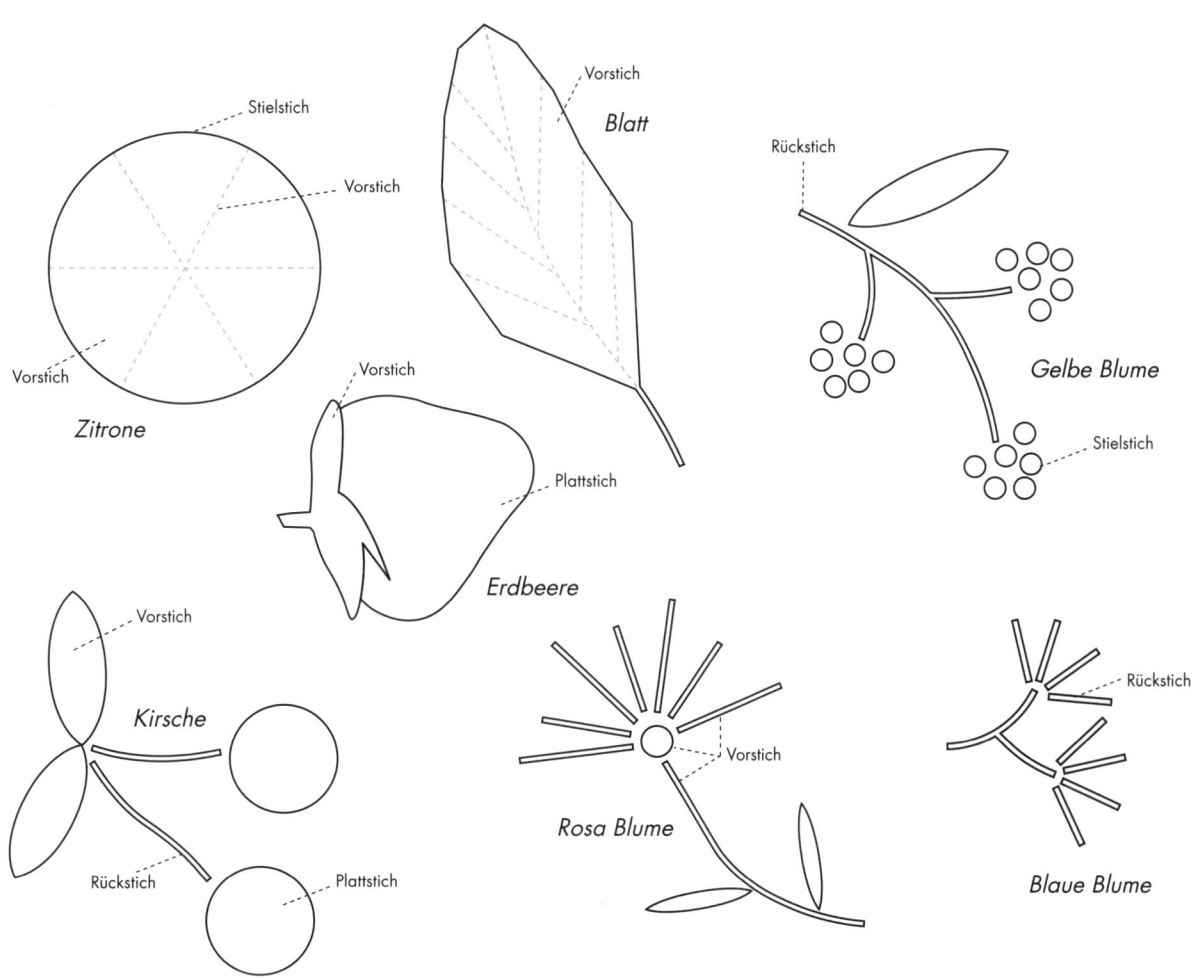

Stielstich

Vorstich

Vorstich

Zitrone

Vorstich

Blatt

Rückstich

Gelbe Blume

Stielstich

Vorstich

Plattstich

Erdbeere

Vorstich

Kirsche

Rückstich

Plattstich

Vorstich

Rosa Blume

Rückstich

Blaue Blume

SPIEGEL IM BASTRAHMEN (Seite 101)

Auf 140 % vergrößern

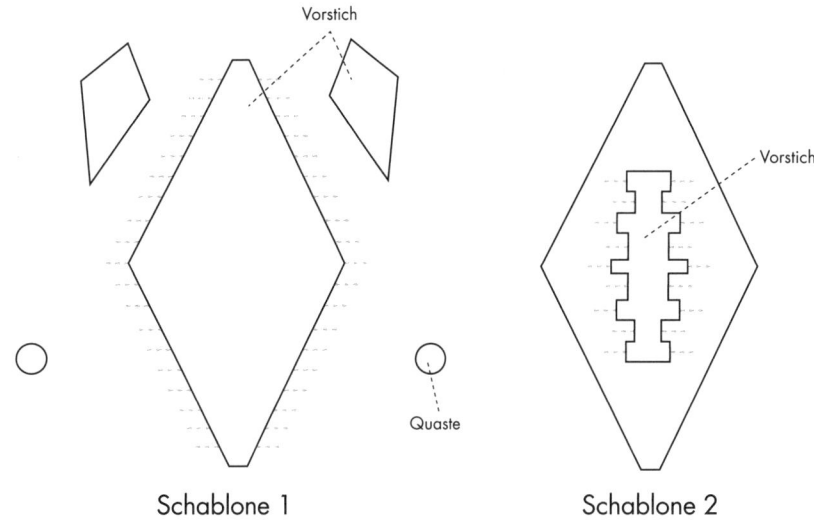

Vorstich

Vorstich

Quaste

Schablone 1

Schablone 2

SCHIFF **AHOI!** (Seite 111)

Übertragen Sie die folgenden Vorlagen auf Papier in den entsprechenden Farben und schneiden Sie sie aus. Schneiden Sie dann die weißen Stellen der Teile A, A', B und B' aus.

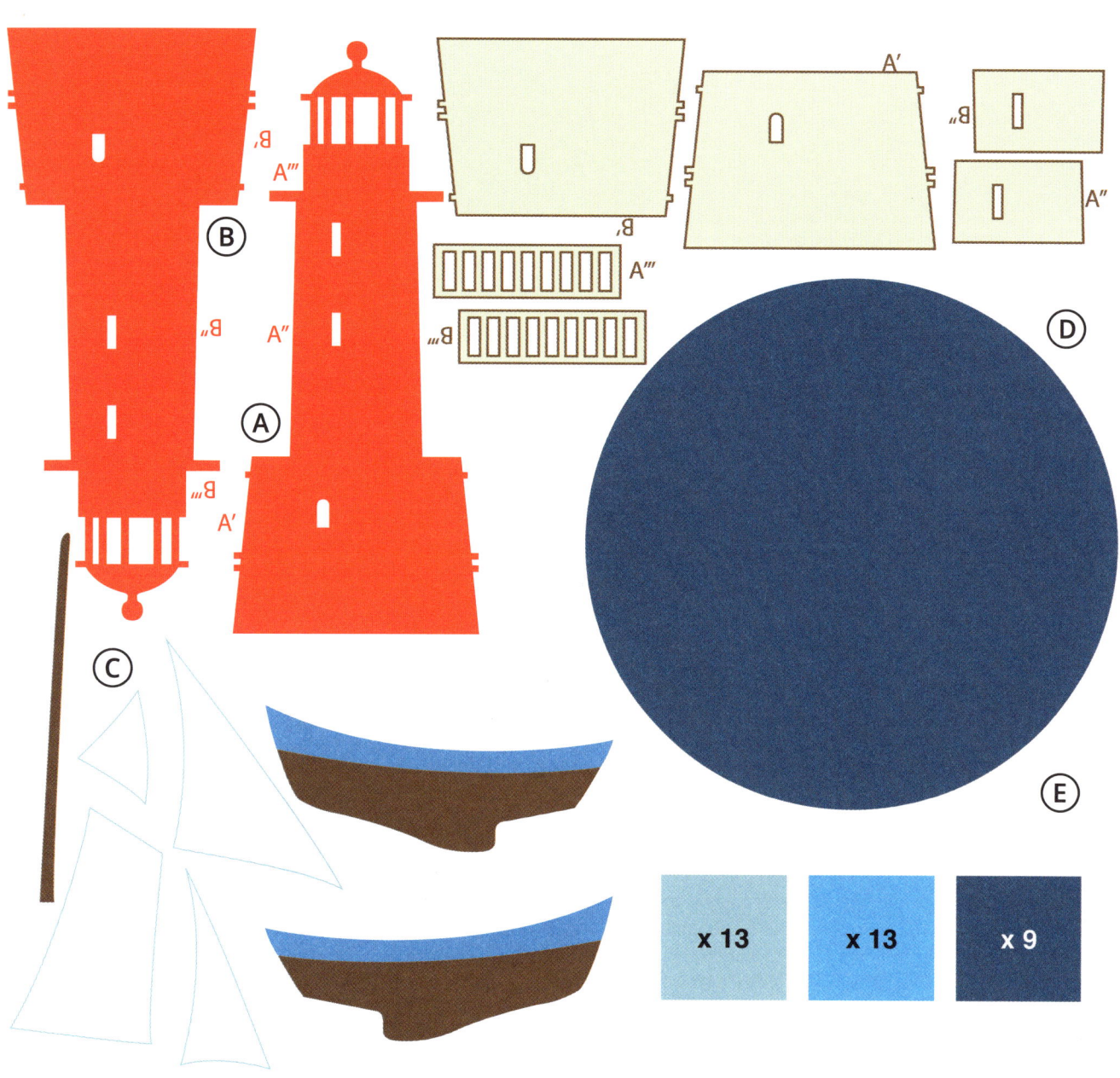